教育部人文社会科学研究一般项目
"统一授信模式供应链金融风险扩散机理与监管绩效研究"
（项目编号：17YJAZH018）研究成果

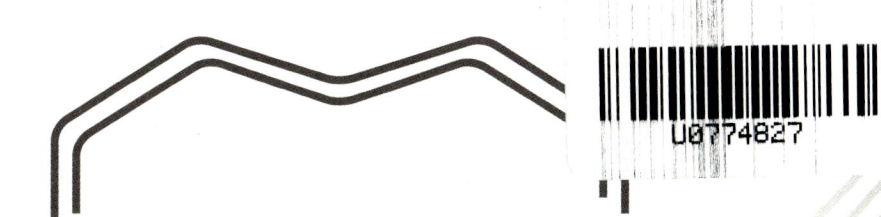

统一授信供应链金融
风险机理与监管绩效研究

董兴林 于晓燕 ◎ 著

RESEARCH ON THE RISK MECHANISM AND
ADMISTRATION PERFORMANCE OF SUPPLY
CHAIN FINANCE UNDER THE UNIFIED
CREDIT GRANTING SYSTEM

经济管理出版社
ECONOMY & MANAGEMENT PUBLISHING HOUSE

图书在版编目（CIP）数据

统一授信供应链金融风险机理与监管绩效研究/董兴林，于晓燕著. —北京：经济管理出版社，2019.9
ISBN 978-7-5096-6784-2

Ⅰ.①统… Ⅱ.①董… ②于… Ⅲ.①金融风险—风险管理—研究—中国 Ⅳ.①F832.1

中国版本图书馆 CIP 数据核字（2019）第 163795 号

组稿编辑：杜　菲
责任编辑：杜　菲　王　洋
责任印制：黄章平
责任校对：陈　颖

出版发行：经济管理出版社
（北京市海淀区北蜂窝8号中雅大厦A座11层　100038）
网　　址：www.E-mp.com.cn
电　　话：（010）51915602
印　　刷：三河市延风印装有限公司
经　　销：新华书店
开　　本：720mm×1000mm/16
印　　张：17.75
字　　数：292千字
版　　次：2019年9月第1版　2019年9月第1次印刷
书　　号：ISBN 978-7-5096-6784-2
定　　价：88.00元

·版权所有　翻印必究·

凡购本社图书，如有印装错误，由本社读者服务部负责调换。
联系地址：北京阜外月坛北小街2号
电话：（010）68022974　　邮编：100836

前 言

随着改革开放的不断发展，我国中小企业数量快速增长，逐渐成为推动国民经济发展的主力军。但是，在"供—产—销"的供应链体系中，受中小企业自身经营规模的限制，固定资产少，融资困难始终是制约其发展的重要因素，尤其资金紧张问题更加突出，使整个供应链失衡，严重影响了供应链的整体竞争力。供应链金融正是在此背景下，为解决供应链中小企业融资难而逐步发展起来的一种融资模式。作为一种全新的金融服务模式，供应链金融受到银行等金融机构的高度重视并快速发展。供应链金融为供应链融资企业打破融资困境提供了一条新的思路，银行等金融机构突破传统授信评估方式，将供应链融资企业与供应链核心企业联系起来，整体考察整个供应链，从而提供一套综合的融资解决方案。同时，供应链金融也为银行等金融机构带来新的业务和利润增长点，实现了银行等金融机构和供应链企业的多方共赢。

供应链金融模式很多，统一授信作为其中一种模式也得到了长足发展。统一授信模式是指授信企业（供应链核心企业、第三方物流企业、集团企业，统称授信企业）从银行等金融机构获得一定的授信额度，供应链融资企业以存货（仓单或商业汇票）为质押物向授信企业申请贷款，授信企业根据供应链融资企业的信用状况以及真实贸易背景分解授信额度，向银行等金融机构提供授信担保；供应链融资企业则以真实贸易中产生的单据（合同、发票、商业汇票等）以及存货作为反担保。银行等金融机构通过统一授信向合作的授信企业收取事先约定的资本收益，后续业务由授信企业独立完成，因而可以将业务风险转移给授信企业，在保收益的前提下降低自身风险。对授信企业来说，拥有质押物的占有权、监管权和处置权，可以设计灵活的业务模式以满足供应链融资企业的多样化融资需求，不仅可以通过金融服务获得额外的金融收益，还能通过金融服务扩大自身的物流服务范围、整合供应链、提高服务能力、加快向综合物流服务商转型的步伐。对供应链融资企业而言，该项业务降低了信贷门槛，精简了业务流程，降低了融资交易成本，提高了融资效益。因此，银行等金融机构、授信企业、供应链融资企业三方合作，市场资金得到充分利用，实现多方共赢，使整个市场资源得到有效配置。

统一授信供应链金融模式虽然能够很好地控制银行等金融机构的授信风险，提高资金运作效率，促进供应链企业的资金流通和产业结构调整；供应链融资企业能够省去繁琐的流程，操作便捷，提高融资效益；授信企业能够优化业务流程和操作环节，降低贷款风险，因而具有良好的发展前景和重要的现实意义。但是，在统一授信供应链金融业务实践中，仍存在着法律缺失风险、银行等金融机构的操作风险、供应链融资企业的信用风险、授信企业的监管风险等诸多风险，值得学术界和企业界共同探讨。

本书从统一授信视角研究了供应链金融风险的扩散机理和监管绩效两大问题，主要对统一授信供应链金融的理论基础、统一授信供应链金融风险机理、统一授信供应链金融风险识别、统一授信供应链金融风险评价、统一授信供应链金融风险风范、统一授信供应链金融监管、统一授信供应链金融监管绩效评价等问题进行了系统研究。本书得到了教育部人文社会科学研究一般项目（"统一授信模式供应链金融风险扩散机理与监管绩效研究"，项目编号：17YJAZH018）资助，研究成果既是前一阶段的研究总结，也是后期进一步研究的开始。

本书的研究内容共分九章，具体内容如下：

第一章，绪论。主要概述本书的研究背景与意义、国内外研究现状、定义研究边界与主要研究内容，为本书写作奠定基础。

第二章，统一授信供应链金融的理论基础。首先，梳理了供应链的内涵、网链结构及其特点，供应链金融的内涵、参与主体、系统结构、业务模式、特点与优势；其次，综述了授信与统一授信的内容与特点、银行等金融机构统一授信业务模式；最后，介绍了复杂网络理论、演化博弈理论、市场失灵理论、社会利益理论、利益相关者理论，以及层次分析法、模糊综合评价法、灰色关联分析法。

第三章，统一授信供应链金融风险机理。首先，分析了核心企业统一授信供应链金融风险的成因、传染要素、传染机理及其度量；其次，研究了第三方物流企业统一授信供应链金融风险的传染机理及其度量；最后，研究了集团企业母子公司的担保行为，集团企业统一授信供应链金融风险的传染机理及其度量。

第四章，统一授信供应链金融风险识别。首先，识别了核心企业统一授信供应链金融参与主体的各种风险；其次，分析了第三方物流企业统一授信供应链金融的风险结构及其诱因，识别了其风险类型；最后，识别了集团企业统一授信供应链金融参与主体的各种风险。

第五章，统一授信供应链金融风险评价。首先，构建了核心企业统一授信供应链金融风险评价指标体系与模型，运用模糊综合评价法进行评价；其次，构建了第三方物流企业统一授信供应链金融评价指标体系与模型，运用 Logistic 模型进行回归分析；最后，构建了集团企业统一授信供应链金融风险评价指标体系与模型，运用模糊综合评价法进行评价。

第六章，统一授信供应链金融风险防范。首先，分析了核心企业统一授信供应链金融参与主体的风险防范措施；其次，分析了第三方物流企业统一授信供应链金融参与主体的风险防范措施；最后，分析了集团企业统一授信供应链金融参与主体的风险防范措施。

第七章，统一授信供应链金融监管。首先，分析了核心企业统一授信供应链金融的监管动因，提出了相应的监管防范措施；其次，分析了第三方物流企业统一授信供应链金融的监管动因，提出了相应的监管防范措施；最后，分析了集团企业统一授信供应链金融的监管动因，提出了相应的监管防范措施。

第八章，统一授信供应链金融监管绩效评价。首先，构建了核心企业统一授信供应链金融监管绩效评价指标体系与评价模型，以 A、B、C 三个核心企业为例进行评价；其次，构建了第三方物流企业统一授信供应链金融监管绩效评价指标体系与评价模型，运用灰色关联分析法进行评价；最后，构建了集团企业统一授信供应链金融监管绩效评价指标体系与评价模型，以 a、b、c 三个集团企业为例进行评价。

第九章，研究结论与展望。总结本研究得出的主要结论，提出本研究存在的主要不足之处，并对未来的研究方向提出展望。

全书由山东科技大学经济管理学院董兴林教授主笔，明确研究目的，设计写作框架，确定全书体例与统稿，并承担了前言、第一章、第二章、第九章的写作任务；山东科技大学经济管理学院于晓燕讲师负责撰写第四章、第六章内容；山东科技大学经济管理学院在读研究生潘建、李梦钰、杨晓丽、赵洁分别撰写第三章、第五章、第七章、第八章内容。在本书成稿过程中，课题组成员山东科技大学经济管理学院邢苗讲师也积极参与了本课题的研究，在此一并表示感谢！

本书在写作过程中，笔者参考并引用了大量的相关文献资料，在此谨表示感谢！虽然我们尽量将引用文献一一注明，但恐有疏漏之处，特此说明并敬请谅解。

目 录

第一章 绪 论 ·· 001
   第一节 研究背景与意义 ·· 001
   第二节 国内外研究综述 ·· 004
   第三节 主要研究内容 ··· 035

第二章 统一授信供应链金融的理论基础 ································ 039
   第一节 供应链金融的特点与模式 ······································· 039
   第二节 银行等金融机构统一授信业务模式 ·························· 076
   第三节 统一授信供应链金融理论及方法 ····························· 087

第三章 统一授信供应链金融风险机理 ··································· 100
   第一节 核心企业统一授信供应链金融风险机理 ··················· 100
   第二节 第三方物流企业统一授信供应链金融风险机理 ·········· 120
   第三节 集团企业统一授信供应链金融风险机理 ··················· 128

第四章 统一授信供应链金融风险识别 ··································· 141
   第一节 核心企业统一授信供应链金融风险识别 ··················· 141
   第二节 第三方物流企业统一授信供应链金融风险识别 ·········· 150
   第三节 集团企业统一授信供应链金融风险识别 ··················· 157

第五章 统一授信供应链金融风险评价 ··································· 162
   第一节 核心企业统一授信供应链金融风险评价 ··················· 162

第二节　第三方物流企业统一授信供应链金融风险评价 …………… 171

第三节　集团企业统一授信供应链金融风险评价 ………………… 181

第六章　统一授信供应链金融风险防范 ……………………………… 187

第一节　核心企业统一授信供应链金融风险防范 ………………… 187

第二节　第三方物流企业统一授信供应链金融风险防范 ………… 191

第三节　集团企业统一授信供应链金融风险防范 ………………… 194

第七章　统一授信供应链金融监管 …………………………………… 199

第一节　核心企业统一授信供应链金融监管 ……………………… 199

第二节　第三方物流企业统一授信供应链金融监管 ……………… 207

第三节　集团企业统一授信供应链金融监管 ……………………… 212

第八章　统一授信供应链金融监管绩效评价 ………………………… 217

第一节　核心企业统一授信供应链金融监管绩效评价 …………… 218

第二节　第三方物流企业统一授信供应链金融监管绩效评价 …… 228

第三节　集团企业统一授信供应链金融监管绩效评价 …………… 239

第九章　研究结论与展望 ……………………………………………… 247

第一节　研究结论 …………………………………………………… 247

第二节　研究展望 …………………………………………………… 252

参考文献 …………………………………………………………………… 254

第一章
绪 论

供应链金融(Supply Chain Finance,SCF)是以银行等金融机构为主导的创新型金融服务,代表了一个新的金融领域,是金融资本与商业资本相结合的产物。供应链金融业务的发展能够加强供应链企业之间的联系,帮助供应链融资企业(一般为中小企业,下同)获得资金;参与到供应链中的银行等金融机构、第三方物流企业也可以获得相应的发展。供应链金融可以通过各种融资模式将供应链上下游企业有机地结合在一起,形成一个利益共同体。供应链上下游企业获得资金支持,得到快速发展,可以缓解整条供应链资金分配不平衡问题。因此,供应链金融业务在很大程度上解决了供应链节点企业急需资金进行转型升级,但又无资产进行担保融资的困境。基于此,供应链金融逐步成为学术界和企业界研究的重点,也是本书成稿的重要原因。

第一节 研究背景与意义

一、研究背景

近年来,供应链金融已经成为社会各界共同关注的热点。20 世纪 90 年代前期,供应链金融产品开始出现并逐渐定型为"1 + N"供应链金融模式。2006年，深圳发展银行（现为"平安银行"）推出了供应链金融品牌产品。随后国内各商业银行纷纷开展供应链金融业务，该业务不仅成为银行等金融机构的一项金融创新业务，在缓解供应链中小企业融资难、协调供应链管理、促进产业融合等方面发挥着积极作用，更成为供给侧结构性改革过程中金融业服务于实体经济的有效途径。

供应链金融突破了传统融资模式的局限，将单一企业的不可控风险向供应链企业的整体可控风险转变，使供应链企业的整体资信状况成为信用评估的重要内容，可以有效地解决供应链中小企业的融资难问题。同时，银行等金融机构可以更加全面地考察供应链企业的融资状况，为整个供应链企业提供金融服务，拓宽了银行等金融机构的业务范围。

中小企业在我国国民经济中占有重要地位，供应链融资企业的持续健康发展，是实现国民经济平稳、快速、稳定增长的重要基础，也是促进经济社会发展不可缺少的重要力量。长期以来，由于银行等金融机构存在着严重的结构失衡问题，虽然银行等金融机构的信用贷款供给量很高，但供应链融资企业却得不到足够有效的资金支持。融资难、融资效率低依然是我国中小企业发展面临的最大难题。随着经济社会的不断发展，供应链金融的诞生有助于解决供应链融资企业融资难问题。从银行等金融机构来看，供应链金融是金融机构信贷业务的一个专业领域；从融资企业层面来看，供应链金融是供应链融资企业实现融资的一条渠道。供应链金融就是银行等金融机构为供应链核心企业提供融资、理财等服务，而供应链核心企业的上游供应商或下游分销商也可以获得银行等金融机构的信贷支持，即供应链融资企业借助核心企业的信用担保获得银行等金融机构的融资服务。因此，供应链金融将供应链核心企业与上下游融资企业捆绑在一起，形成一条产业链，从而获得银行等金融机构提供的金融产品和服务。

2017年10月，国务院办公厅发布《关于积极推进供应链创新与应用的指导意见》，将发展供应链金融作为重点任务之一，促进了国内企业的供应链金融实践和学术界的供应链金融研究热潮。虽然我国的供应链金融发展已有一段时间，其理论创新和实践水平都得到了长足的发展，但深入研究供应链金融模式，建立完善的供应链金融融资平台，仍是大力发展供应链金融的一条行之有效的途径。

目前，国内学者研究供应链金融风险扩散机理和监管绩效的相对较少。因此，深入研究我国供应链金融风险的产生机理，有效监管和控制供应链金融的各种风险及其影响，对于更好地实现供应链金融监管具有积极的现实意义，也有利于提高供应链融资企业的融资效率，促进企业的长远发展，更能带动国民经济的快速、平稳、健康发展。

二、研究意义

（一）理论意义

供应链金融打破了传统融资模式的束缚，提供了一种创新型的融资模式，有助于实现供应链多方参与主体的共赢局面。

对供应链融资企业来说，供应链金融可以有效地改善其财务状况，缩短回款周期，控制财务成本，提高自有资金的利用效率，促进融资企业的健康发展。供应链金融可以有效实现资金流、信息流、物流的协同合作，节约整条供应链的运营成本，提高融资企业的融资效率和资金周转率，提高整条供应链的运作绩效。

对银行等金融机构来说，供应链金融可以拓宽其客户群体，通过与供应链核心企业合作，使围绕供应链核心企业的上下游企业也能享受到金融服务。反过来看，银行等金融机构与供应链企业合作，拓宽了客户群资源，丰富了客户结构，使银行等金融机构的资产负债以及中间业务收益得到快速增长，同时还能有效控制其信贷风险，提升其市场地位与行业竞争力。

（二）现实意义

供应链金融的兴起，为供应链融资企业的融资带来了契机，大大改善了供应链企业的金融资源配置状况。美国次贷危机引发的全球金融危机表明：一国金融资源的开发和利用必须保持合理的限度，必须遵循经济增长与金融发展的相互关系。面对金融资源过度开发与滥用带来的冲击，实体经济的承载力显得相当脆弱，很容易引起经济运行的内在结构破坏，甚至引发金融危机或经济危机。

我国作为新兴的转型经济体，供应链金融这一新型金融业务的开展，必然受到市场、信息、交易费用等因素的约束，尤其是转型经济体制下宏观调控的约束。因此，供应链金融作为我国经济转型过程中金融行业深化改革的表现形式，需要接受国家稳健金融政策的宏观调控，这既是供应链金融业务发展的基本要求,又是供应链金融协作和供应链企业发展的共同指向。供应链金融协同研究为宏观经济调控提供了理论依据,实现了供应链金融业务收益和风险控制的有效结合,引入银行等金融机构和第三方物流企业的协作,更好地服务于供应链融资企业,从而最终实现供应链金融资源优化配置的目的。

第二节　国内外研究综述

一、国外研究现状

（一）供应链金融相关研究

1. 供应链金融的产生与发展

20世纪初,随着银行、期货和物流等行业的发展,西方发达国家出现了供应链金融产品的雏形。1916年,美国颁布《仓储法案》,建立起一整套仓单质押管理办法,当时普遍使用的农产品仓单既可以作为结算手段进行流通,也可以作为抵押品向银行等金融机构申请贷款。

国外学者较早开始研究供应链金融问题。1948年,Albert研究了应收账款融资和存货质押融资问题,最早涉及供应链金融的概念,这是学术界公认的供应链金融研究的起源[1]。1952年,美国颁布《统一商法典》,改变了不同担保形式的传统分类,提供了一套简单而连贯的法律架构,明确规定了物流金融涉及的担保物权归属问题,建立了统一的担保物权公示备案系统和登记制度,帮助债权人在提供贷款前就能确定担保品的价值及其优先权。

20世纪七八十年代,某些大型跨国企业通过有效控制其核心要素,利用资源优化配置手段将企业重心转移到更具竞争优势和比较优势的领域,剥离出企业的低附加值环节进行全球性业务外包,从而衍生出供应链管理的相关业务。随着国际大型企业开展外包业务以及追求成本最小化,供应链金融的概念逐步形成，并活跃于国际贸易市场，成为世人瞩目的一种金融创新模式。学术界开始研究供应链金融对经济社会产生的影响，从而引起国内外学者的广泛关注。

供应链金融的产生源于供应链管理思想。供应链是一个由材料供应商、生产设施、分销服务和客户，通过前馈的材料流和反馈的信息流组成的系统，需要对链上的每一个部分都加以关注；而供应链融资正是世界范围内小企业和大企业之间的一个重要的资金来源[2]。

供应链金融产生的另一个深刻背景，则是供应链中小企业融资难的困境。无论是国内还是国外，资金问题一直都是供应链中小企业发展的瓶颈问题。许多供应链融资企业缺乏资本、设备、人力资源和信息技术，而贷款者需要考虑其过去的表现以及还款能力，因此，供应链中小企业很难获得金融支持进行发展和扩张[3]。但是，在供应链优化决策中加入金融工具，将供应链与银行等金融机构结合起来，可能带来价值增长[4]。

供应链金融是一种新的金融创新理念和方式，可以将供应链融资企业之间的合作以及整条供应链上的商品、信息、资金实现一体化，通过整合供应链内的各种资源，从而为供应链参与者创造价值并提供融资服务[5]。供应链的资金流、物流、信息流，对整条供应链的参与主体十分重要，供应链融资只有实现了对货物流的合理安排与及时匹配，才能保证信息对称，因此，金融行业应该关注供应链金融[6]。供应链金融其实就是一个由银行等金融机构、供应链核心企业、供应链融资企业、第三方物流企业共同组成的框架结构，作为物流、供应链管理以及金融的交集，包括外部服务提供商等多个组织，通过计划、指导、控制组织之间的资金流创造价值，因而可以为银行等金融机构以及物流服务提供商带来新的市场机会[7]。供应链金融在服务供应链上是交叉的，由原来的各个单位企业关系并联，实现供应链企业整体串联的组织控制，共同分享供应链上的资源，承担供应链上的相应风险，使战略合作得到长足发展[8]。

根据金融结构中不同贷款技术的可行性和盈利能力，可以分析银行等金融机构的不同融资服务对供应链融资企业信贷融资的重要影响。通过对内部信息流、资金流、物流进行归集、整合，进而对企业产业链的资金、效率进行优化，在以供应链核心企业为主导的生态圈中，供应链参与主体通过彼此合作或银行等金融机构的统筹协调来提高资金的可得性，从而降低融资成本[9]。因此，供应链内部的信用借贷由于新型融资模式的作用变得更加柔性，供应链金融使供应链上的资金流得到更好的控制和平衡[10]。

事实上，供应链金融是一个复杂的贸易团体，成员包括供应链上游的供应商、核心企业、下游分销商，以及提供外部合作的银行等金融机构、技术支持企业等[11]。供应链融资实际上就是对供应链上的资源流进行融合，达到融资过程的突破，增加供应链企业的金融价值[12]。供应链金融作为金融服务和技术方案的结合体，可以将资金的需求方、供给方以及金融服务的提供者联合在一条链条上，通过整条链的优化作用，使信息透明度更高，交易成本更低，支付方式更加便捷[13]。

基于供应链核心企业和中小融资企业看待跨国企业的采购和生产过程可以发现，供应商之间的联系程度越深，给其带来的效用就越大，因而能够节约财务成本，提高企业的融资效率[14]。因此，供应链金融的任务就是通过相互调整，或者运用供应链中全新的融资模式来节约资本成本，给供应链融资企业提供更有成本效益的融资，所以供应链企业之间的融资可统称为供应链金融[15]。

供应链金融以供应链核心企业为主导，对供应链上下游企业的资金进行合理分配及运用，核心企业利用供应链信息的收集、整理、打包和利用，同时嵌入成本分析、成本管理以及各种融资方式对资金和成本进行系统优化[9]。因此，发展供应链金融业务，可以大大提高整个供应链企业的资金运营效率[16]。

2. 供应链金融模式研究

国外学者关于供应链金融基础性产品的研究有着丰富的经验，因为保理、应收账款融资等许多供应链金融主流产品的出现早于供应链金融理论的出现。1999年，美国联合包裹运输服务公司（United Parcel Service of America, UPS）成立专门的物流金融公司，主要为自身及其物流业务相关的公司提供资金融通服务。通过研究存货融资模式的运作机理及功能可以发现，存货融资能够很好地缓解供应链中小企业的资金约束问题，降低供应商的整体融资成本[17]。

随着供应链金融研究的不断深入，国外学者越来越多地关注资金流在整个供应链的运行状态，以及企业运营和资金流的共同决策问题。Jason Busch（2006）认为，供应链金融在物流发达国家早已出现，只是以不同的形式存在。当供应链上游的供应商出现资金流动性问题时,往往就会选择将应收账款质押给银行等金融机构进行融资,即应收账款融资,以解决企业的资金流动性问题[18]。在物流金融体系发达的美国、加拿大等地区,供应链金融体系已经相当成熟。近年来,欧洲的巴黎银行、万贝银行等主要金融机构为拓展自身供应链金融业务,对外积极与物流公司合作,对内成立质押银行,开始抢占供应链金融市场份额。

Thorsten Becka 等 (2008) 通过对 48 个国家和地区包括租赁、供应商、银行等金融机构在内的调查数据分析发现,在金融系统薄弱的国家,企业较少使用外部融资,尤其是银行融资;而且小企业相对于大企业的绩效和产权能力较差,不容易获得银行融资,即使能够进行股票、贸易或租赁等非正式融资,仍不能弥补其较低的银行融资[19]。Erik Hofmann (2009) 从物流服务提供商的角度审视库存融资的重要性,通过对瑞士某公司的数据分析得出,库存融资的利润源于融资货物的数量和价值。由于生产企业或者零售企业通常面临供应链环节中物流和现金流的时空分离,交货时不一定能获得发票,应收账款通常允许在一定时限内付款,从而造成卖方企业需要资金填补这一空隙。而供应链中的发货人也需要较高水平的运输服务,以便在较短的时间内满足客户需求。因此,供应商需要持有较高水平的存货,并采取一种快捷灵活的运输方式。然而,高水平的库存必然造成资本占用成本过高,供应链中不同角色的困境导致了对综合物流服务以及金融服务的强劲需求。因此,专业物流公司抓住这个机会扩大服务范围,如运输、仓储、装卸、搬运以及相应的额外融资服务[8]。Srinivasa Raghavan 认为,银行等金融机构如果能在为制造商提供贷款中获益,就有动机为制造商下游的零售商提供融资服务;同时发现,银行等金融机构从供应链整体的角度安排贷款,比单独给供应商或零售商提供贷款的效果要好[20]。因此,供应商提供商业信用给零售商,零售商提供商业信用给消费者,这种状态下零售商的库存策略就需要及时进行调整[21]。

3. 供应链金融风险及其控制研究

供应链风险也称为供应链的脆弱性。"脆弱性"包含外部脆弱性和内部脆弱性两个部分。外部脆弱性主要受资源有限性、运输复杂性以及需求不确定性的共同影响;而内部脆弱性通常是由于企业内部供应链缺乏敏捷性导致的,而"敏捷性"是指企业在持续随机变化的商业环境下的适应能力[22]。事实上，供应链金融风险可以从风险来源的不确定性、牛鞭效应导致的风险扩大性以及风险在供应链成员之间的可传递性等不同视角进行研究。

关于供应链金融风险的测度，国外学者已经开发出很多模型用以识别和度量供应链金融的贷款风险和投资风险。采用信用风险评价模型分析供应链融资企业的财务数据和市场数据，可以有效识别、测度和评价融资企业面临的风险。代表性的传统方法包括专家评分法、信用评级法、信用评分法，现代方法包括 Credit Metrics 模型、KMV 模型、Credit Risk 模型、Credit Portfolio View 模型等。KMV 模型以现代公司理论和期权理论为基础，主要采用股票市场数据展开研究，获得的研究结果具有前瞻性，但研究假设比较苛刻[23]。波士顿第一银行基于保险精算学开发的 Credit Risk + 模型使用较为方便，需要的变量较少，可以用来计算债券组合的边际风险和预期损失，但该模型没有考虑市场风险和信用等级迁移问题[24]。

供应链金融风险具有整体性，不可分割。供应链企业风险的产生是由于其内部因素和外部因素的共同作用，分析供应链金融风险，需要将风险因素综合考虑，供应链风险产生的本质就是因为供应链的脆弱性[25]。通过对资金和成本优化、镶入成本分析与成本管理等各类融资手段形成的闭合的企业资金链就是供应链金融。因此，防范供应链金融风险，应将内外风险因素相结合进行分析[9]。

也有不少学者认为供应链金融风险需要单独分析。Aberdeen Group（2007）认为供应链金融服务风险的防范重点在于控制企业的资金流，制定降低供应链金融业务成本的优化方案，强调供应链金融风险预防的重要性[26]。Preetam Basu（2013）运用数学模型研究供应链金融业务发现，开展供应链金融业务能够减少账款流通时间，提高资金使用效率，减少单个企业的资金缺口，从根本上降低融资企业的资金运行风险[16]。

4. 供应链金融监管研究

关于金融监管与金融产品创新之间的关系，国外学者大多侧重于金融产品创新对金融监管乃至金融体系的影响展开研究。金融监管与金融创新之间的关系，对于金融体系的稳定和效率有着非常复杂的影响，金融产品创新有可能使得机构投资组合的风险降低[27]。但监管者不应将降低投资组合风险等同于提高金融体系的稳定性。在完全同质化的金融体系中，理性的银行等金融机构将会减少对机构之间风险分担的依赖,因而其监管的需求也会随之减少[28]。

随着不断加深的金融国际化趋势,银行等金融机构的创新活动已经跨越了国界,各国金融机构之间的依存度不断提高。在此背景下,客观上需要将各国的监管规则归纳到一个统一的国际框架之中,并强调各国监管部门的积极合作。在考虑到底何种监管模式才能更好地满足日益复杂的金融体系要求时,金融市场的一些特征,如监管到底应该以银行为基础还是以市场为基础等问题常常被忽略[29]。Donato 等(2008)通过意大利市场结构对监管体制影响的实证研究发现,联合监管模式能够使得监管过程更有效率,也使监管体制更具说明性和稳固性[30]。

银行等金融机构的经营绩效是衡量一家金融机构在多大程度上满足了股东(所有者)、储户、雇员和其他债权债务人的要求,同时这些金融机构必须尽力让政府监管部门满意,让他们相信金融机构的有关政策、贷款和投资业务都是健康的,并且保护了公众利益[31]。换言之,银行等金融机构经营绩效以流动性、安全性和盈利性为目标,是基于市场机制对资源进行配置后所形成的投入产出比或成本收益比,体现了银行等金融机构的总体经营状况和市场竞争能力。

金融监管就是要确保金融体系有效实现资源在时间和空间上的转移与分配,其核心目标在于维持金融系统稳定,保证金融机构的安全和保护消费者利益[32-33]。金融监管具有四个目标,即防范金融体系的系统性风险[34]、保护消费者、增强金融体系效率和促进其他一系列社会目标的实现[35];目的在于保持市场信心、提高公众意识、保护消费者、减少金融犯罪[36]。通过对比分析银行监管和证券市场监管可以发现,银行监管的主要目标在于防止系统性风险和金融危机,证券市场监管的主要目标在于保护消费者和增强市场的有效性[37]。

(二)银行授信相关研究

银行授信是一种很好的流动性工具,具有低成本、高灵活性和便捷性的基本特征。假设银行授信具有独特的财务灵活性,企业能够在不完全竞争的产品市场上进行战略性竞争,提高融资企业的价值,因而证明银行授信的灵活性与便捷性。银行授信作为一种财务实力的信号,向竞争者发出威胁,从而带来融资企业价值的提升[38]。Martin 等(1997)的研究认为银行授信是一种威胁信号,但没有说明和检验影响企业价值提升的具体机制,更没有区分银行授信在不同行业中的作用具有差异性。因此,银行授信通常用来作为营运资金支持融资企业日常资金周转的需要[39]。

研究供应链融资企业使用银行授信的文献很多,很多学者从理论与实证方面研究了代理问题和企业个性特征对授信的获得与使用的影响。Sufi(2009)通过1996~2003年美国上市公司的样本数据研究发现,银行授信的获得与供应链融资企业的盈利能力、所在行业、时间、规模等相关[40]。Martin(1997)建立模型为获得银行授信提供了另一种解释,假定企业同时需要获得投资机会,即速度要求;还要兼顾对外保密,即保密性要求,则银行授信相对于其他形式的债务融资方式来说就是最佳选择[41]。

Holmstrom等(1998)认为,银行授信可以提高供应链融资企业的财务灵活性,作为对冲工具可以很好地应对外部融资约束,缓解资金流动性的冲击,确保有能力投资正的净现值(NPV)项目。当供应链融资企业在资本市场上融资受限时,相较于现金,授信的低持有成本就会显得尤为重要[42]。Campello等(2010)通过对美国、欧洲和亚洲1050个CFO调查发现,受金融危机的影响,企业面临信贷限制往往会大幅削减技术投入、雇员和资本支出。同时那些没有投资评级的小型私营企业就会大笔烧钱,因为他们担心银行未来会受到波及,为了应对危机期间的资金缺乏大量使用授信额度[43]。Ivashina等(2010)认为,在2007~2009年经济危机期间,银行授信对美国公司来说是重要的流动性管理工具。如果现货市场利率很高,企业可以像期权一样使用已预先确定利率的银行授信[44]。Lins等(2010)调查发现,管理层持有现金是为了应对外界的负面冲击,而银行授信则被用来提升获得未来成长机会的能力[45]。近年来,国外学者研究银行授信的作用逐步延伸到研发投入方面,Yilmaz(2016)研究了2004~2013年17个欧洲国家939个上市公司的数据,选取控制现金流、现金持有量、股权融资和托宾Q等其他可能影响研发投入的变量,采用系统GMM方法检验得出,银行授信对研发投入具有显著的正向影响。

除研究银行授信的作用外,Demiroglu等(2011)研究银行授信与现金持有问题,解析流动性资金中银行授信与现金的关系,为流动性资金管理提供了理论依据。因为使用现金会带来机会成本,供应链融资企业就会更倾向于使用银行授信。相比于现金储备,银行授信的优势明显。首先,当存在有价值的投资项目时，银行承诺提供信贷额度，有助于解决现金持有的代理问题。其次，授信利息可以从融资企业的应纳税所得额中扣除，但是现金储备的利息则需要缴纳税款[46]。Acharya 等（2011）认为，如果存在流动性溢价（如现金持有的低收益），现金持有对融资企业来说可能是成本高昂的，总风险敞口就会成为融资企业如何选择现金和银行授信的关键因素[47]。Yun（2009）认为，流动性选择（现金或者信贷承诺）取决于公司的治理情况[48]，高流动性的需求导致了现金和银行授信的大量增加，但没有证据表明供应链融资企业是出于谨慎目的而增大现金和银行授信的。

（三）统一授信供应链金融相关研究

1. 质押物的市场流动性研究

国外学者研究质押物的市场流动性偏向于定性分析，近几年才逐步采用定量分析方法。流动性风险的研究对象主要是股票等金融资产，质押物的市场流动性风险研究也可以借鉴这些方法。

Bangia 等（1999）通过构建 BDSS 模型，可以从内外部两个方面考虑资本市场的流动性风险。外部流动性风险由市场本身的属性决定，不受单个市场的交易影响。内部流动性风险由投资者的交易行为决定，主要受交易量大小的影响，交易量越大，内部流动性风险越大。在量化分析流动性风险时，可以将流动性风险引入传统的 VAR 模型，选择的量化指标为买卖价差，从而反映了外生流动性风险[49]。Hisata 等（2000）和 Sharmroukh Nidal（2001）量化分析内外部流动性风险，变现时间是其中的一个内生解释变量，由交易数量、交易市场影响、市场波动和资本成本决定。通过最优化交易时间得到最优变现价值，进而得到经流动性调整后的 VAR 值[50-51]。Pierre Giot（2002）在 BDSS 模型基础上考虑内部流动性风险，以交易量对交易价格的影响来度量内生流动性风险[52]。

2. 委托监管模式下存货质押融资的质押率决策研究

目前，很多学者研究委托监管模式下存货质押融资的质押率决策问题，他们采用多种方法从质押率影响因素的不同视角研究了多种情境下的质押率决策问题。

一种研究思路是假定借款企业违约概率内生，即违约概率受质押合约和质押物市场价值波动的影响，可以采用结构式思路研究质押率决策问题[53]。也可以以 Merton 结构式思路为原型，分析借款企业违约行为的影响因素，进而测算质押贷款的贷款价值比[54-55]。使用结构化方法研究质押物的折扣率，其中折扣率与质押率类似，应该没有实质性的区别[56]。

另一种研究思路则是假定借款企业的违约概率外生，即违约概率与具体的质押业务和质押物没有关系，是借款企业的本身属性。沿用 Jarrow 等的研究思路，在提出的简式质押率决策模型中充分考虑银行等金融机构对风险的敏感度，以银行等金融机构的风险容忍水平为必要因素构建质押率决策模型[57-60]。因此，建立一个供应链管理的财务框架和模型，解释整个供应链的金融活动，有助于更好地理解何种程度的财务供应链管理有助于降低资金成本，从而给供应商提供一个以折扣价格尽快拿到货款的机会[61]。

二、国内研究现状

国内学者有关供应链金融的研究起步较晚，"供应链金融"的概念最早由深圳发展银行提出。直到 20 世纪末，供应链金融作为一种新型的融资模式才开始逐步进入人们的视野，国内学者也开始从不同视角展开研究。

（一）供应链金融研究

1. 供应链金融的产生与发展

据资料显示，20 世纪 20 年代，上海银行开展的存货抵押贷款业务，成为国内供应链金融业务的最早表现形式。但实质上的规模性推广，则是 1999 年深圳发展银行推出的动产及货权质押授信业务。

20 世纪 90 年代中后期，随着市场经济的繁荣与发展，银行等金融机构持续创新金融服务模式，存货融资业务逐渐恢复并得以快速发展。深圳发展银行作为国内最早开展供应链金融业务的商业银行，2001 年推出"动产及货权质押授信"业务。随着市场需求的逐步扩大，2003 年，深圳发展银行进一步推出"1+N"供应链金融模式。2005 年，深圳发展银行先后与国内三大物流巨头中国远洋运输（集团）公司、中国物资储运集团有限公司、中国外运股份有限公司签署战略合作协议，正式拉开了供应链金融业务的帷幕。2006 年，通过整合多年创新成果和资源优势，深圳发展银行正式推出"供应链金融"品牌，认为供应链金融就是从不同行业供应链的商业贸易流程出发,通过金融技术手段建立"1+N"的金融服务模式,将供应链核心企业及其上下游合作企业联系在一起,提供灵活适用的金融产品和服务组合的一种金融服务模式[62]。2009年,深圳发展银行进一步分析供应链金融业务,并对供应链产品、融资模型等进行阐述,对未来供应链金融的发展方向提出假设[63]。同时,国内许多银行等金融机构也相继开展了供应链金融业务,如表1.1所示。

表1.1 国内银行等金融机构供应链金融开展情况

年份	银行名称	具体内容
2005	民生银行	成立贸易金融部,建立垂直化的营销体系、专业化的业务操作和评审体系,"走专业化道路、做特色贸易金融"。随后进一步推出"贸易金融"供应链金融业务
2006	浦东发展银行	推出"供应链融资解决方案"及供应商支持、采购商支持、在线账款管理、区内企业贸易融资、工程承包信用支持和船舶出口服务六个子方案。随后进一步推出"浦发创富"供应链金融业务
2006	中国银行	与苏格兰皇家银行合作研究供应链融资业务的市场需求和发展前景
2006	兴业银行	推出"金芝麻"金融服务,提供创业投资方案、临时短缺方案、低成本采购方案、扩大采购方案、融资采购方案、扩大销售方案、避免坏账方案、快速回笼方案等一站式服务
2007	中国银行	推出供应链融资产品"融易达",利用供应链核心企业的授信资源,向链上中小企业提供融资服务,强化供应链企业能力,提升整个供应链的竞争实力
2007	光大银行	推出"阳光供应链"业务,针对各行业供应链不同客户群的融资需求,提供全方位、个性化、集成化的供应链融资产品组合。随后进一步推出"金色链融资"供应链金融业务
2007	中信银行	针对汽车和钢铁销售领域推出"银贸通"供应链金融业务,提供票据即时贴、法人账户透支、存货质押融资、保兑仓等金融服务
2007	华夏银行	推出国际票证融资链、全球保付融资链、海外代付融资链、货物质押融资链、货权质押融资链、应收账款融资链、未来货权融资链等"融资供应链"产品体系
2009	招商银行	推出"电子供应链金融"业务,提供"动态票据池"、"供应链资见证"、"付款保理"、"平台供应链"等金融服务

供应链金融从属于供应链范畴。广义上讲,供应链金融是通过信息共享、协调与组织合作等方式,应用各种集成产品与服务,集成物流、信息流、资金流,降低资金运作成本,并为供应链创造价值的一整套管理系统。狭义上讲,供应链金融是指第三方物流企业、银行等金融机构、软件服务商在供应链运作过程中向供应链融资企业提供结算、融资、支付和技术解决方案等服务,不仅包括供应链节点企业的财务管理和资金流管理,而且还包括供应链节点企业的融资活动,以及整个供应链的金融服务。

国内学者界定了供应链金融的概念和发展背景,总结得出供应链金融包括应收账款融资、保兑仓融资、融通仓融资三大主要模式,围绕供应链金融风险管理构建了风险评价指标体系和风险预警模型[64-66]。随着供应链金融的应用推广和运作模式的不断创新,国内学者对基于供应链金融主体的运营决策、供应链金融对供应链整体绩效与协调性的影响展开研究。同时,随着互联网金融以及人工智能、大数据、云计算、区块链等技术的发展,供应链金融研究涌现出了许多新领域。

2. 供应链金融模式研究

国内学者较多研究供应链金融融资模式问题,各位学者分别从供应链理论、供应链融资的运作模式、中小企业发展角度将供应链金融运作模式系统地归纳为融通仓模式、应收账款模式、预付账款模式三种。

2001年,朱道立最早提出"融通仓"的概念。应用融通仓模式解决供应链融资问题,可以降低银行等金融机构与供应链融资企业的交易成本。融通仓是指一个以质押物仓储、监管、价值评估、物流配送、拍卖为核心的综合性第三方物流服务平台,不仅为银行等金融机构与供应链融资企业之间架起了合作的桥梁,帮助供应链中小企业解决融资难题,而且还能有效地融入中小企业的供应链体系,为其提供高效的物流服务[67]。事实上,融通仓是一种创新模式,将物流、资金流和信息流进行综合管理,其中物流服务可以替代银行等金融机构监管流动资产,而金融服务则为供应链融资企业提供融资以及其他配套服务[68]。

供应链应收账款融资具有一定的优势,供应链融资企业将其对应的核心企业的应收账款质押给银行等金融机构,并由第三方物流企业提供信用担保,将供应链融资企业的应收账款变成银行等金融机构的应收账款,然后供应链核心企业再将货款直接支付给银行等金融机构。应收账款融资不仅有效地缓解了供应链融资企业的资金压力，而且利用供应链核心企业的信用优势，将一直游离于银行等金融机构视野之外的供应链中小企业纳入授信范围，为银行等金融机构带来新的利润源[69]。但是，站在银行等金融机构角度分析应收账款和存货融资业务可以发现，企业财务管理与这些服务息息相关[70]；站在进出口贸易角度分析发现，供应链金融模式可分为进口、出口两种基本业务模式。其中，进口业务模式可分为现货质押和信用证合作两种模式；出口业务模式可分为出口前短期打包贷款和出口后应收账款质押融资两种模式[71]。

供应链金融是指针对供应链企业的交易结构，引入供应链核心企业、第三方物流企业以及资金流风险控制因素，银行等金融机构运用贸易自偿性的信贷融资模型，从而为供应链节点企业提供金融服务和信贷支持[64]。因此，可以针对应收账款、预付账款和存货设计出应收账款、保兑仓、融通仓三种融资模式，并对其运行机制和功能进行归类，运用多层次灰色综合评价法对各种融资模式的信用风险进行测度，然后运用信用利差期权的方法转移和规避供应链金融的融资风险[65]。

徐欣（2007）从第三方物流企业角度和银行等金融机构角度研究供应链金融的优势和局限性，通过对比发现，不同融资模式分别围绕产业资本和金融资本展开，UPS和深圳发展银行的供应链金融业务就是最好的例证和经验[72]。何涛等（2007）从供应链金融的参与方，即银行等金融机构、第三方物流企业和产业链中发生贸易关系的上下游企业视角研究供应链金融服务的业务模式[73]。冯瑶（2008）认为，供应链金融是供应链发展的必然产物，将供应链核心企业、上下游企业、银行等金融机构纳入同一个管理体系中，对供应链参与各方的发展都十分有利[74]。

深圳发展银行与中欧国际工商学院"供应链金融课题组"将预付款融资授信类型划分为先票（款）后货授信、保兑仓授信、信用证项下未来货权质押授信、国内信用证以及附保贴函的商业承兑汇票等类型。王奇（2008）提出了供应链金融的"池融资"业务，即供应链融资企业不需要额外提供抵押和担保，只要将分散的小额应收账款集合起来，形成具有相对稳定的应收账款余额"池"并转让给银行等金融机构，据此可以获得一定额度的融资[75]。这一观点与Hofmann不谋而合，他也认为应该将中小零售商打包成一个平台，以平台方式进行融资，从而有可能获得较低的折扣以及更好的信用[7]。

供应链金融能够带动金融服务和金融业务创新,降低整个供应链生产的财务成本和交易成本,更好地实现供应链企业自身的融资需求。对于银行等金融机构而言,创新的金融产品和服务能够提高其在供应链金融市场的竞争力[64]。通过研究供应链的组织关系发现,供应链金融使得银行等金融机构服务的组织结构和管理模式随着市场环境而发生变化,从而迫使银行等金融机构不断研发新的金融产品和金融服务,以满足客户需求[76]。供应链金融体系是由主要构成要素、供应链管理特性和金融服务功能三大模块组合而成[77]。严格地说,作为最终付款人的供应链核心企业的资信水平较佳,资金可以得到保障,银行等金融机构愿意为供应链融资企业提供应收账款融资。此时,银行等金融机构在衡量风险时就会更加注重考察供应链核心企业的还款能力和贸易背景的真实性,而不是单单对融资企业的信用进行考察[78]。因此,依据信息完全度构建相同融资贷款下的两种决策模型,求得最优解和次优解并加以比较发现,由于订单质押和阶段融资等相结合的方式加大了抵御第三方物流企业道德风险的力度,使得信息不对称不再成为供应链融资企业进行融资的障碍和制约[79]。

我国的供应链金融业务发展成效显著,越来越多的学者十分关注供应链金融运作模式的研究。鲁其辉(2012)在研究应收账款融资与无融资状态下供应链参与方的期望收益时发现,应收账款融资改变了中小供应商生产不连续的现象,增加了厂商的期望收益,其中银行等金融机构的收益与供应商的实力负相关[80]。彭红军(2016)在分析资金充足和应收账款抵押融资两种情况下产出不确定的供应链运作决策时发现,应收账款融资可以提高供应商的生产积极性,尤其融资额度是非常关键的因素[81]。徐鹏等(2015)认为解决农业合作社存货质押融资问题,可以结合业务特点采取银行等金融机构直接质押、供应链核心企业担保、农业合作社联合担保三种运作模式,甚至可以采取第四方物流参与和政府支持的优化模式[82]。白凡等(2013)认为,关于融通仓模式下分销商的库存管理问题,分销商应该根据自身情况判断是否采用融通仓模式,如果采用应该加强与供应链上下游企业的沟通协作[83]。李超等(2016)认为,在预付款融资模式下,激励供应商提高产量,在一定程度上可以改进资金约束,提高供应链的运作效率,但建立基于预付款收益共享的协调机制才能真正实现供应链整体利益的最大化[84]。王宗润等（2016）在考虑零售商破产概率的前提下，研究保兑仓模式下零售商、供应商以及银行等金融机构的主要运营决策——最优订货量、最优回购率及最优贷款利率尤为重要[85]。

严广乐（2011）采用信息经济学的研究方法，基于博弈论理论比较第三方物流企业参与供应链金融的两种不同模式，认为第三方物流企业的参与，使原本受到较强融资约束的供应链融资企业更容易获得银行等金融机构的信贷支持，由于银行等金融机构与第三方物流合作，实现供应链融资企业仓单信息的共享，大大降低了银行等金融机构的授信风险。此外，对于第三方物流企业而言，由于辅助银行等金融机构开展金融活动，可以获得更高的管理费用，实现各方协同发展与产业升级转型[86]。谢世清等（2013）认为，供应链金融可以细分为多种具体模式，如 UPS 代表了以第三方物流企业为主导的融资模式，通用电气信用公司（GECC）代表了以集团企业合作为主导的融资模式，渣打银行（SCB）代表了以商业银行为主导的融资模式，三种代表模式具有不同特点与适用情形，值得我国供应链金融借鉴[87]。鲁利平（2014）从第三方物流企业角度出发，定量分析传统模式、银行授信模式以及第三方物流模式下供应链各成员的收益和风险，尤其"农超对接"模式下第三方物流企业主导的农业合作社融资的收益和风险[88]。杨斌等（2016）认为，在"一带一路"的国际大背景下，研究供应商占主导地位、下游零售商存在资金约束时的供应链金融模式，可以从风险分担、流动性溢价、委托代理成本和道德风险等维度分析供应链金融相较于商业贷款和商业信用的优势[89]。

陈浩（2016）从宏观角度研究供应链金融的运行模式及其风险发现，运用供应链管理方法可以提高供应链的整体竞争力[90]。随着市场竞争的加剧，各大企业之间的竞争转变为供应链的竞争，只有将大数据、云计算等技术与互联网供应链金融相结合，构建出一体化的供应链金融融资平台，提高供应链金融的融资效率，才能不断提高供应链的整体竞争力[91]。

张强（2016）认为，在以银行等金融机构为主导的供应链金融模式下，供应链企业的融资模式也会不同。根据供应链金融运作模式的异同可细分为应收账款融资模式、融通仓融资模式、保兑仓融资模式和"互联网+供应链金融"模式[92]。杨斌等（2016）提出，以"供应商回购"供应链金融模式下的博弈模型求出最优解，解决信息不对称、分担风险、提升流动性溢价等问题，可以极大地提升供应商的销售规模和供应链的整体效率[89]。但是，如果从系统架构角度优化供应链金融管理系统，构建C2B情境下供应链金融运行模式的产品定价模型，可以发现成本分担契约能够改善整体的供应链运营状况[93]。

3. 供应链金融风险管理研究

国内学者主要从风险来源、评价、控制等方面研究供应链金融风险问题，也有部分学者侧重于定性分析供应链金融风险。虽然供应链金融风险指标体系的构建与测算方法各有不同，但研究结论却几乎一致，即在供应链金融模式下，供应链融资企业的风险等级得以降低，这是供应链融资模式受到银行等金融机构和供应链融资企业青睐的重要原因之一。

由于信贷业务的共性和供应链融资的特殊性，供应链融资面临着信贷风险，尤其信息共享对信贷风险的影响巨大，因此需要制定信息共享机制下的供应链融资信贷风险管理策略，目的在于减少信贷风险发生的可能性。信息共享能够给银行等金融机构带来很多好处，至少可以发现融资企业是不是存在骗贷的可能性，但在建立信息共享系统时需要特别考虑保密性[94]。供应链金融风险主要包括信用风险、操作风险和法律风险，事实上，这些风险可以理解为银行等金融机构从事供应链融资业务时，由于各种不确定因素带来的期望收益发生偏差而带来的影响[95]。因此，运用信用利差期权的"主体+债项"评级方法转移和管理供应链金融风险，才能更加准确地评价其风险[65]。

上述研究多为定性分析，最近几年来国内学者开始定量分析供应链金融风险问题。谢江林等（2008）针对由于经销商造成的还款风险，利用数据挖掘技术获得一组低还款能力经销商的特征属性，银行等金融机构据此识别不同还款能力的经销商，并制定相应的金融政策以控制和规避金融风险。由此得出结论，低还款能力经销商的属性特征包含经销地点、注册资本、企业规模等，但过分强调供应链融资企业的规模就不太恰当，这不符合供应链金融的本质，供应链金融的主要服务对象就是供应链中小企业[96]。

供应链金融风险历来都是学者研究的重点。弯红地（2008）通过研究UPS与银行有机结合的案例以及深圳发展银行供应链金融实践案例发现，供应链金融发展存在着局限性和风险性，解决银行等金融机构与供应链企业之间的信用风险问题,需要在现有简单合作的基础上建立银企联盟供应链。银企联盟是银行等金融机构和供应链核心企业形成的较为稳固的利益共同体,即能够信息共享、具有供应链激励作用的双回路联盟。从博弈论角度来看,运用道德风险模型可以很好地分析供应链融资企业的还款意愿、银行等金融机构以及供应链核心企业的收益状况[97]。李丹(2010)认为,供应链金融风险的特点包括应用多重信用支持技术,降低了融资企业的信用风险;存在多重委托代理关系,加大了融资企业的道德风险;复杂的操作流程,增加了银行等金融机构的操作风险[98]。郑霞忠等(2012)基于供应链融资企业和银行等金融机构等内部因素,以及法律、宏观市场状况、行业环境等外部因素构建风险评价指标体系,确定风险控制点,从而很好地控制供应链融资的业务风险[99]。

与上述学者的研究角度不同,吴晶妹和赵睿(2017)从供应链融资企业的三个融资来源视角构建三维信用风险:即银行等金融机构风险、民间借贷风险和创业板企业上市风险。其中,银行等金融机构风险主要来自国家政策变化、信用体系缺失、供应链金融业务快速发展三个方面。民间借贷风险具有天生性、合法性与无序性,而且融资成本高。创业板上市风险源于国家政策改变、供应链融资企业信用水平、领导团队管理能力以及市场的转变等[100]。冯静生和王习岗(2016)定量测算供应链金融风险。供应链企业的合作混乱以及不确定因素导致了供应链风险,通过运用层次分析法分析各影响因素发现,加强供应链企业管理,可以有效减小供应链风险[101]。白瑞(2014)认为,供应链融资企业自身实力弱、信息透明度低,由此导致了供应链金融风险的发生,运用博弈模型比较银行和企业的博弈行为可以发现,提高供应链融资企业自身的信用意识,可以从根源上降低供应链风险[102]。

针对供应链金融风险的测度问题,国内很多学者运用不同的度量方法进行测算。王琪(2013)基于博弈论分析方法建立决策树风险评估体系,评价银行等金融机构的信用风险[103]。夏立明等(2011)借鉴前人的研究成果,从中甄选出38个评价指标构建了三个评价子体系,共同组成基于供应链金融的中小融资企业信用风险综合评价体系[104]。在具体的风险评价指标体系中,陈长彬和盛鑫(2013)将品德、资本、能力(3C因素)引入模糊评价,对供应链融资企业的合作信用、运营能力、质押物特征和应收账款特征等二级指标以及23个三级指标进行量化研究[105]。事实上，供应链金融风险也会受到内部条件和外部环境的影响，内外部风险是导致供应链风险的重要因素。外生风险主要与行业现状、供应链运营等宏观环境相关；内生风险主要来自供应链核心企业的道德风险、中小融资企业自身的信用风险等[106]。陈玉荣等（2017）在建立供应链金融风险评价指标体系时，运用群决策模糊综合评判法构建这一体系[107]；孙凯（2015）通过对传统融资模式信用风险评价体系的改良，利用主成分分析法和BP神经网络构建供应链金融信用风险评价体系与模型，从而提高供应链金融风险评价的客观性[108]。

不同于大多数学者采用的信息经济学分析方法，陈长彬和盛鑫（2013）基于管理学的3C理论选择供应链金融信用风险评价指标，构建信用风险评价模型，将定性指标与定量指标相结合，运用多级模糊综合评价法进行系统评价[105]。范方志等（2017）结合互联网金融大数据和数据挖掘技术筛选评价指标[109]。杨磊等（2016）将在线供应链金融模式应用到科技型中小企业，针对其融资需求构建适合科技型中小企业的融资模式，并对其主要风险进行识别与评价[110]。

4. 供应链金融绩效评价研究

国内学者十分关注供应链金融的绩效评价问题。陈冰（2007）认为可以从银行财务状况、资产流动性、安全性、未来发展能力四个方面设计具体的评价指标体系，并以8家国内上市的股份制商业银行为样本，采用功效系数法对样本银行的经营绩效进行实证分析[111]。赵明惠（2009）首先选取盈利性、安全性、流动性、成长性等定量指标和内部控制水平、学习创新能力、市场竞争能力、可持续发展能力等定性指标，构建适合我国国情的银行等金融机构绩效评价体系；其次运用主成分分析法对我国10家A股上市银行进行实证分析和综合评价[112]。徐倩（2012）运用因子分析法找出影响银行等金融机构经营绩效水平的指标，基于20家商业银行的实证分析构建银行等金融机构绩效评价指标体系[113]。卓岱（2012）运用SPSS19.0和Amos17.0分析样本数据，发现供应链金融的基本运作模式对企业绩效具有正向影响；供应链金融的创新运作模式对企业绩效具有正向影响；相对于创新运作模式，基础运作模式对企业绩效的影响更为显著。第三方物流的基础物流服务和综合物流服务分别对企业绩效具有正向影响，而一体化物流服务对企业绩效没有正向影响。第三方物流参与程度越高，采用供应链金融创新运作模式的企业可以获得更好的绩效。合理配置不同的供应链金融运作模式和不同的第三方物流参与模式，有利于企业绩效的提高[114]。

国内很多学者运用平衡计分卡构建企业绩效评价指标体系。张世辉（2014）利用结构方程模型对供应链金融如何影响第三方物流企业绩效进行实证分析，分析各项指标对供应链核心企业的影响，对供应链融资企业进行绩效评价[115]。李晓东（2017）首先识别影响供应链金融绩效的主要因素，构建供应链金融绩效评价体系，运用层次分析法对不同层级的绩效因素进行赋权；其次运用模糊综合评价法进行供应链金融绩效评价，从而得出供应链关系对供应链金融绩效起着重要的影响作用[116]。

曹晓青（2017）运用系统动力学方法研究资金约束对农业供应链中的合作社、供应链核心企业、分销商的影响，有针对性地分析订单融资模式和保兑仓融资模式下供应链成员的绩效变化及融资效果的主要影响因素[117]。邓蕾（2017）以仓储物流企业为研究对象，以 PACE 模型为分析框架，从仓储物流企业的压力维度、行动维度、能力维度和推动因素维度入手，运用因子分析法选取指标，运用专家评分法量化定性指标的权重，最后运用层次分析法构建评价指标体系和模型，利用模糊综合评价法进行实证分析，验证指标体系的适用性和可操作性[118]。张潇（2017）从供应链产业生态和平台生态角度出发，运用突变级数法构建兼具数据可比性与数据可得性的互联网供应链金融生态系统绩效评估模型，综合评价互联网供应链金融生态系统的绩效，为供应链结构优化与产业调整提供科学依据，实现了产业供应链上各参与主体的良性互动，金融增值，打造了一个互生、共生和再生的平台生态系统[119]。研究样本的选择对于研究结果至关重要，宋华和杨漩（2018）选取服务于农业、制造业和流通业的三家核心企业作为样本，研究供应链融资企业的竞争力和网络嵌入性在供应链金融绩效中的作用。结果发现，供应链金融不是针对任意供应链融资企业，而是具有一定竞争力和维持必要网络嵌入性的供应链融资企业；供应链核心企业能够对融资企业在结构嵌入性和关系嵌入性上的不足形成补充；供应链融资企业的竞争力和网络嵌入性的交互影响共同促进了供应链金融绩效的提高[120]。

5. 供应链金融监管研究

金融监管是对银行等金融机构的资产流动性、安全性、盈利性、资本充足性和经营合规性进行监督，有效防范、控制和化解金融风险，保障金融体系的稳健运行。近年来，金融监管层面的多项举措都是逐步实现监管科学化、定量化的积极尝试。从引入《巴塞尔协议》关于资本充足率的硬性规定，到《商业银行考核评价办法》的发布，都是充分体现监管当局运用一套指标体系衡量金融运行质量和自身监管绩效的积极努力[121]。

国内学者从金融效率角度对我国的金融监管体制进行分析。郭纹廷（2006）认为，渐进转轨过程中的政府金融控制是金融监管体制变迁的背景特征。在此背景下，金融监管的主要任务与目标重心偏离了金融效率，金融监管制度成为我国控制金融的手段。然而运用统计方法对我国金融监管与金融效率的相关性进行实证分析发现，我国金融监管制度的变迁没有遵从"初始制度均衡—制度非均衡—更高层次的制度均衡"这一规律，而是始终处于一种非均衡状态，因此指出从金融效率观角度不断推进我国金融监管体制变迁才是一条有效的制度均衡的演绎路径[122]。惠康等（2010）从文化历史传统、经济体制改革特征、金融体系发展以及金融监管目标等因素出发，认为在后危机时代，我国的金融监管模式需要实现由单纯外部强制性监管，向内部自律性监管与外部强制性监管有机结合的转变，完成从分业分散监管机制向混业集中监管机制的转变[123]。

刘玉强（2011）认为，金融监管需要政府、银行等金融机构、各级企业的共同努力。将政府绩效评估引入地方政府的金融监管考核，构建一套科学的地方政府金融监管绩效评估体系，可以很好地对银行等金融机构的监管绩效进行评价[124]。高俊光等（2011）认为，金融监管制度和条例往往会损害银行等金融机构的利益，当监管约束可以合理规避并能带来额外收益时，金融创新就会发生。银监会颁布的贷款新规"三办法一指引"，逐步加大监管约束和违规处罚力度，这一监管变革引发了银行业的新一轮创新[125]。曾薇（2013）从金融监管视角分析金融创新的动因以及给银行等金融机构带来的绩效变化，比较金融监管作用下银行等金融机构个体创新绩效与银行业创新绩效的发展轨迹，从时间维度和横截面维度两个层面构建金融监管对银行等金融机构产品创新绩效的影响模型。研究金融监管对银行等金融机构产品创新绩效的影响，有利于提升我国银行等金融机构的产品创新绩效[126]。刘震新（2012）认为，建立合理持续的监管绩效评估体系，树立效益成本的监管理念，强化监管的再监督；优化银行业监管的运行方式，完善银行业监管组织架构，实施科学有效的约束机制；改善银行业监管的外部环境，完善银行业监管法律，发挥市场约束功能；加强金融监管的协调与合作，弥补分业监管的盲区和重叠，可以实现政策协调、信息共享、协同监管的目标[127]。

目前，我国的供应链金融监管仓库存在着信息孤岛现象突出、金融仓库无准入门槛、监管机制不完善、缺乏统一标准等问题，严重制约了供应链金融的健康有序发展。建立供应链金融监管仓库的虚拟联盟，结合第三方评价机制、信息共享机制、动态考核机制、标准化机制、信用数据库机制可以解决上述问题，从而规范我国供应链金融监管市场[128]。当然，通过 Windows 窗体应用程序、Web Service、嵌入应用程序的地图服务网站、Oracle 数据库等相关技术的结合，设计并实现糅合 C/S 和 B/S 架构的金融物流监控系统，也可以基本满足供应链金融对第三方物流企业押运业务的监控需求[129]。

供应链金融监管绩效评价至关重要。钱建豪（2006）通过 DEA 方法设计绩效评价体系，实证分析我国四大商业银行的运作绩效后发现，我国银行业已具备相当的技术能力，但总体效率还不理想，应该有针对性地改进监管绩效[130]。储雪俭等（2018）认为，在供应链金融委托监管模式下，存在着委托再委托、多方共同参与的特点，这种委托再委托方式增加了监管风险，使整个业务流程不可控因素增加、不可控程度加深。研究发现，多方参与委托监管业务存在货物以及参与主体的时点风险、监管链条风险、供应链金融生态系统风险等，银行等金融机构可以从合约签署前的评估监测、货物监管中的多方联动、货物交付后的信用延续三个维度全流程把控这些风险[131]。

（二）银行授信研究

我国学者研究银行授信最开始集中于银行等金融机构视角，主要讨论银行等金融机构如何控制信贷风险、确定授信额度等内容，从企业角度研究银行等金融机构授信起步较晚。也有学者研究银行等金融机构授信可否造成投资过度，以及对投资效率的影响等问题。

银行等金融机构在授信业务中主要面对贷前与贷中的风险识别与度

量、贷后管理中的风险化解等风险。因此，需要建立动态的内部控制机制，在授信业务的各个阶段，按照实际情况进行管理与控制。另外，贷款发放与审批制度相分离必不可少。权责划分，贷款发放与审批相互制约，可以共同防范授信业务带来的诸多风险[132]。在我国，银行等金融机构的授信管理需要注意四个问题：一是最大负债能力的测算缺乏充足的理论依据，授信理论值的经济含义模糊，作用受到质疑。二是银行等金融机构最终确定的授信额度是一系列复杂因素作用下的"化合物"，可比性和严肃性较差，但专家决策的作用无法被完全替代。三是我国银行等金融机构授信管理尚处于财务分析阶段，没有充分考虑资产组合的管理要求，盲目决策与被动应对难以避免。由于贷款二级市场不发达，无法实现存量信贷资产的结构调整，因此开展授信业务事先考虑资产组合问题就显得更加必要。四是深入研究供应链融资企业具有还款保障的真实资金需求，提供与之匹配的信贷产品，才是授信管理的重中之重[133]。对此，分析我国银行等金融机构授信业务管理存在的问题及其原因，加快建立授信内部控制制度，完善内部评级系统，建立符合银行等金融机构经营与管理最有效的内部控制制度至关重要[134]。

银行等金融机构的授信风险来自于供应链核心企业、融资企业，以及不同融资模式下的运作风险。通过建立信用评价体系，运用"主体+债项"评级方法对供应链融资企业进行信用评估，基于风险评估模型测算供应链融资企业的融资违约率，就需要对供应链融资企业建立信用数据库。在预付款融资模式下，保兑仓融资模式在授信准入环节需要进行严格审查，尤其是供应链核心企业的信用情况、交易双方贸易的真实性以及银行等金融机构的授信额度不合理等风险，同时还需要在贷后严格监督供应链融资企业的经营管理风险[135]。因此，建立并完善独立审批人制度、建立管理信息系统、培养风险管理优秀人才、重视不良贷款的化解与处置等，可以实现授信业务的动态管理[136]。事实上，银行等金融机构在经营过程中面临的风险大都来自对公授信业务。风险不能被消灭，只能被化解和降低，因此需要尽快提高银行等金融机构的风险管理水平[137]。因此，优化信贷结构、降低授信业务的集中度、完善内部控制制度建设，可以为银行等金融机构的经营管理提供更安全的保障[138]。

信贷资产作为银行等金融机构的重要资产组成，需要重点考虑其面临的经营风险，实施精细化管理，实行贷款"三查"制度，完善信用体系，对同一客户的授信总额、授信情况等要与同业从业者进行信息交换，从而防范授信风险[139]。当然，基于柔性财务管理理论构建授信额度测算模型，根据供应链融资企业的不同特点调整授信额度，可以实现以控制信用风险为目标、以特征分析为调整项的防范授信风险的目的[140]。一般来说，银行等金融机构授信可以提高投资效率，对融资约束严重、公司治理较好的企业效果显著。另外，我国的政企关系对投资效率存在约束，反而是政企关系弱的企业更有可能利用授信提高投资效率[141]。因此，通过2004～2012年沪深A股上市公司的数据分析，在考虑财务弹性条件下实证得出银行等金融机构授信对投资具有正向影响[142]。

另一些学者将研究视角从企业对外投资转到对内研发投入方面。马光荣等（2014）研究发现，获得银行等金融机构授信的供应链融资企业，其研发可能性提高8.6%，研发强度提高0.24%。在信贷紧缩的条件下，银行等金融机构的授信可以缓解对研发工作的负面冲击效应[143]。郭华等（2016）使用世界银行数据研究发现，虽然政策不确定性会引起研发支出的下降，但银行等金融机构的授信对供应链融资企业研发却存在着正向影响，银行等金融机构的授信确实可以促进供应链融资企业的研发投入，驱动供应链融资企业创新能力的提高[144]。

参照国外学者的研究方向，国内学者也从银行等金融机构授信和现金持有偏好，以及对供应链融资企业流动性的影响方面展开研究，常亮等（2014）认为，银行等金融机构的授信可以降低供应链融资企业持有现金的调整成本，但是没有回答是否可以提供流动性保障问题[145]。通过我国上市公司2005～2010年的样本数据研究发现，在金融危机期间，拥有银行等金融机构授信的企业，其现金持有水平相对较低，而且授信可以为供应链融资企业提供流动性保障[146]。

银行授信越来越成为供应链融资企业的一种重要融资方式，银行等金融机构授信的优势，为供应链融资企业"走出去"、"引进来"提供了资金保障，也是目前较为可靠的一种融资行为，必将受到更多学者和企业界的广泛关注。低信用风险业务作为银行等金融机构授信业务的一类特殊业务，当前备受监管层及银行等金融机构关注，新形势下如何主动有效地防控风险，保障低信用风险业务的有序发展，对提升信贷资产质量、促进业务持续健康发展具有重要意义[147]。连育青（2018）根据新常态下银行等金融机构客户的基本特征，构建对公授信客户价值综合评价模型，针对不同类型的客户群体制定相应的客户营销与风险防控策略，可以更有针对性地管理对公授信客户[148]。蒋代明（2019）分析了区域过度授信形成的逻辑过程及其影响，运用熵值法构建银行等金融机构过度授信指数BECI，并对BECI和地区不良货款率指标进行相关性分析，可以综合评价区域过度授信的情况。结果表明，区域信贷资产质量与过度授信呈现出显著的正相关，BECI对区域过度授信具有较好的评价效果[149]。

银行等金融机构是否过度授信，需要一套考核指标进行评价。徐正（2018）从原有的200多个评价指标中筛选出一套完整的授信风险评价指标，然后确定指标权重，从而构建出一套切合供应链融资企业授信业务流程、简单便捷的风险评价体系[150]。孙碧飞（2018）运用BP神经网络算法、非线性决策树识别授信的可能条件和因素，得到可能条件的重要性判断。基于模型精准性和稳健性进行比较，结果表明，非线性决策树具有良好的预测效果，随机森林的结果也表明非线性决策树具有较强的稳健性。同时，基于非参数方法，运用基准模型建立供应链融资企业的授信识别模型并进行模型精度比较[151]。孙唱（2018）通过选取2001~2016年我国A股非金融保险业上市公司的样本数据，研究银行等金融机构授信的竞争效应及其作用机制，结果发现，银行等金融机构授信能够为供应链融资企业带来竞争优势，获得产品市场业绩的增长，对高竞争行业和民营企业来说，银行等金融机构授信对竞争效应的提升更具价值。通过引入投资—现金流敏感性模型研究得出，银行等金融机构的授信在缓解融资约束、降低供应链融资企业现金储备的同时，也能提供流动性保障，扩大供应链融资企业的市场份额[152]。

（三）统一授信供应链金融研究

1. 统一授信额度确定与授信决策研究

统一授信额度对供应链融资企业来说十分重要，反过来也会影响银行等金融机构的授信决策。根据《巴塞尔协议》建立我国银行等金融机构的授信额度测算方法意义重大，有利于我国银行等金融机构授信额度的测算[153]。一般来说，银行等金融机构之间对于同一供应链融资企业的授信信息具有不完全性，不利于银行等金融机构的授信决策。如果银行等金融机构的授信行为忽视或者没有得到其他银行对该供应链融资企业的贷款额度信息，往往就会造成供应链融资企业的信用膨胀，进而影响信贷市场的效率[154]。因此，制定存货组合质押与循环置换规则，根据规则分别建立相应的线性规划函数，通过算例进行数值分析，演示存货组合与循环质押融资的决策过程，可以为供应链融资企业开展存货质押融资业务提供借鉴[155]。

2. 统一授信业务收益分配与激励机制研究

银行等金融机构开展统一授信业务，目的在于获取相应的业务收入；供应链融资企业开展融资活动，目的在于解决企业的资金短缺问题、保持企业的正常生产和发展。彭恒（2013）运用 Stackelberg 博弈模型，分析 B2C 环境下统一授信融资问题，认为 B2C 企业设定存货质押率时，必须针对供应链融资企业第二阶段的补货量进行决策，银行等金融机构、B2C 企业、供应链融资企业组成的三级供应链必须协调发展，并通过收益共享契约和 Nash 均衡模型给出供应链协调的利润分配系数[156]。孙朝苑和彭恒（2013）针对 B2C 企业在统一授信模式中信息透明的特点，通过引入可观测信息变量构建相应的模型，对比引入该变量前后的最优均衡发现，引入可观测信息变量后银行等金融机构的激励水平和 B2C 企业的努力水平都会提高，并通过模型测算出努力水平、激励水平以及期望收益的数值[157]。

3. 统一授信供应链金融质押融资模式研究

在统一授信供应链金融模式下，供应链融资企业一般需要提供质押物才能获得贷款。严格来说，不是任何物资都可以质押融资，而是只有那些具有充分市场流动性的质押物才能获得银行等金融机构的认可。在分析标准商品的质押率决策问题时，应该考虑供应链融资企业违约时质押物的市场流动性所导致的清算时间延迟和相关成本问题。至于质押物市场流动性的具体测度方法，可以简单地处理为市场价值的固定比例[158]。常伟等（2000）从交易对质押物市场价格的影响角度提出了较为详细的质押物市场流动性风险度量方法，认为质押物市场价格波动包括漂移率、波动率和市场影响三个方面，将流动性风险问题纳入 VAR 模型，结合实例度量了质押物的市场流动性风险问题[159]。如果借鉴股票市场分析质押物的市场流动性量化问题，可以在构建模型时将变现时间作为流动性量化指标，其影响因素包括换手率、持仓量和流通市值。同时，内部流动性可以以持仓量来衡量，外部流动性可以以换手率和流通市值来衡量，最后基于变现时间的市场流动性得到 VAR 模型[160]。彭阳（2011）通过分析统一授信模式下存货质押率的影响因素，建立相应的存货质押率数理模型，运用层次分析法构建统一授信存货质押融资风险评价指标体系和模型，系统研究风险识别、评估和控制问题[161]。根据随机合作博弈理论构建风险分担比例决策模型，在参与者之间将风险进行适当转移，可以达到最佳分配，不仅满足各自的利益需求，同时还可以实现降低供应链金融风险、提高合作效率的目的，为供应链金融合理分配利益开拓新的研究视角[162]。

4. 统一授信供应链金融监管绩效研究

统一授信供应链金融监管问题，离不开委托监管模式的研究；而存货质押融资问题，更离不开质押率决策这一问题。国内学者以标准商品为研究对象，假设供应链融资企业的违约概率外生且服从均匀分布，基于非线性规划方法，通过比较银行等金融机构的风险偏好及其业务损失大于风险承受水平的概率来确定质押率[163]。当然，也可以假设供应链融资企业的违约概率服从重随机泊松过程（Doubly Stochastic Poissonprocess，即柯克斯过程），由此建立一个与银行等金融机构风险容忍水平一致的质押率决策模型，得出质押率决策的影响因素包括银行等金融机构的风险偏好、质押物的预期收益率和价格波动率、贷款周期、盯市频率等[164]。事实上，如果以质押期末一次性还款取货的静态质押为研究对象，构建以银行等金融机构的风险容忍水平为约束条件、以期望利润最大化为目标函数的最优化模型，可以很好地研究质押物市场价值服从多种不同分布时的情况[165]。因此，于萍等（2007）以供应链融资企业的违约概率内生为前提，以银行等金融机构的期望利润最大化为目标，求解出最优化贷款利率和最优质押率[166]。

对于组合商品存货质押融资的质押率决策，齐二石等（2008）借用 Copula 函数预测组合质押物的价格波动情况，分析质押物组合下银行等金融机构的收益与风险，借助非线性规划方法确定质押率这一关键指标[167]。朱文贵等（2007）认为，在供应商允许零售商采用延迟支付方式且给予现金折扣的条件下，需要很好地解决第三方物流企业与零售商开展存货质押业务的质押率决策问题[168]。

对于期权定价方法的质押率决策问题，马姗姗（2008）依据 Black -

Scholes 欧式看跌期权定价原理,把存货质押贷款看作供应链融资企业向第三方物流企业购买的欧式看跌期权,通过模拟期权收益构建存货质押贷款期权卖方定价基本方程,进而推导出质押率决策模型[169]。张然等(2013)将质押贷款的超额收益现值作为看跌期权价值,分析零息贷款、付息贷款和组合质押物三种情形下的质押率与贷款期限、超额收益率、风险溢价以及质押物市场价值波动之间的关系[170]。

基于 Stackelberg 博弈模型的质押率决策,艾灵志(2012)运用博弈方法研究存货质押业务中三方参与主体之间的关系,并以动态博弈模型为理论基础分析供应链融资企业、银行等金融机构和第三方物流企业的决策,将三方主体的决策问题转化为多目标规划问题,三个决策目标分别为融资方的质押量决策、贷方银行等金融机构的质押率决策和中介方第三方物流企业的努力水平决策[171]。于辉等(2010)将贷方银行等金融机构的决策目标分为银行等金融机构追求收益最大化或追求收益风险整体最优两种情况讨论,综合运用 VAR 模型和 Stackelberg 动态博弈理论展开研究,结果发现,银行等金融机构的质押率在不同决策目标下也会不同[172]。

基于 VAR 方法的质押率决策问题,何娟等(2012)认为,存货质押业务的核心在于预测质押物的长期价格风险,建立收益率波动 VAR – GARCH(1,1)– GED 模型,给出质押物价格风险的 VAR 计算公式,基于银行等金融机构风险水平的考虑,求得最优质押率[173]。刘妍和安智宇(2014)认为,在分析银行等金融机构的质押率决策行为时,应该考虑质押物的市场流动性特征,依据股票等金融资产市场建立质押物市场流动性调整的质押率决策模型,分析质押物的市场流动性,并以变现时间考量其对 VAR 值的影响[174]。

统一授信供应链金融监管模式很多,每种模式都有其优点,但也不可避免地存在一定的风险。因此,可以从法律风险、货物权属确认、善意第三人保护、权利优先保障机制角度研究统一授信业务的法律风险[175]。或者从质押物价值评估、运输、监管、质押物处置、信息共享五个维度研究统一授信融通仓的物流联盟对第三方物流企业的激励契约[176]。还可以归纳出统一授信融通仓模式运作过程中质押物的风险因素,构建融通仓质押物风险评价指标体系,运用层次分析法对质押物风险进行衡量[177]。

（四）第三方物流企业统一授信供应链金融研究

供应链金融条件下的统一授信融资，使参与各方都会面临收益分配及定价决策问题。郭义荣等（2009）运用博弈理论，以双方谈判为出发点，通过分析第三方物流企业与银行等金融机构两者间的纳什均衡，找出供应链金融模式下两大参与主体的利益平衡点，可以为第三方物流企业融资决策提供依据[178]。钟德强等（2012）引入供应链核心企业作为担保，可以对统一授信模式下第三方物流存货质押融资的决策行为进行模型化处理。研究表明，第三方物流企业的期望融资收益、存货质押率与供应链核心企业的回购率、回购价格呈现正相关关系。分析市场实际需求约束条件下第三方物流对供应链融资企业的不同融资决策行为，可以解释统一授信模式下存货质押融资引入供应链核心企业担保的重要性[179]。徐鹏等（2012）运用委托代理理论，考虑第三方物流完成质押物价值评估、质押物运输、质押物监管、质押物处置及信息共享五个指标，建立第四方物流和多个第三方物流一对多的多任务委托代理模型。结果表明，第四方物流付出努力时，第三方物流努力增加，且第四方物流付出的努力越多，第三方物流就会越努力工作，第四方物流也会给予能力强、收益贡献较大的第三方物流更多的激励[180]。

统一授信模式下动态质押担保服务定价问题，可将质押融资担保服务定价分为基准费用和附加费用两大类，附加费用由业务风险等级、贡献度、平均库存、价格更新费用四部分组成，从而得到担保服务定价方法，指导第三方物流企业进行服务收费[181]。董振宁等（2014）研究订单融资的业务评审费和风险承担费等指标发现，从成本和收益角度提供一个更为合理的担保服务定价模型，可以指导第三方物流企业根据供应链融资企业的实际情况进行定价[182]。如果以金融市场流动性研究为基础，可以结合现货市场实际构建以变现时间为度量指标的存货质押融资风险度量模型。其中变现时间受市场有效流通速度、持仓量、第三方物流企业变现能力等因素的影响[183]。

银行等金融机构开展统一授信业务，首先需要确定质押率。在考虑质押物需求、质押物价格、质押期限、融资利率等因素的前提下，建立质押率决策模型，基于Stackelberg博弈模型分析第三方物流企业的质押率决策和供应链融资企业的质押数量决策尤为重要[184]。李毅学等（2011）运用

Stackelberg 动态博弈方法分析供应链融资企业和第三方物流企业的各自决策，即第三方物流企业的质押率决策和供应链融资企业的订货决策，以及供应链融资企业的再订购策略对质押率的影响[185]。张云丰等（2015）运用线性规划方法建立第三方物流质押率决策模型，假设第三方物流企业的利润主要与质押物市场价格相关且市场流动性良好，质押物能够以市价顺利卖出，以此来综合分析存货组合和循环质押融资的决策问题[155]。

在构建质押率决策模型时，确定模型构建的影响因素至关重要。彭阳（2011）基于供应链融资企业的信用风险、第三方物流企业的风险容忍水平、质押物价格和贷款利率四个方面的因素构建单期质押率决策模型[161]。杜玉竹（2018）基于第三方物流企业质押物控制方式、质押物变现策略、供应链融资企业业务贡献度对质押率决策的影响，以非线性规划方法构建第三方物流企业的质押率决策模型。研究表明，第三方物流企业适当增加取货次数，可以提高质押率设定水平和自身业务收益，但取货次数过多时，第三方物流企业的质押率设定水平和业务收益反而降低。同时，第三方物流企业的质押物变现策略，使其进行质押率决策时对质押物的市场流动性参数的敏感性降低。另外，第三方物流企业基于供应链融资企业业务贡献度的质押率补偿方案，能够在保证自身收益水平的前提下给予供应链融资企业更高的质押率，使供应链融资企业的同批存货获得更高的贷款额度，有效巩固了与供应链融资企业之间的业务合作关系[186]。

至于质押率的影响因素，钟德强（2012）引入供应链核心企业对融资企业提供贷款担保的假设，分析回购率、回购价格、第三方物流服务收费标准等因素对质押率的影响[179]。张灵敏（2014）引入供应链核心企业回购担保的假设，分析供应链核心企业供应商的回购率、回购价格、供应链融资企业的物流服务费用，以及监管程度对质押率和第三方物流企业利润的影响[187]。王钦祥（2017）研究质押物市场需求的单独波动，以及需求、价格同时波动时第三方物流企业的期望利润和质押率设定问题，分析价格、回购率、回购价格和保证金对期望利润和质押率的影响[188]。殷飞（2012）通过分析存货质押融资的主要形式，识别第三方物流企业开展统一授信业务面临的风险，设计出包括准入体系风险、合约设计风险和运营过程风险的控制体系，有效控制第三方物流企业开展统一授信存货质押业务的风险[184]。张灵敏（2014）在采用定性与定量分析相结合的方法研究统一授信存货质押融资问题时，引入供应链核心企业（供应商）对融资企业（零售商）的回购担保行为，用回购价格和回购率描述担保程度，并考虑第三方物流企业的监管程度，得出第三方物流企业的期望利润与供应链核心企业的回购率、回购价格、单位物流服务费用、自身监管程度呈正相关，从而给出第三方物流企业的最优质押率决策，然后运用模糊综合评价法评估统一授信模式下第三方物流企业存货质押融资的效率[187]。

潘永明等（2015）运用网络分析法对怡亚通公司的业务风险进行系统分析，有效识别出关键风险因素，为第三方物流企业统一授信存货质押融资业务的开展提供风险控制依据和方法[189]。陶政旭等（2016）在充分考虑质押物风险的前提下，认为第三方物流企业的违约罚金、质押率、质押物价格风险和声誉价值，是影响供应链融资企业信用风险的主要因素。在此基础上可以运用演化博弈理论建立第三方物流企业与供应链融资企业的信用风险博弈模型[190]。

从第三方物流企业角度研究委托监管模式下的质押物监管体系，可以考虑从现场作业管理、风险控制、信息管理、应急管理四个方面构建理论模型[191]；也可以从质押物的市场需求角度出发，研究质押期末质押物的市场需求对市场价格的影响，进而分析银行等金融机构的质押率决策[192]。从第三方物流企业角度研究统一授信融通仓模式发现，第三方物流企业选择供应链融资企业时，可以考虑信贷资金约束和仓库容量约束下第三方物流企业效用最大化选择问题，采用层次分析法或者线性规划法构建选择模型[193]。

对于统一授信融通仓的物流联盟对供应链融资企业的选择问题，在考虑成本降幅大小的约束下，可以采用线性规划法确定贷款额度，第三方物流企业需要综合考虑利率和风险两个因素进行决策，而不是单一地考虑高利率或者低风险[194]。如果从第三方物流企业角度研究统一授信存货质押业务风险，需要基于层次分析法和网络分析法构建风险评价指标体系，研究各个指标的相互影响，并通过软件模拟得到各指标的风险权重[189]。当然，采用 EOQ 模型研究统一授信和委托监管业务中供应链成员的决策和收益情况，可以得出银行等金融机构和第三方物流企业更偏好于统一授信模式的结论[195]。

（五）集团企业统一授信供应链金融研究

胡法根（2012）研究集团企业授信风险的表现形式，以及银行等金融机构在集团企业授信风险方面存在的问题，认为监管部门应该加强信息共享平台建设，提高银行等金融机构之间的信息沟通效率，同时建立风险规避机制，努力减少集团企业风险爆发对银行等金融机构体系的冲击[196]。李文艳（2010）认为，集团企业复杂的股权结构以及多元化经营策略，是造成其授信风险控制困难的主要原因，银行等金融机构应在集团关联企业识别方面加大力度，监管部门也应发挥协调作用，加强银行等金融机构之间的信息共享和沟通交流[197]。牛利民（2012）认为，监管部门可以充分利用非现场监测方法，通过数据分析判定银行等金融机构的授信风险变化情况，了解其监管要求的落实情况[198]。

国内学者在构建统一授信风险指标体系时，利用 BP 人工神经网络或其他数学模型研究了集团企业授信风险预警机制问题。武剑（2003）从借款人财务状况、可持续发展能力等七个维度建立集团企业授信风险预警机制[199]；孙宛青（2010）采用层次分析法，从区域风险指标、行业风险指标、客户财务风险指标、客户经营风险指标、客户信贷指标五个方面建立集团企业授信风险预警机制模型[200]；方先明等（2003）综合考虑市场风险、流动性风险以及信用风险，利用 BP 人工神经网络的并行处理、自适应性学习等相关特征，构建集团企业的统一授信风险预警体系[201]。庞素琳等（2009）从规避道德风险角度提出制定统一授信风险合同，分析逆向选择风险效应，从而建立信用风险评价模型、BP 算法模型、信贷风险决策模型等授信风险评价模型[202]。陈林等（2015）在结构化模型框架下考虑统一授信额度约束问题，并基于违约风险控制和贷款收益管理的多目标决策，构建集团企业统一授信额度优化配置模型。研究表明，在考虑不同目标重要性的前提下，使用遗传算法等最优化求解方法，可以得到集团企业授信额度的优化配置方案，从而有助于银行等金融机构积极主动地防范集团企业的信贷风险[203]。

国内学者在集团授信风险管理方面也开展了相关研究，肖永杰和霍东平（2006）认为，加强集团企业授信风险管理必须从体制机制着手，构建基于全社会的监督体系[204]。李航和张华（2005）认为，银行等金融机构在市场竞争压力下，对集团企业统一授信标准较为宽松，并对集团企业盲目信任,忽略了其利用成员企业的多头融资行为;多头授信不仅导致了银行等金融机构对集团企业授信的集中度提高,还可能触发监管红线,增大授信风险,因而银行等金融机构应该建立信息实时共享平台[205]。张晓玲(2010)从行为经济学角度进行分析认为,集团企业授信风险控制的关键在于银行等金融机构要破除贪大求全思维,对集团企业客观对待,合理控制内部关联担保的比例[206]。岳意定和刘立新(2013)重点关注了集团企业财务因素的影响,认为利用财务分析规避集团企业统一授信业务风险,不失为风险识别的有效方法,具有很强的实践指导性[207]。朱泽坤(2014)认为,如果选择银行等金融机构联合管理集团企业统一授信的方式,通过银团贷款、同业协作、信息共享等方式,可以解决银行等金融机构之间的恶性竞争、信息不对称等问题[208]。余琪(2017)认为,集团企业的授信风险通常表现为多头授信和过度授信、贷款资金被挪用、关联互保和担保圈、非公允关联交易、不当经营与投资等,银行等金融机构往往面临集团企业认定不完整、授信评价体系不健全、风险预警预判不及时等问题,需要严格识别关联关系、强化统一授信管理、审慎核定最高风险限额、注重担保方式选择、完善预警指标体系、强化外部机构合作,从而全面加强集团企业的统一授信风险管控[209]。

马璇(2018)认为,从新的COSO报告和《巴塞尔协议》看,在银行等金融机构的集团企业统一授信业务流程中,存在着集团企业信息使用效率低、轻视定性指标和前瞻性指标的重要性、"总对总"授信额度切割模式过于机械化等问题,因此需要整合现有统一授信业务信息管理系统资源、重视定性指标和前瞻性指标分析、采用更具弹性的授信额度切割方式等措施规避风险[210]。翟帅(2018)认为,加强集团企业的风险识别、强化担保管理、积极参与银团贷款、强化预警机制建设、完善合规文化等措施,也可以有效规避集团企业统一授信的运作风险[211]。刘慧(2018)认为,如果从组织架构、操作层面、风险计量三个方面分析银行等金融机构集团企业统一授信风险管理存在的问题,可以从人才引进、激励机制、技术支持三个方面提出有针对性的改进方案,并从风险识别预警、资产质量管理、信贷结构调整、内控监管四个方面评价改进方案的实施效果[212]。蔡骧(2018)基于风险管理全流程嵌入理论,采用较为实用的多层次指标构建集团企业统一授信风险控制模型,完善统一授信风险管理制度、明确统一授信风险事项、建立较为完善的多方考量的信用体系，可以很好地找到具有普适性的解决方法[213]。

第三节 主要研究内容

一、定义研究边界

统一授信供应链金融包括银行等金融机构、供应链核心企业、供应链融资企业、第三方物流企业等参与主体，它将物流、资金流、信息流有效融合在一起，形成相互循环与制衡的一个体系。在统一授信供应链金融模式下，授信主体可以是供应链核心企业，也可以是第三方物流企业，还可以是集团企业。因此，本书重点研究三种授信主体下供应链金融各参与主体的风险识别、评价、控制及其监管绩效问题。

（一）银行等金融机构

银行等金融机构拥有资金，在经济活动中的重要作用在于合理配置资金，使资金需求方得到资金，资金空余方获得一定的收益。银行等金融机构通过有效整合各种资金，将信用和资金投入供应链体系，为供应链融资企业提供租赁、信托、保理、抵押等融资服务。如果银行等金融机构开发出可以有效控制风险的融资模式或产品，满足更多企业的融资需求，就能拓宽其客户群体，提升自身的竞争力。

（二）供应链核心企业

核心企业是指处于行业竞争中实力强、资金雄厚、信誉较好的大企业，一般规模较大，资金充裕，而且拥有较高的信用等级，能够对整个供应链产生较大影响，通常是在行业内排名较为靠前的企业。供应链核心企业通过回购等方式为中下游企业提供担保或反担保，银行等金融机构对供应链核心企业进行评估，综合衡量供应链核心企业与融资企业的关系并提供统一授信。因此，供应链核心企业一般与供应链融资企业有着稳定的合作关系。作为供应链核心企业需要满足三个条件：一是企业本身符合银行等金融机构所要求的信用等级水平，否则不能为其他企业进行融资担保；二是企业在供应链中起到支配经济活动的作用，其他配套企业通过与之合作加入供应链体系中；三是要考虑银行等金融机构的市场定位，如果银行等金融机构定位于高端市场，那么处于供应链中低端的企业就不能充当其开展融资服务的核心企业。

本书认为，供应链核心企业是指供应链上拥有约束瓶颈的资源（如技术、市场、原始资源、信息等），决定着供应链运营效率，能对供应链内部的物流、信息流等资源进行组织协调，并提升供应链核心竞争能力的企业。

（三）供应链融资企业

供应链中为核心企业配套的上游供应商或下游经销商等中小企业，统称为配套企业。它们与供应链核心企业存在交易关系，作为供应链核心企业的供应商或分销商，在传统交易模式中往往处于不利地位，资金压力较大。供应链金融就是依托这些中小企业与供应链核心企业的交易关系，将其日常经营产生的存货、应收账款、应付账款作为质押，向银行等金融机构申请贷款。

配套企业是供应链融资服务的需求者，一般都比较小型单一，为供应链核心企业提供原材料支持或进行代销等业务。配套企业只有制定良好的战略规划，完善自身管理体系，不断提升产品竞争力，并与供应链核心企业保持长期稳定的贸易合作，才能得到供应链核心企业的认可，在供应链融资中处于有利地位，容易获得资金，形成良性循环。只有那些同供应链核心企业有着长期交易关系的配套企业，才有可能得到供应链核心企业的担保，获得银行等金融机构的授信支持，这对银行等金融机构来说风险可控，对供应链核心企业来说发展有利，从而实现三方或多方共赢。

（四）第三方物流企业

第三方物流企业是从事运输或者仓储业务，负责物品从源头（供应商）到终端（分销商）之间的包含运输、储存、包装、配送等活动的经济组织。根据从事业务的不同可分为运输型物流企业、仓储型企业和综合服务型企业。

第三方物流企业比较了解日常交易活动中的各行各业，容易掌握市场价格，只要通过规范的仓储监管，就能合理控制风险，为银行等金融机构提供更好的服务，为自己的客户获得更多的融资机会，对自身带来更大的发展。例如，供应链金融中的原材料质押融资，银行等金融机构委托第三方物流企业对质押物进行监管，企业拿到提货仓单才能向第三方物流企业提取货物，这样一来银行等金融机构就能很好地监控质押物，有效控制风险。因此，银行等金融机构在选择第三方物流企业时，应该选取一些信誉好、有一定规模的大型物流企业，这些企业具有专业的仓储管理经验，在长期的业务运作过程中形成了规范的货物出入库体系。值得注意的是，供应链融资一定要避免第三方物流企业与供应链融资企业之间产生利益关系，否则就会影响第三方物流企业的监管作用。

二、主要研究内容

本书从统一授信视角研究了供应链金融风险的扩散机理和监管绩效两大问题，主要对统一授信供应链金融的理论基础、统一授信供应链金融风险机理、统一授信供应链金融风险识别、统一授信供应链金融风险评价、统一授信供应链金融风险风范、统一授信供应链金融监管、统一授信供应链金融监管绩效评价等问题进行了系统研究。

本书的研究内容共分九章，具体内容包括：

第一章，绪论。主要概述本书的研究背景与意义、国内外研究现状、定义研究边界与主要研究内容，为本书写作奠定基础。

第二章，统一授信供应链金融的理论基础。首先，梳理了供应链的内涵、网链结构及其特点，供应链金融的内涵、参与主体、系统结构、业务模式、特点与优势；其次，综述了授信与统一授信的内容与特点、银行等金融机构统一授信业务模式；最后，介绍了复杂网络理论、演化博弈理论、市场失灵理论、社会利益理论、利益相关者理论，以及层次分析法、模糊综合评价法、灰色关联分析法。

第三章，统一授信供应链金融风险机理。首先，分析了核心企业统一授信供应链金融风险的成因、传染要素、传染机理及其度量；其次，研究了第三方物流企业统一授信供应链金融风险的传染机理及其度量；最后，研究了集团企业母子公司的担保行为，集团企业统一授信供应链金融风险的传染机理及其度量。

第四章，统一授信供应链金融风险识别。首先，识别了核心企业统一授信供应链金融参与主体的各种风险；其次，分析了第三方物流企业统一授信供应链金融的风险结构及其诱因，识别了其风险类型；最后，识别了集团企业统一授信供应链金融参与主体的各种风险。

第五章，统一授信供应链金融风险评价。首先，构建了核心企业统一授信供应链金融风险评价指标体系与模型，运用模糊综合评价法进行评价；其次，构建了第三方物流企业统一授信供应链金融评价指标体系与模型，运用 Logistic 模型进行回归分析；最后，构建了集团企业统一授信供应链金融风险评价指标体系与模型，运用模糊综合评价法进行评价。

第六章，统一授信供应链金融风险防范。首先，分析了核心企业统一授信供应链金融参与主体的风险防范措施；其次，分析了第三方物流企业统一授信供应链金融参与主体的风险防范措施；最后，分析了集团企业统一授信供应链金融参与主体的风险防范措施。

第七章，统一授信供应链金融监管。首先，分析了核心企业统一授信供应链金融的监管动因，提出了相应的监管防范措施；其次，分析了第三方物流企业统一授信供应链金融的监管动因，提出了相应的监管防范措施；最后，分析了集团企业统一授信供应链金融的监管动因，提出了相应的监管防范措施。

第八章，统一授信供应链金融监管绩效评价。首先，构建了核心企业统一授信供应链金融监管绩效评价指标体系与评价模型，以 A、B、C 三个核心企业为例进行评价；其次，构建了第三方物流企业统一授信供应链金融监管绩效评价指标体系与评价模型，运用灰色关联分析法进行评价；最后，构建了集团企业统一授信供应链金融监管绩效评价指标体系与评价模型，以 a、b、c 三个集团企业为例进行评价。

第九章，研究结论与展望。总结本研究得出的主要结论，提出本研究存在的主要不足之处，并对未来的研究方向提出展望。

第二章
统一授信供应链金融的理论基础

统一授信供应链金融是一种涵盖范围广，具有较高效率、显著经济效益、很大发展潜力的融资模式，属于信用风险管理的范畴，其实质是将银行等金融机构和供应链融资企业分别作为一个整体，按照统一标准统一向融资企业提供授信支持；至于授信额度多少受供应链融资企业规模、经营效益、发展前景和信用状况的影响，银行等金融机构需要反复论证、评估、审查与审批，并对各种信贷业务进行统一的总量控制。银行等金融机构为了改善金融服务质量，加强自身风险管理，统一管理与控制供应链融资企业的整体信用风险和具体授信业务风险，从而有效规避各种风险的发生。

第一节 供应链金融的特点与模式

一、供应链的内涵与特点

社会分工的不断细化，促进了劳动生产力的发展。如果制造业能够采用分工制的工艺，便会相应地提高劳动生产率[214]。因为分工，社会上各行各业泾渭分明。对某一产品来说，分工可以从企业内部和企业之间两个方面解释。企业内部分工，就是在企业内部将生产、加工、储存、运输、销售等环节安排到各个部门，共同实现产品链的顺利衔接。

随着经济发展和社会进步，人们的消费需求越来越丰富多样，原来的生产流水线规模化产品已经不能满足社会需求，一种新的生产模式——供应链应运而生。供应链是指产品生产和流通过程中所涉及的原材料供应商、生产商、批发商、销售商以及最终消费者组成的供需传输网络，包括从生产资料获取、加工并将最终产品送到消费者手中所涉及的企业，以及企业内各部门组成的网链结构。

（一）供应链的内涵

供应链最早起源于彼得·德鲁克提出的"经济链"，后经迈克尔·波特发展成为"价值链"。随着全球制造业的不断发展，20世纪80年代末演变为"供应链"，并广泛应用于制造业运营管理领域。

波特的价值链理论是形成供应链的基础。任何一个组织的活动均由一系列相互联系的行为所构成，包括从供应商、生产商、经销商到消费者整个链条中所存在的物资流、信息流、资金流的流动过程[215]。企业在经营过程中，既要对企业内部包括计划、采购、制造、运输、销售等环节和要素进行管理和协调，还要参与整个供应链的信息沟通和分工协作。因此，供应链是社会化大生产的产物，是重要的流通组织形式和市场营销方式。

供应链是围绕核心企业，通过对物流、信息流、资金流的控制，从原材料的采购开始，到制成半成品以及产成品，最后通过营销网络把产品送达消费者手中的整个过程，并将供应商、制造商、分销商、零售商，以及最终用户连成一个整体的网链结构。供应链包含所有参与运营的节点企业，是市场需求信息流从最终用户传递到初始供应商逆流而上的传导过程，也是一个范围更广的企业结构模式[216]。供应链的网链结构模型如图2.1所示。

供应链是一个由材料供应商、生产设施、分销服务和客户，通过前馈的材料流和反馈的信息流组成的一个系统，包含了生产交易过程中的多方成员。随着供应链业务的不断细化，更多专业化分工的企业参与解决不同的专业问题。在此情况下，由于生产职能分散开来，需要有一个核心企业对供应链上的所有企业进行一定程度的监管。于是，现代供应链的定义在原有基础上进一步补充与完善，更多地强调供应链中核心企业的作用，强调核心企业与交易方企业、供应商之间的关系[217]。

第二章 统一授信供应链金融的理论基础

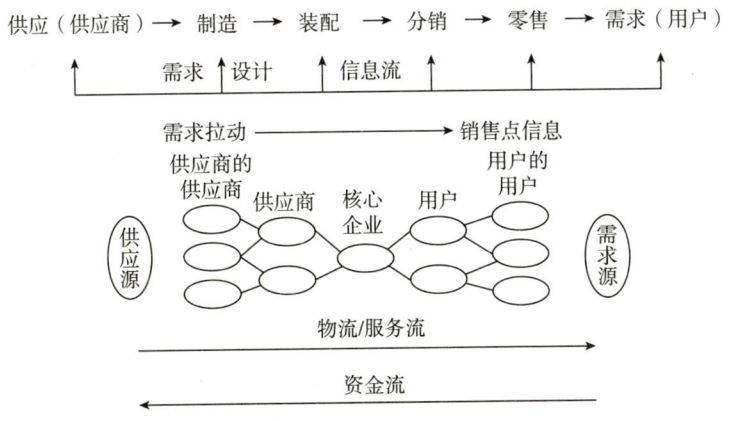

图 2.1　供应链的网链结构模型

从市场角度看，当且仅当一个企业同时拥有核心市场资源和核心竞争力时，才能成为供应链核心企业。而从产业链的角度看，供应链核心企业往往具有一定的架构，如图 2.2 所示。

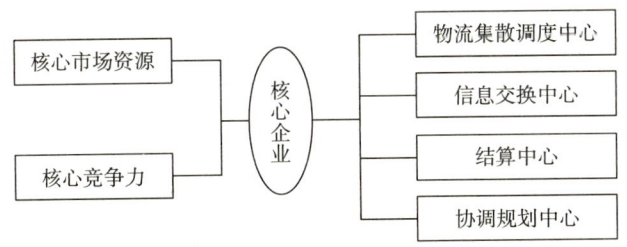

图 2.2　供应链核心企业的基本架构

供应链作为一个有机整体，涉及产品生产和流通的供货商、生产商、销售商、物流企业和最终消费者等各个参与主体。它们互为上下游节点，构成了物资供需传输、信息传递和资金流转的网络结构。一般而言，根据企业的不同职能划分，构成供应链的基本要素包括供应商、制造商、分销商、零售商和物流企业，如图 2.3 所示。而供应链的基本流程包括物流、商流、信息流和资金流。

041

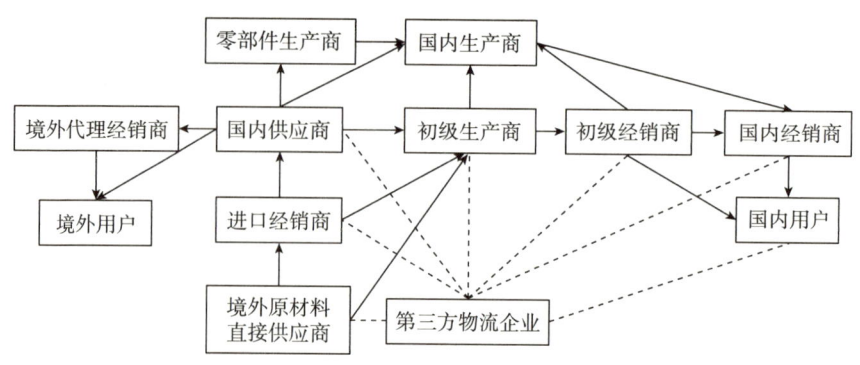

图 2.3 供应链及其成员关系的网链结构

供应链作为一个网链结构，产品在生产流通过程中产生的供求关系将供应链节点企业联系在一起，形成了复杂性、动态性、响应性、交叉性等特征。复杂性是指供应链各节点企业的层次不同，企业规模、类型、模式等也各不相同，它们构成的供应链网链结构远远复杂于单一企业的结构模式。动态性是指供应链企业的发展战略随着市场需求变化而动态更新。响应性强调以用户需求拉动供应链企业的信息流、物流和资金流的运作，重点是供应链系统对客户需求的及时响应。交叉性是不同的供应链因为拥有相同的节点企业而相互交叉，形成网络，增加了供应链网络的管理难度。

（二）供应链的网链结构

供应链结构具有网链特征，是由围绕核心企业的供应商、供应商的供应商、用户以及用户的用户组成，主要涉及物流、资金流、信息流三项内容，以及供应商、生产商、分销企业、第三方物流企业、客户五个主体。

1. 供应链的三项内容

（1）物流。物质资料从供给者到需求者的物理运动，即物资流通，包括商品运输、仓储、装卸搬运、流通加工、相关的物流信息等功能。由供应商经制造商、批发与物流、零售商等指向消费者，短时间内以较低的成本将货物送达消费者。

（2）资金流。采购方支付货款涉及的财务事项，包括信用条件、支付方式以及委托与所有权契约等。为了保障企业的正常运作，必须确保资金及时回收，否则企业将无法建立完善的经营体系。其流向是由消费者经零售商、批发与物流、厂家等指向供应商。从传统意义上看，企业主要关注供应链物流的加速流转，但资金流的流转对企业来说同等重要。随着市场全球化发展和新兴市场呈现的贸易机会，资金流管理已成为企业关注的重点。

（3）信息流。供应链中与物流、资金流相关联的各类信息，包括存货记录、确认函、采购订单、需求信息、库存信息、产品信息及价格等在供应商与消费者之间的双向流动。随着现代信息技术的发展，许多企业在采购、库存、资金管理等方面越来越多地借助于各类管理软件和电子网络平台。而支持企业之间交易的第三方物流企业、银行等金融机构，也通过各类电子交易平台提供电子订单、发票、网上支付等电子化服务手段，从而提高了物流和财务管理的效率。

物流、资金流、信息流共同贯穿于企业供应链的全部活动之中。信息流和资金流的结合，更好地支持与加强了供应链上下游企业之间的货物流。只有实现三流的有序衔接，有效集成，才能保证供应链的运行效率和安全性。

2. 供应链的五个主体

（1）供应商。为生产厂家提供原材料或零部件的企业。

（2）生产商。即产品制造者，负责产品开发、生产和售后服务等业务。

（3）分销企业。为实现将产品送到经营地理范围每一角落而设置的产品流通代理企业；零售企业是指将产品销售给消费者的企业。

（4）第三方物流企业。上述企业之外专门提供物流服务的企业。

（5）客户。购买产品或服务满足某种需求的个人或群体。

（三）供应链的特点

供应链是涵盖供应商、制造商、分销商、零售商和最终用户的整体网络，与传统企业的经营与管理相比具有如下特征：

1. 竞争与合作

供应链是一种伴生关系的企业集群，每个企业都有自己的利益追求。为了实现企业自身的利益最大化，供应链成员之间存在着竞争关系。供应链上的任何企业要想实现利益最大化，必须以合作伙伴共赢和供应链价值增值为基础，因而供应链上下游节点企业之间同时也是一种需求与供应的紧密合作关系。因此，企业之间的竞争将向着有利于供应链整体目标实现的方向发展。

2. 复杂性

供应链是一个由不同冲突目标的成员构成的复杂网络系统，往往由多个类型的节点企业构成，供应链节点企业往往分布在不同领域或行业，各个节点可能归属于多条供应链，部分功能复杂的节点还可能构筑以自己为核心的供应链，它们之间的关系复杂，关联往来和交易很多。众多的供应链形成交叉结构，增加了协调管理的难度。因此，供应链的结构模式一般比单个企业的结构模式更为复杂。

3. 动态性

供应链是一个不断发展的动态网络系统，随着市场需求的多样化和企业分工加剧，以及信息技术的发展，市场竞争方式也发生了根本性的转变。谁在最短时间内不断推出适应不同用户需求的新产品，谁就能赢得市场竞争的主动权。无论是供应链结构，还是节点企业都需要不断变化，从而使得整个供应链具有明显的动态性。

4. 风险性

供应链具有诸多优势，同时也存在着很多风险。一方面，供应链节点企业仍是市场中独立的经济实体，彼此之间存在着潜在的利益冲突和信息不对称，节点企业之间的协调主要通过不完全契约方式来实现；另一方面，供应链的多方参与主体、跨地域、多环节等特点，使供应链很容易受到来自外部环境和节点企业内部不利因素的影响，形成供应链风险。供应链风险是一种潜在威胁，具有传递性、互动博弈、合作性等特点，它会利用供应链系统的脆弱性造成破坏，因此与单个企业的风险有着很大不同。

二、供应链金融的内涵与特点

(一) 供应链金融的产生背景

供应链金融是供应链领域与金融领域相结合的创新形式，是经济全球化、全球价值链分工以及供应链管理共同作用下的产物。20 世纪 80 年代，经济全球化开始盛行，形成了全球价值链分工的新特征，生产和资源的配置使用突破国家界限，产品生产过程中的不同价值增值环节被拆分到不同国家进行。在新的世界分工格局下，得益于信息技术与运输技术高速发展

第二章 统一授信供应链金融的理论基础

带来的运输成本下降，全球化的供应链管理由此产生。企业的竞争格局由单一个体之间的竞争转变为供应链之间的竞争，竞争内容由原来的产品技术、数量及质量竞争转变为对市场多样化需求的响应速度以及供应链的协同性竞争。为了追求最快的响应速度、最大的协调性以及最小的管理成本，供应链金融需求应运而生。

供应链金融最早可追溯到18世纪初荷兰某银行开办的仓储质押融资业务，我国上海银行曾在20世纪20年代开办过同类业务。20世纪80年代，真正意义上的供应链金融开始得到发展。

1999年，深圳发展银行推出动产及货权质押授信业务，推动了我国供应链金融的实质性推广和规模性应用。供应链金融就是基于对供应链结构特点、交易细节的把握，借助核心企业的信用实力或单笔交易的自偿程度与货物流通价值，对供应链单个企业或上下游多个企业提供全面的金融服务[218]。自2003年深圳发展银行开启供应链金融1.0时代以来，在寻求差异化竞争、金融脱媒（金融非中介化）以及金融服务理念改变、普惠金融发展的大背景下，供应链金融获得银行等金融机构的重视并得以快速发展，供应链金融产品在国内银行等金融机构遍地开花，如表2.1所示。

表2.1 国内银行等金融机构供应链金融产品

机构名称	推出年份	供应链金融产品	针对客户	产品特点
中国银行	2007	销易达、融货达、融易达、融信达、通易达等	供应链核心企业上下游企业集群	涵盖应收账款类、质押类、预付/应付类融资产品，为客户提供从原材料采购到生产备货、装运直至最终销售的全流程融资方案，解决客户应收、应付、存货等各类融资需求，改善现金流，优化财务报表
	2009	全球供应链金融	跨国供应链企业	发挥海外机构网络优势，借助商行、投行、租赁、保险等多元化服务平台，为供应链核心企业提供境内外合作伙伴的全球化供应链金融服务

续表

机构名称	推出年份	供应链金融产品	针对客户	产品特点
中国建设银行	2010	融链通	中小贸易型客户	将银行融资支持延伸至供应商，提高赊销比例，减少自身资金使用，降低采购成本；通过回购承诺等信用方式，将自身信用延伸至分销商，拓宽销售网络渠道
交通银行	2010	蕴通供应链	港口、工程机械、电子、化工等行业	包括商品融资模块、厂商银模块、保兑仓模块、保理模块和应收账款池模块，具有操作简单、安全快捷、效率高等特点，申请速度由原来的T+1或T+2升级为T+0
招商银行	2007	电子供应链金融	汽车、医药、钢铁、家电等行业	通过电子化结算及融资产品，紧密联结供应链核心企业及上下游企业的一种新型供应链结算和融资服务，在技术手段、系统完备性、结算速度、融资效率、服务质量等方面具有优势
兴业银行	2010	金芝麻供应链金融	供应链核心企业、上下游中小企业	为供应链企业提供多种标准化和非标准化的贸易融资产品，产品体系相对比较完善，应变灵活，有效满足企业的个性化需求
中国工商银行	2010	国内保理、商品融资、订单融资等	侧重于贸易金融领域，适用面广	针对不同业务，特点不同
中国农业银行	2009	供应链金融贸易	针对产业链配套的中小企业	弱化中小企业财务报表的硬性要求，注重供应链交易结构，通过掌控供应链核心企业信用状况和偿债能力，为供应链上下游企业提供融资等金融服务，降低中小企业融资门槛
中信银行	2000	中信供应链金融	汽车、钢铁、家电、有色金属、煤炭、石化等行业	针对不同行业的供应链特点，创新推出特色业务模式，最近又推出"中信银行新一代电子供应链金融"

续表

机构名称	推出年份	供应链金融产品	针对客户	产品特点
平安银行	2001	供应链金融	中小企业	涵盖应收、预付和存货供应链环节，横跨国内、国际和离岸三大贸易领域的数十项供应链融资产品和以离岸网银为主打的电子结算产品
光大银行	2005	阳光供应链	石化、煤炭、电力、汽车等行业	突出行业特征、区域导向，为企业提供差异化的供应链融资服务
华夏银行	2008	融资供应链	钢铁、有色金属、装备制造等行业	运用多种融资工具，打通国内"N｜1N"模式，拓宽了企业的融资渠道
浦发银行	2006	浦发创富	贸易型客户	开展1｜N供应链金融、跨境供应链金融、绿色供应链金融、在线供应链金融和供应链金融平台五大支持方案，实现安全、快捷、低碳的电子化和绿色金融方案
北京银行	2008	资金快链	大型生产企业配套、销售的贸易型中小企业	提供适合企业运营的专属融资方案，将资金有效注入处于相对弱势的供应链上下游企业，解决企业融资难和供应链失衡等问题，有效提升整个供应链的群体竞争力
华润银行	2013	产业供应链金融	华润集团七大产业及外部重点行业	运用存货类、预付类、应收类三大体系产品，利用银行传统授信、供应链金融、国际业务、投行产品组合，为核心客户和重点行业客户提供物流金融、能源金融、汽车金融等产业供应链融资解决方案

近年来，随着大数据、云计算、物联网等互联网技术的发展，传统供应链金融业务正在不断创新。2012年，平安银行（原深圳发展银行）发布供应链金融2.0版本，标志着利用互联网与信息技术提供线上供应链金融服务的2.0时代到来。供应链金融2.0时代的核心优势是银行等金融机

构、供应链核心企业、供应链上下游企业三者之间互动、协同与多方信息的可视化。

2013年以来，京东、阿里巴巴、碧桂园、海尔集团等大型企业，上海钢网、生意宝等行业资讯门户网站，农发贷等P2P平台纷纷涉足供应链金融领域，探索"互联网+供应链金融"的新模式。在此背景下，以平安银行为代表的银行等金融机构，将线上供应链金融升级为"电子商务+互联网金融"，形成了集成服务"N+N"模式（N个供应链核心企业与N个供应链上下游企业），银行等金融机构引领供应链金融进入互联网+供应链金融的3.0时代。

（二）供应链金融的内涵

1. 基于解决中小企业融资难的供应链金融

供应链金融以核心企业为中心，将核心企业作为供应链的支撑点，将资金注入核心企业的上下游企业，使供应链核心企业与上下游企业贯通起来成为一个整体，以提升整个供应链的竞争能力和内在价值。同时，有效整合物流、资金流、信息流，为供应链上下游企业提供资金融通等各种金融服务。供应链金融解决了供应链融资企业资金分配不平衡和整个供应链资金融通等问题，因此是一种为供应链融资企业量身定制的融资方式，开辟了中小企业融资的新途径[219]。

2. 基于不同参与主体的供应链金融

深圳发展银行—中欧国际工商学院"供应链金融"课题组（2010）从供应链三个不同参与主体的需求出发，全面解析了供应链金融的概念。

（1）基于供应链核心企业视角。供应链金融是基于核心企业主导的企业生态圈，对资金的可得性和成本进行系统性的优化过程。这种优化是通过对供应链内的信息流进行归集、整合、打包和利用，嵌入成本分析、成本管理和各类融资手段实现的[9]。

（2）基于电子交易平台服务商视角。银行等金融机构作为供应链金融解决方案的提供商，一般也是电子交易网络化平台的提供商。供应链金融关注的核心是供应链融资和结算成本，因此需要将银行等金融机构、供应链核心企业，以及提供信息有效连接的技术平台提供商组合在一起[26]。技术平台的作用在于实时提供供应链活动中能够触发融资的信息按钮，如订单签发、阶段性付款、供应商管理库存（Vendor Managed Inventory，VMI）

入库、存货变动、指定货代收据（Forwarders Cargo Receipt，FCR）传送、买方确认发票项下的付款责任等。目前该类电子交易平台服务商在国内还很少。

（3）基于银行等金融机构视角。供应链金融是银行等金融机构通过审核整条供应链，基于对供应链管理程度和核心企业信用实力的掌握，对供应链核心企业和上下游企业提供金融产品和服务的一种融资模式。既为供应链上下游企业的商业贸易服务，又为供应链融资企业提供信贷融资服务。

供应链金融有广义和狭义之分。广义的供应链金融包括授信业务和非授信业务两大类。银行等金融机构授信业务包括表内授信和表外授信。表内授信主要是指贷款；表外授信包括承兑、信用证等。非授信业务包括中间业务（如各类代理业务、结算业务、顾问类业务等）和负债业务。狭义的供应链金融通常是指授信类业务，又称为供应链融资或供应链授信。不管是广义的还是狭义的供应链金融，具体到某个金融产品或服务时界限往往不是十分清晰，如保理业务，包含了信用调查和应收账款清收两项非授信的中间业务。由此可见，对不需要融资的客户而言，保理的中间业务功能，同样可以在强化资金流确定性方面服务于供应链成员，进而惠及整个供应链。显然，非授信类业务对于提高供应链的运行稳定性、节约成本和降低风险有着实质性的帮助。但从国内目前的情况看，供应链金融主要集中于授信领域，也就是供应链融资方面。

供应链金融以贸易融资为基础，贸易融资是供应链金融的延伸和深化。《巴塞尔新资本协议》指出：贸易融资是指在商品交易中，银行等金融机构运用结构性短期融资工具，基于商品交易（如原油、金属、谷物等）中的存货、预付款、应收账款等资产进行融资。贸易融资是一种中间业务与资产业务相结合的业务模式，银行等金融机构通过向贸易型企业提供流动资金融资，帮助贸易双方达成交易。对银行等金融机构而言，在风险可控的前提下，贸易融资是一种较为理想的资金运作方式，能给银行等金融机构带来手续费和利差两方面的收入，也能产生如汇兑收益、外汇交易费用等其他收入。对供应链融资企业而言，除商品销售收入可作为还款来源外，融资企业没有其他生产经营活动，也没有可作抵押的资产，更没有独立的还款能力，贸易融资的结构化特性正好弥补了融资企业信用等级较低的缺陷，促使双方完成交易。

供应链金融是银行等金融机构信贷业务的一个专业领域，成为企业尤其是中小企业的一种融资渠道，是银行等金融机构从企业供应链管理角度出发，为供应链单个企业或上下游多个企业在取得订单、原材料采购、生产制造和货物销售等环节提供的有针对性的融资，以及信用增级、担保、结算、账款管理、风险规避等各种金融产品组合的金融服务。其最大特点就是在供应链中找出一个重要的核心企业，并以供应链核心企业为出发点，为整个供应链提供金融支持。一方面，银行等金融机构将资金注入供应链上下游的中小企业，有效地解决了中小企业融资难和供应链中资金分配不均衡等问题；另一方面，将银行等金融机构信用融入供应链上下游企业的购销行为，借助其信用支持提高中小企业的商业信用，建立供应链核心企业与上下游中小企业的长期战略合作关系，提升整个供应链的竞争力。因此，供应链金融是银行等金融机构贸易融资业务发展的新阶段。

（三）供应链金融的系统结构

1. 供应链金融系统的组织结构

供应链金融系统是一个包括银行等金融机构、供应链核心企业、第三方物流企业、供应链融资企业、外部相关环境的综合系统，如图2.4所示。供应链金融系统中的各参与者之间多方利益共存，相互制约，形成了一个"金融生态"。要想实现供应链金融系统的多方共赢，共同发展，必须积极营造一个良好的生态环境。

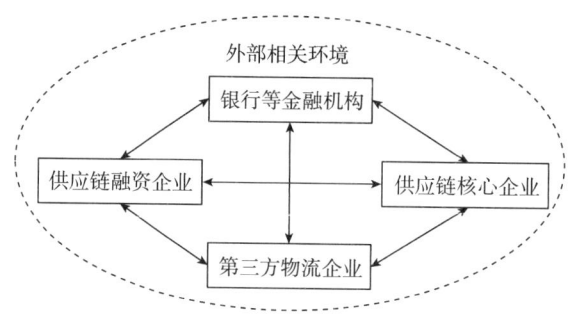

图2.4 供应链金融系统的组织结构

银行等金融机构在供应链金融中开展支付结算、账款管理和融资服务，是提供资金支持的重要来源。目前，银行等金融机构通过战略转型，调整客户结构，创新业务品种，开拓发展思路，尤其是针对中小融资企业推出多样化的供应链金融产品。供应链金融业务的开展，为银行等金融机构由传统的借贷型向交易型转型提供了重要途径。银行等金融机构为供应链融资企业提供信用保障、应收账款管理以及与第三方物流企业合作等融资业务，能够增强供应链的市场竞争力。供应链融资企业一般规模较小，在供应链中处于从属地位，借助供应链金融业务，使这类企业的信用增级，资信水平提高，存货和应收账款得以盘活，从而能够很好地解决自身资金周转问题，同时也能为供应链核心企业稳定客户群，扩大其采购和销售能力。第三方物流企业提供专业的物流配送和仓储业务，提升供应链的运营效率，与银行等金融机构合作开展供应链金融服务，提供质押物保管、价值评估、去向监管、信用担保等服务，架起银企之间资金融通的桥梁。外部相关环境可以营造良好的金融生态环境，包括法律、监管、诚信体系、金融电子系统环境等，起到环境营造和平台搭建的作用。

2. 供应链金融系统的框架结构

供应链金融作为一个完整的体系，可从三个角度进行分析（见图2.5）。

（1）从供应链金融的行为主体角度来看，供应链金融体系是由金融产品的生产者、消费者及服务者构成，组成个体包括供应链核心企业，是产品的核心生产力；上下游供应商，是产品的生产和服务载体；提供金融服务的银行等金融机构和为金融产品提供其他服务的支持主体，即第三方监管机构和保险机构。上述主体的存在共同营造了一个良好的金融环境。

（2）从供应链金融内外部环境角度来看，供应链金融面临着外部制度和内部技术两大环境。法律法规、司法体系、金融监管体系等制度共同构成了外部制度环境，银行等金融机构通过这些外部制度加强金融产品各个环节的监控，保证其依法合规，公平公正；内部技术环境是供应链金融产品的内在技术要求，是实现一系列线上线下产品发行和各环节统筹规划的前提。

（3）从供应链融资角度来看，银行等金融机构根据供应链融资企业所处供应链节点的不同，将供应链金融体系划分为分销商信贷产品、供应商信贷产品和终端用户信贷产品三大类。

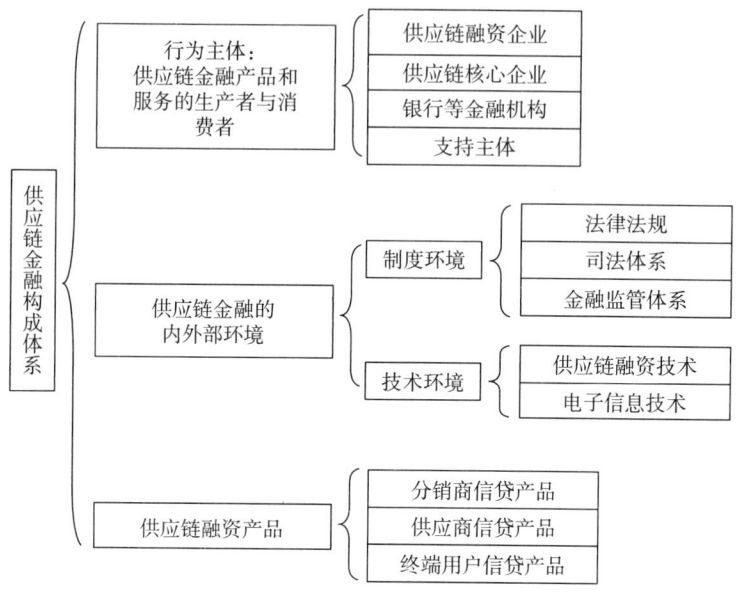

图 2.5 供应链金融系统的框架结构

(四) 供应链金融的业务模式

根据现金流缺口 (Cash Gap) 模型, 企业支付原材料款项至应收账款到期日这段时间, 一般可细分为应收账款周期、应付账款周期、产品生产及存货周期三个部分。相应地, 可以将供应链融资模式划分为应收类、预付类和存货类三种模式, 三种融资模式 (见表 2.2) 集中体现了供应链金融的核心理念和特点, 但在具体运作过程中又有差异。按照第三方物流企业是否参与可分为无第三方物流参与的债权控制融资和有第三方物流参与的物权控制融资[86]。

银行等金融机构提供的供应链金融产品和服务, 从风险控制体系的差别以及解决方案的问题导向维度出发可分为存货融资、预付款融资和应收账款融资三大类。在这些基础产品大类上还可以派生出其他中间业务类产品。从典型的供应链金融产品来看, 目前各家银行等金融机构运用和发展的主要产品类型如表 2.3 所示。

表 2.2　供应链金融的三种融资模式比较

融资模式	特点	第三方物流参与	融资企业所处阶段	质押物	融资企业在供应链中的位置	融资用途
应收类	债权控制	无	销售商品应收账款到期	债权	上游供应商债权企业	购买所需原材料或其他
预付类	物权控制	有	订购原材料原材料付款	物权（预购货物）	下游经销商制造商	分批付货款分批提货权
存货类			任何期间有稳定的存货	物权（存货）	供应链节点企业	购买所需原材料或其他

表 2.3　供应链金融的主要产品类型

	品种构成	主要产品种类
存货类	存货质押	动产质押，存货质押，先货后票，融通仓
	仓单质押	标准/非标准仓单质押
预付类	三方业务	厂商银，保兑仓，厂商一票通，先票后货，未来货权质押，国内信用证，附保贴函的商业承兑汇票
应收类	应收账款质押	出口应收账款池融资
	国内保理	国内明保理，国内暗保理，国内保理池融资
	商票贴现额度	
	发票贴现	票据池授信
	信用保险项下的应收款融资	出口信用险项下的融资

1. 应收账款融资

《应收账款质押登记办法》的出台以及《物权法》的颁布，使得应收账款融资的内涵日益清晰，并为其发展提供了有效的法律保障。一般来说，应收账款融资是指为了解决资金困难，企业以未到期的应收账款向银行等金融机构进行贷款，以确保经营活动能够有资金运行的行为[220]。

在供应链中，应收账款的产生源于供应链核心企业和中小融资企业的日常交易。当供应链中实力雄厚、市场占有份额较大的核心企业向上游中小企业采购原材料时，出于资金周转和为自身赢取宽松的还款时间等因素考虑，通常会利用自身所处地位的特殊性，延长货款结算周期，这就使得供应链融资企业产生了一定数额的应收账款。相较于传统的应收账款来说，供应链应收账款的债务人具备更高的资信等级和更加庞大的资产规模，因而这些应收账款具有更高的质量和较低的风险，也更容易得到银行等金融机构的认可，供应链金融应收账款融资模式应运而生。

供应链金融的应收账款融资，就是供应链上游供应商（中小融资企业）将供应链核心企业的若干尚未到达清偿期的应收账款作为质押，通过转让或担保等方式向银行等金融机构融资，为企业的日常生产经营获取流动资金的过程。其经济内涵是将未来的财产利益提前变现，为企业获取充足的流动资金[221]。如图 2.6 所示。

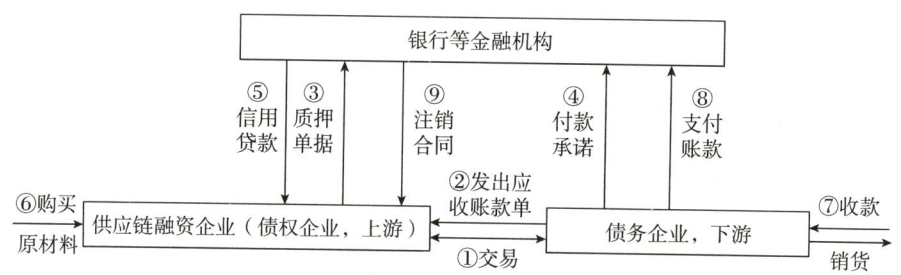

图 2.6 应收账款融资模式

随着应收账款融资的不断成熟，银行等金融机构对应收账款融资不断进行创新，其种类也不断丰富。目前常见的供应链应收账款融资主要包括应收账款质押融资、应收账款保理融资和应收账款证券化融资三种形式。

（1）应收账款质押融资。是指供应链融资企业以其与外界产生交易而形成的应收账款作为担保，抵押给银行等金融机构以获取贷款。该方式通常与融资企业的现金流相关联，是在融资企业提供应收账款担保取得贷款后，只要融资企业有现金流流入就会随即将贷款归还的一种可循环使用的短期贷款。

（2）应收账款保理融资。是指应收账款管理和服务机构以保理商的身份和以赊销方式提供商品或服务的销售商之间的一项持续性契约。根据这一契约，销售商将现有的或者未来的与债务人签订的货物销售或者服务合同所形成的应收账款转让给保理商，由保理商提供贸易融资、销售分户账管理、应收账款催收、信用风险控制及坏账担保等服务。根据上述定义，应收账款保理就是销售商将应收账款的债权转让给保理商，保理商向其提供预付款融资、应收账款催收、销售分户账管理及坏账担保等综合性服务的金融业务[222]。

（3）应收账款证券化融资。它是资产证券化的一种形式，是指企业或者债权人将其提供商品或服务所取得的真实的应收账款转售给特设机构（Special Purpose Vehicle，SPV），SPV将购买到的应收账款组合作为发行担保进行债券发行，然后用发行债券的收入购买债权人所持有的应收账款的融资过程。应收账款证券化融资使得债权人可以将自己不流通的存量资产或者将来的预期收入转变为即时可用的现金，对于融资企业完善自身资金链、保证生产的正常进行起到了至关重要的作用。

2. 预付账款融资（保兑仓）

供应链融资企业向银行等金融机构办理融资业务，用以支付预付账款的融资行为，称为预付账款融资。预付账款融资是以买卖双方签订真实贸易合同所产生的预付账款为基础，以预付账款下买方对卖方的提货权，或以在途存货或库存存货作为融资担保，银行等金融机构在买方支付一定货款的基础上为其提供授信服务，以合同项下的商品及产生的收入作为第一笔还款来源，由买方直接将货款付给银行等金融机构的指定账户，先用于偿还贷款的融资模式。

（1）融资主体需求。处于供应链下游的中小企业在市场交易中往往处于劣势，需要向供应链核心企业支付预付账款，才能获得持续生产所需的原材料、产成品等，这就延长了企业资金的占用时间。汽车、手机、机械设备等价值较高的产品，或钢材、煤炭、石油、有色金属等处于卖方市场的资源型产品销售，常常采用这种融资模式。

预付账款融资适用于供应商承诺回购条件下的采购，主要目的在于解决供应链融资企业全额购货的资金困境，为其提供融资便利。首先，在保兑仓融资模式下，供应链融资企业可以分批支付货款并分批提取货物，不必一次性全额付款，从而有效地缓解了供应链融资企业的资金压力；同时，分销商批量采购可获得批量优惠价款。其次，供应商承诺回购是因为可以扩大产品销售规模，避免大量应收账款的产生，优化公司财务结构。最后，银行等金融机构可以进一步挖掘客户资源，因为使用银行承兑汇票，供应商承担连带责任，又能以物权为保证降低银行等金融机构的放贷风险。因此，保兑仓融资模式在实现供应链融资企业杠杆采购和供应商批量销售的同时，也能给银行等金融机构带来收益，实现供应链的多方共赢。

（2）融资方式。目前，银行等金融机构开展的预付账款融资，其融资担保正是融资项下的贸易所得，而不要求供应链融资企业以不动产质押或者保证担保以弥补风险敞口，极大地简化了供应链融资企业的资产要求。预付账款融资可细分为三方保兑仓模式（厂商银）和四方保兑仓模式（加入第三方物流企业）；如果第三方物流企业在供应链金融中同时具有融资和提供物流服务的职能，则称为替代采购模式。

预付账款融资的基本运作流程如图 2.7 所示。

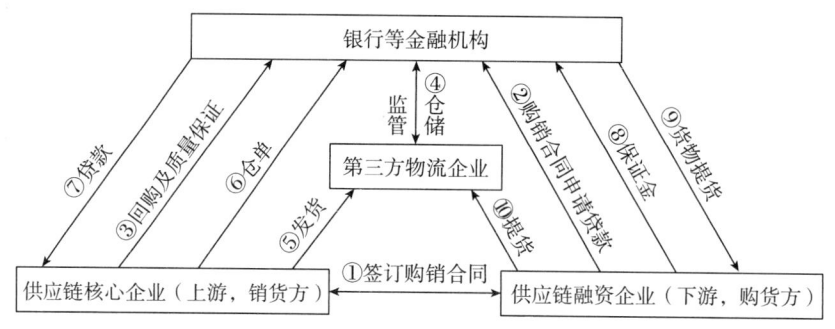

图 2.7　预付账款融资模式

3. 存货质押融资

存货质押融资是指供应链融资企业以其拥有的原材料、产成品等存货为融资担保，银行等金融机构以存货价值和合作企业提供的信息建议为基础，为供应链融资企业提供贷款，并以销售产生的现金流作为还款来源的融资模式。

（1）融资主体需求。生产企业为了满足自身业务发展，往往需要提前备货，尤其是资源短缺的原材料，并且产品的生产加工时间较长。因此，原材料或产成品库存占用大量资金，难以实现资金快速回笼，容易导致现金短缺，影响企业的正常运作和扩大经营。而存货融资则是针对从存货入库到销售实现过程中出现资金短缺的供应链融资企业提供金融服务的融资模式。

存货质押融资开创了供应链融资企业贷款的新途径,在供应链背景下,存货质押融资可将银行等金融机构原本不大愿意接受的动产转化为其愿意接受的动产质押物,从而架起银行等金融机构和供应链企业之间资金融通的桥梁。

(2)融资方式。目前,银行等金融机构常用的存货质押融资主要包括仓单质押融资和现货质押融资两种方式。仓单质押融资是指供应链融资企业将自有或有权授让的仓单质押给银行等金融机构,银行等金融机构依据一定的质押率向供应链融资企业授信的融资方式,其中普通仓单需要出质背书。现货质押融资是指供应链融资企业将已存在且拥有货权的货物质押给银行等金融机构,同时交予指定仓库监管,以取得银行等金融机构授信的融资方式。

存货质押融资的基本运作流程如图2.8所示。

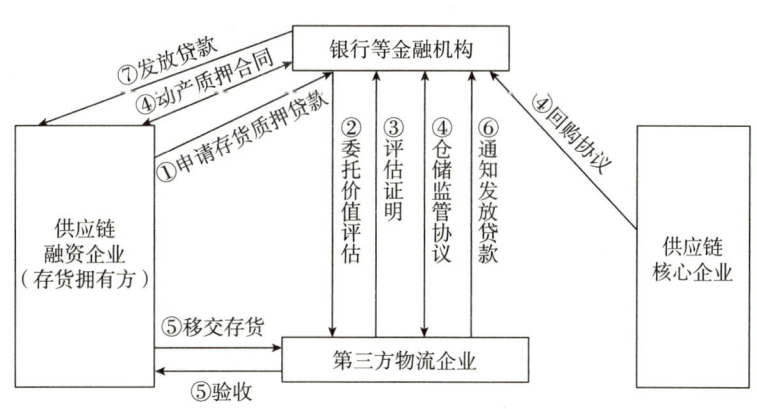

图2.8 存货质押融资运作流程

(五)供应链金融的优势

供应链金融充分发挥了供应链节点企业的特点,不仅解决了供应链融资企业融资难问题,而且降低了企业风险;同时作为新的客户源,增加了银行等金融机构的利润,促进了第三方物流企业的快速发展,加快了银行等金融机构的创新步伐；综合提升了产业链的竞争力，达到了多方共赢的效果。供应链金融可以为业务参与各方带来很多优势。

（1）有助于改善供应链融资企业融资难的困境。供应链融资企业资信水平不高，缺少固定资产作为抵押担保，以及与银行等金融机构的信息不对称可能造成道德风险等原因，导致了供应链融资企业普遍面临融资难问题。基于供应链金融理念，银行等金融机构评判融资企业的思路，逐步从过去的评价单一企业发展到现在的全面评价整个供应链，使那些原本无法获得融资的中小企业能够借助供应链核心企业得到银行等金融机构的贷款支持，扩大生产规模，提高生产效率，加快发展速度，逐渐建立起与供应链核心企业长期稳定发展的战略合作关系和信息共享机制，有利于其规避市场风险，降低信息收集成本和人力成本，加快存货与应收账款的流转速度，改善现金流，提升商业信用等级，大大增强了供应链融资企业的竞争力。虽然银行等金融机构不是为供应链核心企业融资，但供应链核心企业与银行等金融机构之间的战略关系及其在供应链中的信用介入，都能为银行等金融机构带来表内业务或表外业务的收益。

（2）供应链金融能够强化银行等金融机构的客户关系，比传统业务带来更多机会和更加丰厚的利润。利用供应链核心企业的资信实力帮助中小融资企业获得银行等金融机构的融资，在一定程度上降低了银行等金融机构的信贷风险。银行等金融机构争取到供应链融资企业这一市场，增添了新的客户群体，扩大并稳固了客户群，降低了大客户依赖症。银行等金融机构利用自身的资金管理优势，为供应链企业提供融资及其他金融服务，可以开拓更加广阔的业务领域和市场空间。银行等金融机构将单个企业的风险转移至抗风险能力较高的整个供应链，增强了银行等金融机构的抗风险能力。另外，供应链金融运作过程中加入供应链核心企业的反担保因素，又有第三方物流企业等监管人对库存等动产信息的实时掌控和实物监管，从而降低了因信息不对称造成的外部性风险。

（3）供应链金融可能不会为供应链核心企业带来直接收益，但供应链融资企业的绩效直接影响着核心企业的绩效。供应链金融的出现，降低了供应链融资企业的融资门槛，有利于供应链核心企业挑选到合适的合作伙伴，确保产品生产的稳定性和市场销售渠道的顺畅。通过延长对上游供应商的采购赊销账期，加快对下游经销商的账款回收，将供应链的价值增值部分有效转移至核心企业，降低了其采购成本和财务成本，从而强化了供应链核心企业的竞争优势。

（4）对整个供应链而言，如果供应链融资企业的融资难度大，融资成本高，势必催高供应链终端产品价格，削弱供应链的整体市场竞争力。在供应链金融模式下，供应链上下游企业可以更加平等地协商，逐步建立起长期战略合作关系，在分享巨大利益的同时，也能改善供应链资源配置的不合理状况，有利于促进整个供应链资源的合理流动，降低全链条的融资成本和最终产品成本，从而有助于提升整个供应链的市场竞争能力，促进供应链金融业务的持续稳定发展。银行等金融机构通过对供应链融资企业提供资金支持，与供应链成员构建起更加紧密的合作关系，使整个供应链环节的资金流动更加顺畅，运转更加良好。

（六）供应链金融的特点

1. 从新的视角评估供应链融资企业风险

在供应链金融模式下，银行等金融机构不会只考虑供应链单一企业的资信状况，而是把整个供应链企业的贸易关系综合考虑，提供的融资也会渗透至这个交易链的每一个环节[223]。供应链金融不再把融资企业作为孤立的个体看待，而是将其置于供应链的大背景下，综合考虑其上下游的交易关系和交易细节，重点评价中小融资企业对整个供应链的重要性与行业地位，以及与供应链核心企业的交易历史等，不仅真正评估了供应链金融业务的内在风险，也使更多的供应链上下游企业能够进入银行等金融机构的服务范围。

2. 以真实的贸易合同和贸易背景为基础

保证交易合同和交易行为的真实性，是供应链金融安全运行的关键所在。传统的授信业务主要以融资企业的资产实力或信用担保为授信标准，贷款用于日常生产经营的资金周转，一般不针对某一特定交易。供应链金融业务可以保证授信用途的特定化，即额度项下的每次出账都对应着明确的贸易背景，做到金额、时间、交易对手等信息匹配。对银行等金融机构来说，供应链融资企业的资信状况如何参考价值不大，而与供应链核心企业产生贸易关系后的资信才有较大价值。银行等金融机构通过与供应链核心企业的沟通交流掌握中小企业的信息，可以有效控制整个供应链的融资风险。

3. 具有封闭性、自偿性和连续性

供应链金融围绕供应链贸易设置操作程序，寻求还款保证，因而具有自偿性、封闭性和连续性的特征。封闭性是指银行等金融机构通过设置封闭性贷款操作流程，保证专款专用，融资企业无法将资金挪作他用；自偿性是指还款来源就是贸易自身产生的现金流，自动导回授信银行等金融机构的特定账户用于归还贷款；连续性是指同类贸易行为在供应链上下游企业之间会持续发生，因而以此为基础的授信业务才可以循环开展。

4. 供应链金融是针对特定金融资源整合优化的系统性方案

供应链金融反映了供应链参与各方之间错综复杂的资金分配关系，强调资金流向的组织引导，不仅从供应链单一个体（如供应链核心企业、上下游融资企业或银行等金融机构）的需求出发进行考虑，而是对供应链所有参与方的利益关系进行协调，取得供应链成员的配合后才可以实施的系统性方案。因此，供应链金融通过整合信息流、资金流、物流等资源，达到提高资金使用效率，并为各方创造价值、降低风险的作用[64]。

5. 供应链融资是供应链金融的核心组成部分

供应链融资与传统融资的重要区别之一，就是银行等金融机构的融资风险评判不再局限于供应链融资企业的财务管理，而是倾向于供应链核心企业的商业信用。银行等金融机构基于供应链运作方式的把握，将供应链中具有较高资信等级或较强实力的企业确定为核心企业，通过供应链核心企业担保为供应链上下游企业提供融资服务。

6. 供应链金融中的非融资类产品是实现供应链价值增值的重要手段

随着市场需求的多样化，银行等金融机构的产品、服务及渠道也向着多元化方向发展；而供应链金融就是一系列融资与非融资金融产品的服务组合。非融资产品与服务可以为企业现金归集管理、结算支付、企业理财、商业汇兑等需求提供多种手段。因此，银行等金融机构提供的非融资类产品因其特有属性与融资类产品组合在一起，可以满足市场需求，实现企业的价值增值，因而银行等金融机构在供应链金融中的角色定位也从单一的"资金提供者"转变为"价值增值合作者"。

（七）供应链金融与传统金融融资比较

传统金融融资重在单点考核，只从供应链核心企业出发考核其业绩和报表，为供应链核心企业发展服务，供应链节点型中小企业容易被忽视，

第二章 统一授信供应链金融的理论基础

因其规模和业绩很难获得银行等金融机构提供的融资服务,这是传统金融信贷业务固有的孤立性缺陷(见图2.9)。

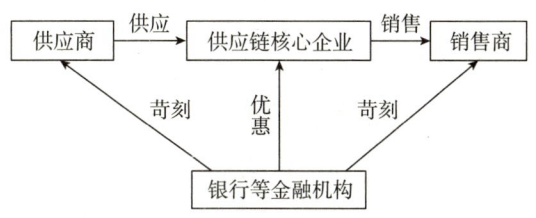

图2.9 传统融资模式及其供应链成员关系

供应链金融不仅关注单一的"点",重点关注整个"链"。银行等金融机构立足于供应链核心企业的产品分析,通过供应链核心企业与上下游企业的贸易往来和资金流向,评估整个供应链企业的风险等级和信用程度,形成一套以供应链核心企业为基准创建的"1+N"或"M+1+N"的金融模式。

供应链金融将供应链核心企业及其相关企业纳入授信体系,收集和分析供应链企业的物流、信息流和资金流等相关信息,设立不同信用尺度综合评估供应链上下游企业,提升了银行等金融机构原有的信贷业务水平,一定程度上扭转了供应链融资企业的弱势地位,促进了金融关系的和谐发展,从而达到进一步融资的目的,有效地加强了融资的延展性(见图2.10)。

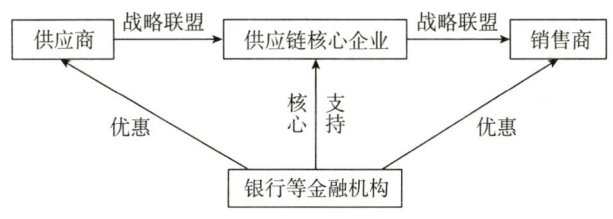

图2.10 供应链金融融资模式及其成员关系

供应链金融源自传统金融模式,既区别于传统金融产品的特点,又有许多与传统金融产品相似的共性。

（1）资金提供者相同。不管是传统金融还是供应链金融，金融产品和服务模式虽然存在着许多不同，但资金提供者均为银行等金融机构。长期以来，我国金融市场实行严格的保护制度，导致多数情况下资金供给方只能是银行等金融机构。目前，我国虽然逐步放开金融市场，但民营资本进入还需要一个过程，对于需要资金管理能力、风险控制能力和掌控全局能力的供应链金融业务来说，民营资本大规模涉足尚处于健全法律等顶层设计阶段。

（2）银行等金融机构的风险控制意识需要进一步强化。在传统融资模式下，作为资金供给方的银行等金融机构往往对资金需求方要求苛刻，需要高比例甚至超额资产作为担保，以此控制风险的发生。但在供应链金融模式下，资金需求方虽然以供应链融资企业为主，可供抵押的资产较少，而银行等金融机构为了防范风险，往往需要供应链核心企业作为担保。因此，不管是传统融资模式还是供应链融资模式，银行等金融机构对待风险的态度都会十分谨慎。

当然，供应链金融与传统融资模式也存在着明显的区别，具体表现为：

（1）业务形式更为复杂。传统金融服务往往是银行等金融机构与企业之间的点对点式服务，仅涉及参与双方。但供应链金融模式下，不仅涉及银行等金融机构和供应链融资企业，往往还会涉及供应链融资企业所处的供应链核心企业、第三方物流企业等；而且供应链金融的流程更为复杂，资金来源除银行等金融机构外，供应链中有资金盈余的实体企业也可成为资金的供给方。

（2）融资双方的关系不同。传统金融服务是点对点的对融资企业进行融资，每笔业务相互独立，银行等金融机构对供应链融资企业的相关企业极少关注。而供应链金融模式下，银行等金融机构面对的不再是单独零散的单一企业，而是一条产业链上的多个企业，是一个整体，是一对多的关系。

（3）提供的金融产品不同。区别于信用证在传统金融服务中的主导地位，供应链金融往往利用真实产生的存货、预付账款或应收账款等进行质押融资。

供应链金融模式与传统融资模式在产品和服务方面的比较如表 2.4 所示。

表 2.4 供应链金融模式与传统融资模式比较

项目	供应链金融模式	传统融资模式
授信主体	单个或多个企业群体	单个企业
授信条件	动产质押、货权质押等	核心资产抵押,有效第三方担保
授信范围	企业及整个供应链	企业本身
授信方式	共享的公开授信方式	单个企业独享的内部授信
银行等金融机构参与	动态跟踪企业经营过程	静态关注企业本身
银行等金融机构承担的风险	较小	较大
银企关系	合作伙伴关系	债权债务关系
融资期限	较长	较短
信贷风险	连带责任,相互监督	独立个体,监管成本高
风险程度	主动风险管理,风险分散,风险低	被动风险管理,风险集中,风险高
服务产品	涉及筹融资领域,品种多样	涉及范围窄,品种较少
服务内容	提供持续的信贷支持	解决单一企业一时的融资需求
服务效率	手续简单,效率高,成本低	手续繁琐,效率低,成本高
服务作用	提升企业及供应链整体的持续竞争能力	服务个体企业,满足单点资金需求

三、供应链金融的理论基础

供应链金融的发展离不开基础理论的支撑。为了更好地认识和理解供应链金融,有必要对其理论基础进行深入解读。

(一) 结构融资理论

结构融资是指依据每项业务的具体状况及社会环境要求,量体裁衣,创造性地组合设计有针对性的融资方式。1970 年,结构融资兴起于西方工业化国家大宗商品的交易需求,后来不断得以发展,常应用于跨国公司贸易。结构融资,简单地说就是根据企业资产负债表的结构进行相应的融资安排;具体来说就是企业以未来可以产生现金收益的资产为标的进行融资活动[224]。结构融资主要由信贷资金支持的交易所产生的销售收入直接偿还贷款,即还款来源具有自偿性,因而有利于银行等金融机构第一时间收回贷款,减少信贷风险。随着结构融资优势的不断显现,工业发达国家顺应供需双方的需求,逐渐完善结构融资理论,满足新兴技术飞速发展以及跨国公司优化全球资源配置的需要,为之后的供应链金融开展奠定了基础。

供应链金融以结构融资理论为基础,针对供应链节点企业的具体需求进行结构性设计,考察供应链融资企业的上下游关系,强调交易的真实性,以真实交易中的存货、动产作为质押和贷款的自偿性,充分发挥第三方物流企业和担保公司的作用。

1. 结构融资的方式

(1) 应收账款担保融资。即以供应链融资企业的应收账款作为担保向银行等金融机构申请信贷支持,并约定供应链融资企业的收益第一时间用于偿还贷款。在该融资模式下,银行等金融机构主要监控购买方的资信情况。如果供应链融资企业的购买方信誉良好,有较强的付款能力,则供应链融资企业很容易获得银行等金融机构的信贷支持,从而降低融资风险,增加企业收益。

(2) 存货担保融资。即供应链融资企业以交易中的货物作为担保进行融资,各方约定将交易货物交由第三方物流企业运输或存放于专门仓库,从而使银行等金融机构可以更好地监控供应链融资企业的物流情况,并且约定购货方直接将货款汇给提供信贷支持的银行等金融机构,以保证信贷资金的回收[225]。可见,在该融资模式下,银行等金融机构主要监控交易货物,因而大大减少了监管程序,节省了监管成本,同时也有利于供应链融资企业盘活企业资产。

(3) 预付款融资。即针对供应链融资企业的预付账款行为提供信贷支持。具体来说,供应链融资企业先预付一定的货款购买货物,并将货物置于银行等金融机构的监管之下,银行等金融机构据此对供应链融资企业提供信贷支持;供应链融资企业支付全部货款后,可以从银行等金融机构处获取货物的所有权[226]。由此可见,银行等金融机构主要跟踪交易货物,这与存货担保融资具有一定的相似性。

2. 结构融资的特点

(1) 结构融资的综合性。结构融资的内容包括资产证券化、风险规避等，还可以根据原有的结算和信贷方式对现有的结算工具和结算方式进行创新，提供最优融资支持；结构融资的参与方包括生产商、经销商、银行等金融机构、保险公司等。

(2) 结构融资的自偿性。结构融资必须有真实的交易，未来可以产生稳定的现金流并必须首先用于偿还贷款，以确保银行等金融机构可以第一时间收回贷款。结构融资还需相应的担保、不动产抵押或质押，一旦供应链融资企业出现违约行为，银行等金融机构可以从担保中获得赔偿[226]。可见，结构融资的顺利进行，依赖于交易的真实性和未来的现金流流入。

(3) 结构融资的双赢性。银行等金融机构在选择信贷对象时，不再对供应链融资企业自身的财务状况进行过多考核，而是更多地关注项目自身盈利能力的稳定性和持续性。只要项目盈利稳定，风险可控，就可以发放信贷资金。针对信贷对象，银行等金融机构根据供应链融资企业的情况设计最优融资方案，这不但有利于稳定银行等金融机构的老客户，还可以开发新客户，增加利润来源。在回收信贷资金时，结构融资的自偿性保证了还款来源，降低了银行等金融机构的坏账风险，从而增加收益。对供应链融资企业来说，银行等金融机构考核标准的转变，便于其借到急需的信贷资金支持项目发展；同时，银行等金融机构专门设计的融资方案，也有利于保证项目安全快速地取得收益，银行等金融机构和供应链融资企业从而实现了双赢。

(二) 交易成本理论

作为经济学的一个重要派别，以交易成本理论（即交易费用）为代表的新制度经济学，试图从制度、产权、交易成本、信息等方面对经济现象做出合理化的解释，提出制度层面的经济与金融改革建议，认为经济社会的制度设计直接决定了经济组织的交易成本，最终决定了经济效率。

1. 对交易成本的理解

英国经济学家罗纳德·科斯（1937）最早提出交易成本的概念，认为市场运行存在着交易费用，交易费用是运用价格机制的成本，包括获取准确市场信息的费用、谈判和监督履约的费用等[227]。科斯发现了交易费用，但却没有给出交易费用的明确界定。交易费用的产生归因于人们的无知、缺乏信息和人们的最大化行为，这种最大化行为容易导致信息不对称情形下的偷窃、欺骗、撒谎、偷懒或违背诺言，这时交易成本就会很高。如果交易成本过高，则会引起经济发展的停滞甚至崩溃。

20世纪70年代，达尔曼和威廉姆森深入研究了交易费用的契约过程。达尔曼认为，交易双方达成契约并发生交易，必须相互了解，将可能提供的交易机会告诉对方，这种信息获得和传递需要耗费时间和资源；如果交易一方有多个代理人，在决定交易条件时还会产生某些决策成本；相互同意的协议条件确定后，还有执行协议的成本以及控制和监督对方，以确定其是否按照契约条款履行责任的成本。因此，从整个契约过程看，交易费用包括信息成本、讨价还价和决策成本，以及执行和控制成本[228]。威廉姆森在1975年和1985年逐步完善了交易成本理论，认为交易过程中人们的理性有一定限度，并且存在机会主义倾向，即人的有限理性和机会主义产生了交易成本[229-230]。由于交易主体的信息不对称和自身能力的限制，导致了在追求效益最大化时产生有限理性，不能选择最佳方案；而理性人的利己主义动机引起机会主义行为，都会增加交易过程中预防监督等交易成本，降低了交易效率。因此，交易发生的频率、交易的不确定性、资产的专用性三个变量影响了交易成本[231]。

在新制度经济学中，对交易主体的行为一般进行两个假定，即有限理性和机会主义行为。

（1）有限理性。信息不对称的存在，容易限制人们的行为；出现有限理性，就会增加交易成本。在供应链金融模式下，供应链上下游企业建立了长期稳定的合作关系，信息可以共享，减少了因追求个体理性而额外增加成本的机会。

（2）机会主义行为。机会主义行为即利己主义行为。在供应链中，企业之间相互协同合作的重要纽带就是信誉链。企业之间完整的信息共享和紧密的利益联系，增强了供应链上下游企业的凝聚力，每个供应链企业都应努力为增加整个产业链的价值而奋斗，其他企业和银行等金融机构不允许损害供应链利益的利己主义行为发生。

在这两个假设前提下，治理结构与交易特征密切相关。当治理结构使交易成本最小且与交易特征匹配时，企业的绩效就会得到提高。如果不确定程度很高,交易频繁,而且资产专用性程度很高,纵向一体化就是一种有效的治理结构。基本的交易战略就是采用区别对待方式(交易成本最小化)将交易(特征不同)分配给治理结构(适应能力和相关的成本不同)。

2. 交易成本理论对供应链金融的解释

供应链金融作为一种融资模式创新,通过供应链上下游企业之间的相互协调和优化设计,大大降低了交易成本,从而提高了整个供应链的经济效率。而在传统融资模式下,供应链融资企业向银行等金融机构申请贷款手续繁琐,审批时间较长,不仅加重了企业资金周转的负担,而且不利于物流的有效匹配,从而影响了整个供应链的效益。在供应链金融模式下,可以大大简化融资审批手续,优化融资程序,在保证信贷安全的前提下,不仅缩短了供应链融资企业的资金回笼时间,加快了企业的资金流动,而且减少了供应链金融参与各方的交易成本。

随着供应链金融的发展,供应链成员之间的关系趋向于长期合作关系,成员企业之间相互信任,彼此协调,以使整个供应链的绩效最大化。银行等金融机构以供应链金融发展为基础,为供应链上下游企业提供融资服务,降低了银行等金融机构的交易成本,提高了交易效率。

从威廉姆森交易成本的三个特征入手,可以详细阐述供应链金融对降低交易成本的积极作用。

(1)交易发生的频率。在供应链金融模式下,供应链上下游企业之间建立了稳定的协作关系,在一定程度上降低了单位交易成本。交易频率和交易费用呈现线性相关,频繁的交易行为意味着反复签约,因而导致较高的平均成本和交易费用。供应链是一个长期稳定的产业生态群,供应链金融是一种整体的系统解决方案,银行等金融机构与供应链上下游企业建立长期稳定的交易关系,必然促使交易各方主动沟通,长期性的合作协议大大降低了交易频率。交易频率的减少,在降低交易成本、节约交易费用的同时,也使银行等金融机构实现了规模经济效益。这种低频率的交易,一方面可以建立一种降低单位交易成本的良好机制;另一方面也可以使银行等金融机构达到规模经济效益,提高整条供应链的效益。

(2)交易的不确定性。由于市场环境复杂多变,使得交易双方的稳定性受到影响。另外,交易双方的信息不对称和相互依赖程度的不对称,也增加了交易的不确定性,进而造成履约风险。供应链上下游企业由于相互协作,逐步建立起一种"共生"机制,减少了交易对象、交易方式和交易环境的不确定性,提高了供应链的整体竞争力。银行等金融机构与供应链企业建立长期稳定的交易关系,有利于其与供应链企业之间建立一种"双赢"机制,可以大大降低交易的不确定性。

(3) 资产的专用性。当一项耐久性投资被用于支持某些特定交易时,所投入的资产即具有专用性。资产专用性主要包括场地资产专用性、物质资产专用性、人力资产专用性和专项资产专用性四种类型。资产专用性一旦形成则很难改作他用,因此交易双方具有很强的依赖性,一方违约将使另一方产生巨大的交易风险。供应链上下游企业之间的紧密联系,增加了企业合作的动力,降低了企业违约的可能性,提高了企业资产的专用性,这反过来也会增强企业合作的动力,有利于建立更加稳定的"共生"机制。长期稳定的合作关系,有利于银行等金融机构有效掌握供应链上下游企业的资信能力,有利于融资企业获得银行等金融机构的信贷支持,促进了银行等金融机构与供应链上下游企业的共同发展。

供应链金融以真实的交易为背景,使供应链上下游企业更加积极地进行某些专用性资产投资。对银行等金融机构来说,供应链融资企业提供专用性的资产,既可以降低银行等金融机构的信贷风险,又可以提高融资效率。供应链金融在增加资产专用性的基础上,大大降低了交易成本和交易费用,实现了整个供应链系统经济效率的提高。

交易成本、产权、制度设计是新制度经济学的最基本要素,交易成本是新制度经济学的发端。交易成本概念的提出,是新制度经济学区别于新古典经济学及传统经济学的标志。产权设立、合约选择、制度安排,都是为了实现交易成本的最小化。因此,交易成本理论是新制度经济学的理论基础。

(三) 委托代理理论

罗纳德·科斯(1937)基于自利、有限理性、厌恶奉献等人性假设,首次提出委托代理理论。在委托人与代理人利益目标冲突且信息不对称、获取信息成本较高的前提下,解决代理人的"道德风险"和"逆向选择"行为,以及代理人与委托人因风险偏好不同而导致的风险分摊问题,核心内容之一就是设计对委托人和代理人都有利的"最优契约"[227]。凡是市场参与者双方掌握的信息不对称,这种经济关系就是委托代理关系。

委托代理关系存在两种代理问题:一是信息不对称带来的逆向选择问题,是指在建立委托代理关系之前,代理人已经掌握某些委托人不了解的信息,并利用这些有可能对委托人不利的信息签订对自己有利的合同,而委托人由于信息劣势则处于对己不利的位置[232]。二是道德风险问题,是指代理人追求自身效用最大化时损害委托人或其他代理人的行为。产生道德风险的原因之一在于代理人拥有独占性的信息,使其在双方签订委托代理关系后处于优势地位,委托人无法得到代理人的某些不公开信息,尤其是有关代理人努力程度方面的信息。在这种情况下,代理人很可能利用其信息优势,采取某些不利于委托人利益的行为,但是代理人却不承担其行为的全部结果。

随着经济全球化的不断发展和产业分工的日益深化,企业的所有权和经营权开始出现分离,由于信息不对称和自身利益最大化的影响,最终出现了企业所有者和经营者之间的委托代理关系。委托代理关系是指所有存在信息不对称情况的交易,其中代理人有充分的信息优势,而委托人的信息量比较少甚至没有信息量,双方存在着信息不对称问题。因此,当信息不对称并且利益不一致时,应该采取何种办法实现委托人和代理人的利益最大化,成为委托代理理论最关心的问题[233]。

由于供应链的网状特性,供应链金融与传统的一对一融资模式相比存在更为复杂的多重委托代理关系(见图2.11)。研究委托代理理论有助于明确供应链金融各参与主体的权利和义务,降低由于信息不对称造成的信贷成本和风险,从而提高资金运作效率。

事实上,在供应链金融模式下蕴含着许多委托代理关系。

(1)银行等金融机构和供应链融资企业之间存在着委托代理关系。银行等金融机构有充分的信贷资金可以发放给供应链融资企业;供应链融资企业利用信贷资金组织生产,最后还本付息,实现双方共赢。

(2)供应链上下游企业之间存在着委托代理关系。随着市场竞争的加剧,供应链上下游企业开始努力发展自己的优势产业,将不具优势的产业外包给其他企业。可见,供应链上下游企业之间的委托代理关系有利于优化资源配置。

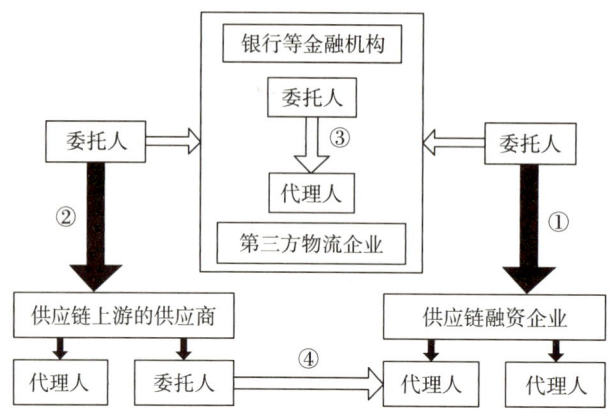

图2.11 供应链金融体系中的委托代理关系

（3）银行等金融机构和第三方物流企业之间存在着委托代理关系。开展供应链融资，银行等金融机构专注于自身的优势业务，而将交易货物的仓储、监管等责任分配给第三方物流企业；第三方物流企业掌握着交易货物的第一手资料，可以为银行等金融机构提供信息支持。银行等金融机构与第三方物流企业相互合作，发挥各自优势以实现利益最大化。可见，委托人和代理人的稳定合作是供应链金融成功的重要保障。

（4）供应商和供应链融资企业也因合作关系形成委托代理关系。原材料供应商作为委托人，其风险主要来源于供应链上下游的融资企业，一旦供应链融资企业违约或无法执行合同，供应商将会面临向银行等金融机构还贷的风险，还要承担无法销售产品进行回购的损失。因此，供应商在选择供应链融资企业合作时，对融资企业的经销能力和还贷能力都有一定要求，以便减少违约风险造成的损失。

在供应链金融模式下，银行等金融机构主要面临供应商和供应链融资企业的违约风险。一方面，如果供应链融资企业规模小，管理不善，可能无法按时缴纳足额保证金或者直接违约，从而造成银行等金融机构的损失。另一方面，如果原材料供应商因经营决策等原因导致无法完成回购合约，也会造成银行等金融机构的成本支出。第三方物流企业的出现，有效地化解了银行等金融机构的风险。第三方物流企业主要起到仓储监管的作用，对供应链融资企业质押物的真实性、合法性负责，成为代理方；银行等金融机构作为委托方,两者存在委托代理关系。第三方物流企业更容易掌握供应链融资企业的生产经营和还款能力,实现有效监管,从而降低银行等金融机构的融资风险。银行等金融机构与原材料供应商签订回购协议条款,不仅提高了融资效率,而且有效地防范了供应商与供应链融资企业合谋骗取贷款的风险,进一步转嫁和分担了因信息不对称造成的违约风险。

(四)信息不对称理论

信息不对称是供应链企业融资难问题的根本原因。供应链金融的发展,可以有效地减少银行等金融机构和供应链融资企业之间的信息不对称,缓解借贷矛盾。

1. 不对称信息理论

信息在相互对应的经济个体之间呈现不均匀、不对称的分布状态,称为信息不对称。一般情况下,在博弈过程中拥有私人信息的一方称为"代理人",即信息占优方(Informed Player);反之的一方称为"委托人",即信息居劣方(Uninformed Player)。信息不对称理论正是研究交易双方由于存在信息差别而达成的社会契约,即双方如何均衡的问题。

银行等金融机构的存在,虽然缓解了由于逆向选择和道德风险而发生的问题,但也形成了存款人与银行及银行与贷款人之间的新的信息不对称。信息不对称最终都会导致金融市场失灵[234]。这种信息不对称包括银行与存款人之间的信息不对称以及银行与贷款人之间的信息不对称,很容易导致金融机构的道德风险[235]。政府监管金融具有成本优势,可以有效地处理信息供给不足问题[236]。政府的监管制度对信息市场失灵能够形成有效的解决方案,因为政府和信息都具有公开性质,能够很好地解决信息供给不足问题。

造成信息不对称的原因主要包括三个方面:①信息的有效性和准确性存在时空限制,信息只有在特定的时间、地点和条件下才有意义;②收集信息需要成本,包括有形成本和无形成本(时间、精力消耗),收集信息时同样需要损益比较;③信息的利用模式受认知水平和一定思维习惯的影响,信息加工、处理和决策需要具备专业知识和敏锐的判断能力[237]。因此,当出现信息不对称时,不同类型的评价模型就会出现。在合约签订之后,若信息不对称现象出现,则可能产生道德风险问题。在合约签订之前,当代理人具有相应的私人信息而出现信息不对称时,则可能产生逆向选择问题。信息经济学模型的基本分类见表 2.5。

表 2.5　信息经济学不同类型的基本分类

	隐藏行为	隐藏信息
事前逆向选择		逆向选择 信号传递 信息筛选
事后道德风险	隐藏行为的道德风险	隐藏信息的道德风险

2. 逆向选择与信贷配给

信贷融资是供应链企业外部融资的主要来源。但是，银行等金融机构的信贷配给（Credit Rationing）却给供应链融资企业的资金融通带来严重制约。信贷配给问题是非对称信息背景下融资理论的经典议题，学术界解释信贷配给生成机制时认为，银行等金融机构发放贷款时就会考虑贷款利率及风险性，单单是利率本身就可以基于信息不对称，通过寻找潜在借款者（逆向选择效应）、影响借款者的行为（道德风险效应）两个途径分析贷款的风险性。鉴于此，银行等金融机构预期利润的增长就会慢于利率的上升。在超过某一点后，利润甚至会随着利率的上升而下降，这正是银行等金融机构利润最大化时所对应的利率（r^*）[238]。

总之，当供应链融资企业在信贷市场上存在超额资金需求时，银行等金融机构为了避免逆向选择，不会利用提高利率的办法出清市场，而是在一个低于竞争性均衡利率水平上对供应链融资企业实行信贷配给，原因在于利率具有正向效应和逆向选择效应。正向效应是指银行等金融机构的收益是利率的增函数，即随着利率提高，收益逐渐增加，因而是利率对银行等金融机构收益的直接影响。逆向选择效应则是在供应链融资企业的信贷活动中，由于逆向选择行为，在利率超过某个临界点后，随着利率的提高，银行等金融机构的收益反而降低，变为利率的减函数。逆向选择效应是对潜在融资企业的筛选，是利率对银行等金融机构收益的间接影响。

由于银行等金融机构的期望收益不仅取决于贷款利率 r，还取决于供应链融资企业的还款概率 $P(r)$。假设供应链融资企业的平均还款概率是 $\bar{p}(r)$，$f(p)$ 为 $P(r)$ 在 $\{0,1\}$ 区间上的密度函数，则银行等金融机构的期望收益等于供应链融资企业没有违约时的收益乘以供应链融资企业不违约时的平均概率，即：

$$\bar{\pi}(r) = \frac{\int_0^{p^*}(1+r)pf(p)\mathrm{d}p}{\int_0^{p^*}f(p)\mathrm{d}p} = (1+r)\bar{p}(r) \tag{2.1}$$

对式（2.1）求导得：

$$\frac{\partial \bar{\pi}}{\partial r} = \bar{p}(r) + (1+r)\frac{\partial \bar{p}}{\partial r} \tag{2.2}$$

其中，公式右边的第一项为正，代表提高利率的收入效应，即正向选择效应，说明利率每提高一个单位，期望收益就增加 $\bar{p}(r)$ 个单位；第二项代表提高利率的逆向选择效应，即利率每提高一个单位，供应链融资企业违约的概率就上升 $\frac{\partial \bar{p}}{\partial r}$ 个单位，银行等金融机构的期望收益则会下降 $(1+r)\partial \bar{p}/\partial r$ 个单位。如果正向选择效应大于逆向选择效应，则 $\frac{\partial \bar{\pi}}{\partial r} \geq 0$；反之 $\frac{\partial \bar{\pi}}{\partial r} < 0$。因此存在某个 r^*，当 $r \leq r^*$ 时，$\frac{\partial \bar{\pi}}{\partial r} \geq 0$；当 $r > r^*$ 时，$\frac{\partial \bar{\pi}}{\partial r} < 0$。当然，利率的增加对银行等金融机构期望收益的影响一般来说可能并不是单调的，满足 $\frac{\partial \bar{\pi}}{\partial r} = 0$ 的 r^* 也可能不止一个。

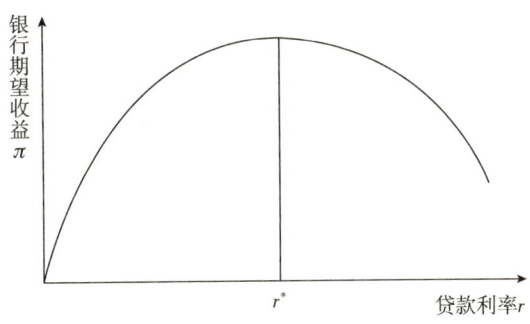

图 2.12 贷款利率与银行等金融机构期望收益的关系

由图 2.12 可知，r^* 是利率的临界点。在 r^* 处银行等金融机构的期望收益达到最大值。当利率上升到某一临界水平 r^* 时,若再继续提高利率,那么信贷结构中具有良好资信、从事低风险投资的企业比例就会下降,而资信度低、从事高风险投资的企业比例就会上升,逆向选择效应随之产生。因此,利率提高会使供应链融资企业的平均质量降低,违约概率增大,银行等金融机构的期望收益减少。银行等金融机构贷款的供给量是在预期最优利率上计算得出的,利率提高或降低都会减少银行等金融机构的利润。所以银行等金融机构的贷款供给量不会因为供应链融资企业提高利率而增加,因此产生了信贷配给。逆向选择效应直接源于银行等金融机构评估了供应链融资企业后,贷款市场上仍然存在信息不完全现象,因此说信息不对称是造成银行等金融机构信贷配给的根本原因。而加剧借贷双方信息不对称的是供应链融资企业自身的缺陷,这就是银行等金融机构宁可对供应链融资企业实行信贷配给而不愿意提高利率的原因。也正因为如此,银行等金融机构才不愿意向信誉较差的供应链融资企业贷款。

3. 道德风险与信贷配给

由信息不对称产生的道德风险是造成银行等金融机构信贷配给的又一根本原因。供应链融资企业信贷市场的道德风险通常包括两个方面:一是供应链融资企业在有能力偿还贷款的情况下恶意违约。供应链融资企业比较偿还贷款和不偿还贷款情况下的收益和机会成本,若不偿还贷款的收益大于违约成本,那么供应链融资企业就会策略性地选择不偿还贷款行为,从而产生道德风险。二是供应链融资企业为了获得高收益而进行的高风险投资所造成的道德风险。融资企业在获得信贷后将资金投放于成功概率小,但一旦成功将获得巨大收益的项目。高风险投资一旦失败,则无力偿还银行等金融机构的贷款,形成了善意道德风险。因此,由于信息不对称,银行等金融机构对于供应链融资企业偿还贷款的意愿和投资项目的类别缺乏完全信息,从而面临来自供应链融资企业道德行为方面的风险。

由于恶意违约造成的道德风险侵害了银行等金融机构的利益,由此产生的不良贷款如果得不到有效控制,银行等金融机构都有可能面临危机。在信息不对称的前提下,银行等金融机构控制"不偿还选择"道德风险的方法就是信贷配给,即通过信贷配给对"不偿还"策略的收益产生影响或限制。假设供应链融资企业从银行等金融机构获得贷款利率为 r、数额为 L 的贷款,供应链融资企业的投资收入为贷款数额 L 的函数 $f(L)$,则供应链融资企业在单位时间的静态利润 π 可以表达为：$\pi(L, r) = f(L) - (1 + r) L$。假设违约成本为 C，若满足 $f(L) > (1 + r) L > C$，那么理智的供应链融资企业就会选择不偿还策略，从而产生恶意道德风险；若满足 $f(L) > (1 + r) L$ 且 $(l + r) L < C$，供应链融资企业就会选择偿还策略，道德风险就不会产生。因此，若要降低供应链融资企业选择恶意道德风险的概率，银行等金融机构就应使贷款总量少于 $C/(1 + r)$，这就导致了银行等金融机构信贷配给的产生，至于信贷配给额度的大小主要取决于不违约成本 C。

由于供应链融资企业在获得信贷后将资金投放于高风险、高收益的投资项目，高风险投资一旦失败，则无力偿还银行等金融机构的贷款，从而形成善意道德风险。假设供应链融资企业有两个项目：一个是风险性较低、成功概率高的项目，假设其单位投资产出为 G；另一个是风险性和收益性较高、成功概率低的项目，假设其单位投资产出为 B ($B > G$)。供应链融资企业选择低风险项目成功的概率为 $p_{(i)}$，则其预期收益为 $p_{(i)}G$；供应链融资企业选择高风险项目成功的概率为 p_B ($p_B < p_{(i)}$)，则其预期收益为 $p_B B$。由于银行等金融机构从项目投资者那里获得固定的贷款利息收益，因而希望投资者都选择低风险且成功概率高的项目。但是，从供应链融资企业的角度看，投资者追求利润最大化行为与银行等金融机构的意愿并不一致。如果供应链融资企业向银行等金融机构借款金额为 L，在银行等金融机构不对供应链融资企业的投资行为进行监督的情况下，供应链融资企业只有在 $p_{(i)}(G - L) > p_B(B - L)$ 的情况下才会选择投资低风险且成功概率高的项目。由此可见，供应链融资企业债务临界量为 L，满足条件 $L < L_c = (p_{(i)}G - p_B B)/(p_{(i)} - p_B)$，$B > G > L_c$。银行等金融机构通过债务总量控制，即通过信贷配给控制道德风险发生的概率；当银行等金融机构能使 $L < L_c$ 时，供应链融资企业就会主动选择风险性较低、成功概率较高的项目。

从非对称信息下信贷配给的形成机制看，借贷双方由于信息不对称，很容易出现逆向选择和道德风险。因此，银行等金融机构在贷款投放过程中对供应链融资企业实施信贷配给。与大型企业相比，供应链融资企业由于受自身条件的限制，往往成为银行等金融机构信贷配给的主要实施对象。供应链融资企业普遍存在于国民经济的各个领域，对发展经济、带动就业、促进科技进步等方面起着积极作用。但在现代经济社会中,任何产业的发展都需要资金支持,在自有资金有限的情况下,金融支持就会成为供应链企业赖以生存和发展的重要因素。由于供应链融资企业信用基础差、抵押物较少、抗风险能力较弱等原因,往往成为融资群体的"弱者",很多供应链融资企业并不能及时融集到其发展所需的资金,因而限制了其生产和进一步发展,甚至由此导致企业的破产。

总之,信息不对称理论、供应链管理理论、交易成本理论和委托代理理论是供应链金融体系的四块理论基石。信息不对称理论是供应链金融产生的理论基础,基于此供应链金融可以降低信息不对称程度,提高资金运作效率;供应链管理理论为供应链金融服务找到了需求市场,实现了管理重心由物流层面向资金层面的转变,因而成为供应链金融成长的土壤;交易成本理论架构了供应链金融运作模式的流程与组织结构;而委托代理理论则为控制供应链金融服务过程中的各类风险出谋划策。

第二节 银行等金融机构统一授信业务模式

一、授信与统一授信

(一) 授信

授信是指银行等金融机构根据客户需求,按照规定程序和要求对客户财务状况和信用风险进行综合评估,并为客户提供各种形式的直接融资以支持经营活动的总称。授信主要包括各种贷款、信用卡透支、各类垫款、进出口贸易融资、贴现等表内业务,以及保证、开出信用证、保兑信用证、保函、保理等表外业务。

简单来说,授信就是为客户提供信用支持,即银行等金融机构向客户直接提供资金支持或对客户在有关经济活动中的信用向第三方做出保证的行为。前者称为融资授信,包括贷款、贴现、透支、进出口押汇等业务;

后者称为信用支持授信,包括票据承兑、开立信用证或保函等业务。

随着银行授信业务的不断发展和演变,逐步衍生出统一授信、集团授信、综合授信等业务模式。目前,我国银行等金融机构普遍采取综合授信管理制度。综合授信是指银行等金融机构在综合评审基础上得出的单一法人客户或企业集团能够并愿意承担的风险总量,即最高综合授信额度。具体地说,统一授信、最高额度授信、集团授信等都可视为综合授信制度的表现形式。

1. 授信的基本原则

银行等金融机构的授信业务必须坚持安全性、效益性和流动性的原则。依据中国人民银行制定的《商业银行授权、授信管理暂行办法》(银发〔1996〕403号),银行等金融机构授信业务应遵循的基本原则如表2.6所示。

表2.6 银行等金融机构授信业务的基本原则

原则来源		内容
商业银行授权、授信管理暂行办法	(1) 区域差别授信	根据不同地区的经济发展水平、经济和金融管理能力、信贷资金占用和使用情况、金融风险状况等因素,实行区别授信
	(2) 客户区别授信	根据不同客户的经营管理水平、资产负债比率情况、贷款偿还能力等因素,确定不同的授信额度
	(3) 根据信用情况及时调整额度	根据各地区的金融风险和客户的信用变化情况,及时调整对各地区和客户的授信额度
	(4) 确定贷款额度,区别授信和贷款额度	在确定的授信额度内,根据客户的实际资金需要、还款能力、信贷政策和银行等金融机构提供贷款的能力,具体确定每笔贷款额度和实际贷款总额。授信额度不是计划贷款额度和分配的贷款规模,而是银行等金融机构为控制地区和客户风险所实施的内部控制贷款额度

2. 授信的现实意义

目前,我国供应链中小企业对国民经济的贡献度和获得的信贷支持不匹配,中小企业融资难问题日益显著。银行等金融机构应该充分研究供应链融资企业的经营规律和授信业务的风险特点，实行差别化的授信管理，有助于提高供应链融资企业信贷可获得性的同时，也为银行等金融机构的发展提供新的渠道，具有重要的现实意义。

（1）迎合市场需求。据调查，我国供应链中小企业占企业总数的99%以上，其获得的授信贷款仅占贷款总量的40%左右，并且主要依赖银行等金融机构的间接融资，供应链融资企业信贷市场存在着巨大需求和开发潜力。

（2）分散风险的需要。近年来，银行等金融机构普遍存在着向垄断行业、热点行业授信过度和集中度过高的风险。发展供应链融资企业的授信业务，是优化银行等金融机构现有对公业务结构，改善贷款过度集中问题的重要途径。

（3）差异化竞争的需要。随着直接融资市场的开放和利率市场化进程的推进，大中型企业融资多样化趋势日益明显，银行等金融机构竞争加剧。过去同质化的依赖对公业务和存贷利差创造高额利润的时代即将过去，银行等金融机构亟须寻求新的利润增长点。而供应链融资企业对间接融资具有更大的需求和更强的依赖性，发展供应链融资企业的授信业务，有助于拓宽银行等金融机构的盈利渠道，形成差异化竞争优势，实现可持续健康发展。

（二）统一授信

中国人民银行制定的《商业银行实施统一授信制度指引（试行）》（1999）明确规定，统一授信是指银行对单一法人客户或地区统一确定最高综合授信额度，并加以集中统一控制的信用风险管理制度；包括贷款、贸易融资（如打包放款、进出口押汇等）、贴现、承兑、信用证、保函、担保等表内外信用发放形式的本外币统一综合授信；目的在于通过考核供应链融资企业的经营状况、管理水平、资信程度和发展潜力等指标，确定银行等金融机构与其信用往来中所能承受的风险总额并予以监控。

统一授信是针对授信业务发展起来的一种涵盖范围广，具有较高效率、显著经济效益、很大发展潜力的管理模式。统一授信属于信用风险管理制度的范畴，其实质是将银行等金融机构和供应链融资企业分别作为一个整体，按照统一标准，统一向融资企业提供授信支持，统一管理与控制融资企业的整体信用风险和具体的授信业务风险。银行等金融机构为了改善金融服务质量,加强自身风险管理,为建立信贷关系的单一法人客户确定最高授信额度,对客户的各种信贷业务进行统一的总量控制。授信额度多少受供应链融资企业规模、经营效益、发展前景和信用状况的影响,需要经过银行等金融机构的反复论证、评估、审查与审批。

1. 统一授信的特点

统一授信是银行等金融机构通过核定供应链融资企业的最高综合授信额度,集中统一控制其信用风险的一种信贷管理制度。

(1)授信主体的统一。银行等金融机构对所属地区的供应链融资企业进行统一授信,不能由多个部门或分支机构分别对同一融资企业进行授信。

(2)授信形式的统一。银行等金融机构将贷款、打包贷款、进出口押汇、贴现等表内业务和信用证、保函、承兑汇票等表外业务置于同一个授信额度内,避免对单项业务的分别授信。

(3)不同币种授信的统一。银行等金融机构对本币授信和外币业务授信置于同一个授信额度内,避免分头授信现象的发生。

(4)授信对象的统一。银行等金融机构的授信对象只能是单一法人客户,不允许对不具备法人资格的分支子公司进行授信。

由于银行等金融机构业务的规范化,统一授信已成为供应链融资企业获得银行等金融机构贷款的重要来源,同时也为供应链融资企业经常性的融资提供了方便。在统一授信额度内,供应链融资企业贷款及其信贷业务的申请一般较为顺利和方便。

2. 统一授信的内容

根据《商业银行实施统一授信制度指引(试行)》规定,统一授信的内容包括贷款、贸易融资、贴现、承兑、信用证、保函、担保等表内、表外信用发放形式的本外币业务。

(1)建立银行等金融机构内部掌握的供应链融资企业资信评价体系。根据供应链融资企业的财务报表和其他资料(包括企业法人品德、才能、资产、担保品和融资企业的持续性、行业地位等),定期分析供应链融资企业的整体还债能力、信用情况及其违约的可能性,按照统一评级标准对供应链融资企业信用进行评级。

(2)根据供应链融资企业的信用等级核定最高风险限额。最高风险限额是衡量未来一定时期内供应链融资企业对银行等金融机构授信的承受能力，即最高综合授信额度，这是银行等金融机构能够和愿意承担的风险总量。任何一个融资企业都需要维持一定数量和比率的贷款规模，当贷款数量超过最高界限，对融资企业来说偿还贷款将会变成负担和无法承受的压力。因此，银行等金融机构需要测算贷款数量变化带来的可能风险。

（3）对供应链融资企业的各种授信实行部门统一管理。从纵向角度看，由供应链融资企业所在地最高级别的银行等金融机构对各分支机构分配、管理授信风险限额，可以有效避免风险发生。从横向角度看，由一个部门统一管理各授信业务部门的授信，可以通过统一授信监控避免因多头授信而带来的风险。

（4）对优良的供应链融资企业的各类授信业务，通过签订银企合作协议方式实行公开授信，提供授信支持，加强金融服务，能够不断提高授信业务的运作效率。

3. 统一授信的分类

（1）根据授信业务的范围划分：一是银行等金融机构一次对供应链融资企业的流动资金贷款核定一个周转额度，在一定时期和该额度之内融资企业可重复、循环、便利地使用流动资金贷款。该方式在美国的美洲银行广泛应用。二是银行等金融机构对供应链融资企业发放信用（即授信），进行放款行为，奥地利、德国等欧洲国家商业银行普遍采取这种方法。

（2）根据授信对象不同划分：一是银行等金融机构对所有信贷客户进行授信，包括企业、金融机构和自然人。二是仅对具有法人资格的融资企业进行授信，而不包括金融机构、非法人客户和自然人。

（3）根据授信方式划分：一是内部授信，是指银行等金融机构对供应链融资企业核定的最高统一授信额度将作为其内部控制融资企业信用风险的最高限额指标，由银行等金融机构内部掌握。该指标并不意味着银行等金融机构有义务向融资企业提供任何形式的信用支持。内部授信侧重于银行等金融机构的内部风险防范，是指在一定时间内银行等金融机构在其授权范围内对单个融资企业规定的内部控制信用的最高限额，不具有法律效力，不对融资企业公开，不意味着银行等金融机构有义务向融资企业提供信用支持或提供达到最高风险限额的信用支持。二是公开授信，是指银行等金融机构根据供应链融资企业的资信情况、信用需求、偿债能力和风险状况等，在内部统一授信及办理有效担保的基础上核定最高统一授信额度，并与融资企业签订协议书，承诺在符合授信条件的前提下和授信有效期内，银行等金融机构将为融资企业提供授信额度内的信用支持。因此，公开授信是银行等金融机构批准给融资企业的信用额度，保证融资企业在一定时期和核定的额度内能够便捷地使用信用。公开授信的操作流程与贷款操作流程基本一致，由客户申请、开户行受理与调查、有权审批行审查、有权审批人审批、办理担保手续、签订授信协议等步骤组成。

内部授信与公开授信在额度核定、审批权限、法律效力、信用使用等方面具有不同特点，两者不是并列关系，而是一种递进关系，内部授信是公开授信的基础和前提。两者的主要区别见表2.7。

表2.7 内部授信与公开授信的区别

项目	内部授信	公开授信
最高综合授信额度核定的出发点	侧重于风险防范，主要对银行等金融机构内部的一般客户、限制和淘汰客户核定最高风险限额，控制单一客户的整体风险，逐步压缩超过限额的现有信用量以达到规定要求	在有效防范风险的基础上，简化审批手续和环节，使优良客户在最高综合授信额度内的信用需求及时得到满足
审批管理	由有权审批行的信贷部门审定	必须经有权审批的审贷会审议后，由行长或行长授权的副行长审批
法律效力	银行等金融机构根据客户资信情况核定的最高限额只是控制监测指标，只适用于内部审批管理，不具有法律效力	在办理有效担保的基础上，与客户签订具有法律效力的协议，规定双方的权利义务
具体信用使用的规定	客户在最高授信额度内的信用需求，一律按照银行等金融机构的权限管理要求和相应业务管理制度，由开户行逐笔报批后方能使用	客户在最高综合授信额度内的信用需求由开户行审核办理，发放超单笔授权信用需报有权审批信贷部门备案
授信作用的侧重点	通过核定最高综合授信额度，对银行等金融机构能够和愿意承担的客户信用风险进行总量控制，侧重于风险控制	在最高综合授信额度内核定一个公开授信额度，客户在核定额度和规定期限内可以便捷地使用信用，侧重于便利客户用信
授信对象的范围	与银行等金融机构有信用业务关系的所有客户	符合规定条件的优良客户

续表

项目	内部授信	公开授信
授信信用种类范围	银行等金融机构业务范围内的所有信用	本外币短期流动资金贷款,以及承兑、贴现、国际结算项下的贸易融资业务等短期信用
核定分项授信额度要求	不要求核定分项授信额度	必须核定分项授信额度,核定可循环使用额度
授信额度的审批权限和程序	最高综合授信额度审批的一级分行可向二级分行转授审批权,有权审批行不需要贷审会审议	授信额度审批权集中在总行和一级分行,需要贷审会审议通过
信息披露要求	授信额度不得向客户披露,银行等金融机构内部掌握	授信额度向客户披露,还要与客户签订公开授信协议
授信额度内信用发放审批程序	除公开授信额度外的各类信用发放,一律按照授权权限管理要求和相关业务制度办法,由开户行逐笔报批	各类信用发放只需由开户行向上一级行提出建议,信贷管理部门审核,有权人签批后开户行即可办理

(4) 根据授信群体划分：一是集团授信,是指银行等金融机构向供应链融资企业直接提供的资金,或者对供应链融资企业在有关经济活动中可能产生的赔偿、支付责任做出的保证,包括贷款、贸易融资、票据融资、融资租赁、透支、各项垫款等表内业务,以及票据承兑、开出信用证、保函、备用信用证、信用证保兑、债券发行担保、借款担保、有追索权的资产销售、未使用的不可撤销的贷款承诺等表外业务。简单地说,即银行等金融机构向供应链融资企业直接提供资金支持,或对融资企业在有关经济活动中的信用向第三方做出保证的行为。集团企业的结构和组成通常不易识别,通过一系列并购活动成功扩展为大型企业的家族企业,通常都会形成复杂的组织结构。将集团企业整体视为单一法人进行统一授信,统一识别和控制集团企业的整体风险,从而对集团企业内各个法人不再单独设定统一授信额度。二是综合授信,是指银行等金融机构在对供应链融资企业的财务状况和信用风险进行综合评估的基础上,确定能够和愿意承担的风险总量,即最高综合授信额度,并加以集中统一控制的信用风险管理制

度。综合授信的对象一般只能是法人，可采取一揽子授信形式，即贷款、打包放款、进口押汇、出口押汇、贴现、信用证、保函、承兑汇票等不同形式的授信都要置于该融资企业的授信额度上限以内，以便集中统一管理和有效控制信用风险。

通俗地讲，集团授信是给一群人的授信，综合授信是给单个融资企业不同业务种类提供的最大敞口。

4. 统一授信的意义

统一授信是银行等金融机构管理供应链融资企业信用风险的需要，也是提高工作效率，改善信贷服务，在激烈的同业竞争中生存和发展的需要。从理论上看，统一授信包含了信用风险控制的三重意义。

（1）信用风险的控制主体实现了从各级机构或各部门独立控制向银行等金融机构全行统一控制的转变，在分散融资管理体制上实现了供应链融资企业信用风险的统一管理。

（2）信用风险的控制对象实现了从单一法人融资企业向风险共同体的转变，尤其强调对风险高度相关的集团企业统一控制，避免了相互割裂行为的发生。

（3）信用风险的控制方式实现了从单一品种的独立控制向各类信用统一控制的转变，避免了各品种单一运作模式形成的风险转移。

5. 最高综合授信额度的核定

最高综合授信额度是指银行等金融机构在对单一法人融资企业的风险和财务状况进行综合评估的基础上，确定其能够和愿意承担的风险总量，该融资企业的各类信用余额之和不得超过其最高综合授信额度。因此，最高综合授信额度就是银行等金融机构信用总量的最高限额，是其能够和愿意承担的风险总量，而不是必须发放的信用额。

核定最高综合授信额度是统一授信管理的核心工作。对于能够提供完整真实财务报表的单一法人融资企业，可以按照"总负债合理规模法"计算其最高综合授信额度。"总负债合理规模法"分别从供应链融资企业创造现金能力的角度和自有资本抵御风险的角度，选取反映融资企业偿债能力最重要的总债务/EBITDA 和资产负债率两项核心指标，利用基期销售增长率、三年利润平均增长率两项发展能力指标和已获利息倍数、总资产报酬率两项财务效益指标分别对两项核心指标进行修正，定量计算融资企业的总负债合理规模,并将融资企业所属行业状况、企业规模大小、客户信用等级、负债情况、其他金融机构的授信情况等纳入定量分析的范畴,很大程度上解决了"预期资产负债率法"出现的定量指标单一、大量采取定性分析、科学性与客观性不足的问题。

6. 总体债务上限的确定

总体债务上限是指供应链融资企业能够承担的最高债务限额。它以供应链融资企业风险分析为主,测量融资企业所能承担的由外部各单位授予的各种形式的信用量总和。测算方法主要依据融资企业所属行业的平均负债率水平,同时也将宏观经济周期所处阶段、地区因素,以及融资企业的特质(如成长阶段、信用程度)、状况(如资产的具体构成、当前及未来预期的盈利水平)等作为调整因子,将调整因子对应情形折算成一定的修正系数,修正基准负债率水平,从而得出供应链融资企业的总体债务上限。总体债务上限是银行等金融机构确定最高综合授信额度的基础。

二、我国银行等金融机构开展统一授信业务的发展过程

早期银行等金融机构的业务比较简单,在授信方面,银行等金融机构贷款给供应链融资企业收取利差;在结算方面,结算方式单一。这时授信和结算相互独立,银行等金融机构在结算业务的各个环节没有授信发生。后来,随着交易量的不断扩大和交易方式的多样化,供应链融资企业要求更加灵活便捷的结算方式;银行等金融机构为了竞争需要,不断创新出多种多样的结算工具,在改进结算方式的同时,给予融资企业资金融通的便利,因而结算业务中逐渐出现了承兑、信用证、保函等授信行为。应该说,结算与授信从相互独立到相互融合,是银行等金融机构的重大进步,但同时也给银行等金融机构的风险管理带来了难题。在银行等金融机构内部,信贷部门和结算部门通常独立经营各自业务。不仅如此,随着信贷业务的发展,信贷部门也会根据需要进行细分,各个部门不存在相互制约关系,彼此很少进行信息沟通,这就形成了银行等金融机构各个部门分头授信、分散管理信用风险的尴尬局面。随着银行等金融机构业务规模的不断扩大,分头授信的弊端越来越明显。由于银行等金融机构内部没有一个部门全面掌握、管理供应链融资企业的信用风险,各个部门各自为战,造成对同一融资企业授信失控的情况不断发生,有的融资企业恶意骗取银行等

金融机构的授信，无疑给银行等金融机构带来巨大的经营风险，甚至危及银行等金融机构的生存。同时，这种分头授信也给融资企业带来了诸多不便。银行等金融机构的各个部门重复评估，要求融资企业重复提供各种资料和信息，分别提供担保，使得融资企业怨声载道。正是基于这种背景，银行等金融机构才逐步创新出统一授信业务及其相应的管理制度。

统一授信在我国起步较晚，中国银行是国内较早开展统一授信业务的金融机构。1997年，中国银行借鉴发达国家某些银行授信管理的先进经验，制定了融资企业统一授信的基本办法并全面推行。2000年，中国银行总行与韩资某大型企业集团总部签署全球统一授信服务协议，该企业的韩国总部得到中国银行首尔分行的授信支持，在华成员企业得到中国银行境内分行的授信支持，而企业分布在全球各地的成员企业也可获得中国银行分布在全球各地的海外分行的授信支持。2002年，中国银行进一步完善集团企业统一授信管理办法，实施大型跨国企业集团的全球授信管理，为集团企业提供国际结算、贸易融资、结售汇、现金管理等全方位的金融服务。目前，中国银行已成为这家韩国大型企业集团的主要中资合作银行之一。

从1999年开始，中国工商银行对数十家大型企业进行统一授信。2000年，中国工商银行又选择了200家单体企业进行统一授信。2001年末，中国工商银行完成了近26万家法人客户的统一授信。

银行等金融机构的统一授信管理是一项有效防范信贷风险的基本制度和方法，是避免银行等金融机构信用风险集中的有效手段，在风险管理中发挥着重要作用。但是，统一授信制度的确立却是经历了一个曲折的发展过程。

（一）解决"三分授信"问题，制定统一授信管理办法

1996年，中国人民银行发布《商业银行授权、授信管理暂行办法》。由于历史形成的业务分工和管理模式，国内银行等金融机构在统一授信管理方面存在着诸多问题，其中最突出的就是"三分授信"问题，即一家银行系统的不同分支机构对一家企业分头授信，同一银行内部对不同种类融资多头授信、分散授信，本外币业务分割授信。由于普遍存在"三分授信"问题，银行等金融机构难以掌握同一家融资企业的融资总量，难以制定统一的信贷政策，因而很容易出现风险失控问题。基于此，1999年1月

20日，中国人民银行发布《商业银行实施统一授信制度指引（试行）》，对银行等金融机构的统一授信管理方法做出具体指导。

1. 银行等金融机构内部对不同种类融资的多头授信

银行等金融机构不同种类的授信业务是在不同时期开放的，随着业务量的增加，相继设立了相应的部门提供服务与管理，这就形成了各个部门分头向融资企业授信、分散管理信用风险的局面。在银行等金融机构内部，信贷业务部门掌管贷款的授信，国际结算部门掌握贸易融资和信用证业务的授信，信用卡部门掌握银行卡透支业务的授信等，供应链融资企业要办理相应的授信业务，就要联系银行等金融机构内部的不同管理部门，形成授信业务各自为政、互不往来的局面。这种分头授信体制，银行等金融机构的各个部门重复评估融资企业信用，要求融资企业提供重复的资料和信息，反复要求融资企业提供保证、抵押或质押，分解抵押融资企业的资产，给银行等金融机构的信誉带来负面影响，也给融资企业带来诸多不便。由于银行等金融机构内部没有一个部门全面掌握、管理融资企业的信用风险，各个部门各自为政，信息难以共享，造成银行等金融机构管理融资企业信用风险的难度越来越大。近年来，国内银行等金融机构对同一融资企业授信失控的情况不断发生，一些融资企业恶意骗取银行等金融机构的授信，给银行等金融机构的经营带来不良影响。

2. 银行等金融机构不同分支机构的分散授信

银行等金融机构的网点设置沿用政府行政区划，针对同一个供应链融资企业，银行等金融机构存在着总行、一级分行、二级分行、县支行等不同级别的多个机构分散授信的情况，不同机构在风险管理和业务拓展方面各自为政，彼此缺乏沟通，分散向供应链融资企业授信，无法对融资企业的信用风险进行统一评价与管理，极易发生对同一个融资企业的超额授信，也给某些信用较差的融资企业提供了可乘之机。

3. 本外币业务分割授信、重复授信、超额授信

银行等金融机构涉及外币结算业务，完全由国际业务部门负责，与本币业务部门完全无关，容易造成本外币业务部门之间各自为政，各自办理自身业务，表现在授信业务中就是本外币分别授信，并且各银行等金融机构对此明文规定，本外币业务部门分别负责核定授信额度，并在各自管辖的业务范围内执行授信额度管理，这就造成同一法人融资企业或集团企业

在同一家银行等金融机构内部具有本外币两类授信额度,而且这两类授信额度都是基于融资企业的相应资料分析测算出来的,势必造成重复授信、超额授信,使得银行等金融机构对该融资企业的风险监控失效,也使得该融资企业得以利用授信额度骗取银行等金融机构的授信。

(二) 解决集团企业统一授信的需要

随着我国市场经济体制的建立和不断推进,涌现出大量或紧密或松散的关联性成员企业组成的集团企业和家族企业。由于关联性企业之间的组织结构复杂,信用状况参差不齐,给银行等金融机构的信贷管理带来很大困难。因此,对集团企业或家族企业必须实施统一授信,即对集团企业的整体授信对象及其已使用或申请使用银行等金融机构授信的成员企业进行整体信用风险指标和单笔授信业务管理,统一评价、全面控制集团企业的整体信用风险及关联企业的个别信用风险。既要控制好整个集团或关联企业授信的"总闸门",又要依据每个成员企业的风险承受能力安排好"分闸门",从而在有效控制每个独立法人企业授信风险的基础上,实现对若干关联企业或集团企业总体风险的有效评价、管理和监控,避免授信过度集中而导致风险失控。

为了防范银行等金融机构对集团企业多头授信、过度授信的风险,2003年,中国银行业监督管理委员会发布《商业银行集团客户授信业务风险管理指引》(2010年修订),督促银行等金融机构改善彼此之间的信息交流,限制信用风险的承担总量与集中程度,积极建立风险预警与处置机制,注意降低授信管理中非常突出和棘手的集团企业风险。

第三节 统一授信供应链金融理论及方法

一、统一授信供应链金融风险管理理论

(一) 复杂网络理论

复杂网络是用来描述自然、社会科学、工程技术领域对象相互关联的

理论，强调系统结构的拓扑特征。目前，复杂网络理论作为一门新兴学科，涉及社会学、生物学、经济学、计算机以及交通运输等众多学科门类。

1. 基本特征参数

复杂网络理论认为，节点的形状、物理位置可以忽略不计，节点之间互相传递信息的边也不考虑实际距离的长短。复杂网络理论的网络拓扑特性就是简单地通过节点和边来表示信息传递方向性的拓扑结构。相关描述包含以下结构参数：

（1）平均路径长度。在无向无权的网络里，两个节点 i 和 j 之间的距离是连接这对节点中的最短路径包含的边数。平均路径长度 L 是网络中节点之间距离的平均值，用计算式表示为：

$$L = \frac{1}{n(n-1)} \sum_{i \neq j} d_{ij} \qquad (2.3)$$

平均路径长度是从整体角度描述网络系统中各节点的密切关系，该参数对研究网络模型的结构特性有着重要意义。另外，如果存在拥有很大节点数量的网络，但它的平均路径长度却很小，这就表现出典型的小世界特性[239]。

（2）聚类系数。聚类系数是专门用来衡量网络中节点聚集程度的参数。网络中有节点 i，该节点与其他 k_i 个节点相连，那么至多有 $k_i(k_i-1)/2$ 条边与该节点相连，假设 k_i 个节点之间存在 t_i 条边，定义该节点的集群系数 C_i 为：

$$C_i = \frac{2 t_i}{k_i(k_i - 1)} \qquad (2.4)$$

进一步定义有 n 个节点的网络的聚类系数 C 为：

$$C = \frac{1}{n} \sum_{i=1}^{n} C_i \qquad (2.5)$$

在网络中，集群系数 C_i 是在 [0, 1] 区间的任意数，如果节点是孤立点，没有边与之相连，则 $C_i = 0$；而当该网络中任意两个节点都能连接，则 $C = 1$。

（3）度分布。定义节点 i 的度是连接该节点所有边的数目，记作 k_i。度分布 $P(k)$ 则表示任何一个节点的度为 k 的概率。若网络中有 N 个节点,则所有节点的度的平均值就是每个节点的度之和除以节点数 N。

在实际中经常应用的度的积累分布,是指度数大于等于 k 的节点的分布概率 $P(k)$ 的分布状况,用计算式表示为:

$$P(k) = \sum_{k' \geq k} P(k') \tag{2.6}$$

(4)介数。介数包括节点介数和线路介数,都是反映节点和线路在能量传递或信息传输中起到的作用。定义通过节点 i 的最短路径的次数为节点介数,那么定义节点介数 $P(B_n)$ 为:

$$P(B_n) = \sum_{B'_n \geq B_n} P(B'_n) \tag{2.7}$$

其中,B_n 代表节点 n 的介数,则 $P(B'_n)$ 代表了介数大于等于 B'_n 的节点数占全网的比例。该参数也能表示节点的影响力,介数越大,在网络中的功能就越强。

2. 复杂网络关联性衡量指标

(1)度度相关性。度度相关性是指节点度值为 k 的节点的所有与之相连节点的平均度值,以及与该节点度值 k 之间的关联情况,表示的是度值大的节点与度值小的节点之间的关系,即节点之间连接的偏好性。如果度值大的节点更倾向于与度值大的节点相连接,则称该网络是正相关;如果度值大的节点更倾向于与度值小的节点相连接,则称该网络是负相关;如果没有明显的倾向性,则称该网络不相关。用公式表示一个节点 i 的所有邻近节点的平均度为:

$$k_{nn,i} = \frac{1}{k_i} \sum_j \alpha_{ij} k_j \tag{2.8}$$

网络中所有节点度值为 k 的节点的邻近平均度为:

$$k_{nn}(k) = \frac{1}{N_k} \sum_{i, k_i = k} k_{nn,i} \tag{2.9}$$

其中,N_k 为节点度值 k 的节点总数。$k_{nn}(k)$ 与 k 之间的变化关系称为度度相关性,将 $k_{nn}(k)$ 与 k 的关系用散点图表示时,如果 $k_{nn}(k)$ 随着 k 的增大而增大,说明度值大的节点更倾向于与度值大的节点相连接,则该网络是正相关;如果 $k_{nn}(k)$ 随着 k 的增大而减小,说明度值大的节点更倾向于与度值小的节点相连接,则该网络是负相关。

(2)簇度相关性。簇度相关性是指度值不同节点的邻近节点之间相互直连的聚类程度,表明该网络是否存在层级结构,即网络是否划分为一个个明显的层级。我们可以将网络节点 i 的聚类系数公式 $C_i = \dfrac{2 t_i}{k_i (k_i - 1)}$ 以及度值为 k 的所有节点的平均聚类系数公式 $C = \dfrac{1}{n} \sum_{i-1}^{n} C_i$ 结合起来考察网络的簇度相关性。

(二) 演化博弈理论

Maynard 和 Price (1973) 融合达尔文的生物进化论,提出进化博弈论 (即演化博弈论),并给出了演化稳定策略 (Evolutionary Stable Strategy, ESS) 的概念[240]。Taylor 和 Jonker (1978) 进一步提出模仿者动态 (Replicator Dynamic) 的概念,演化博弈论逐步受到关注。Dawkins 和 Smith (1982) 进一步将博弈论和动态演化过程分析相结合,系统地提出了演化博弈理论[241]。

演化博弈理论重点研究主体之间彼此发生作用时做出怎样的决策以及该决策引起的平衡状态,20 世纪 50 年代开始在经济学领域广泛运用,成为一种关键方法。20 世纪 80 年代,演化博弈理论被用于分析股市发展、产业变化以及社会制度变更等方面,并且对称型演化博弈理论也逐渐向非对称演化博弈方向发展。20 世纪 90 年代,威布尔 (Weibull) 系统地总结了演化博弈理论,将其推广到新的发展阶段,被广泛应用于生物进化、社会学、经济、管理等众多领域。

1. 演化博弈的分类

决定演化博弈稳定策略的核心要素包括博弈收益矩阵、博弈参与者以及参与者交互规则,博弈收益矩阵可以是对称的,也可以是非对称的;博弈参与者可以来自同一个,也可以来自不同的两个或多个群体;参与者的邻居空间以及策略学习规则等属性可以相同,也可以不同。根据不同的要素特征,可以将演化博弈进行如下分类:

(1) 单同质群体 (Single Homogeneous Group) 演化博弈。演化博弈通常发生在不同性质的群体内,尤其当博弈参与者均来自于同一个群体时,该博弈群体称为单博弈群体。当参与博弈的所有个体在博弈环境、策略选择、初始概率、决策演变规律、个体收益等方面特征相同时,博弈参与个体是同质的。由同质个体组成的单博弈群体称为单同质群体,发生在单同质群体中的演化博弈称为单同质群体演化博弈,此时的博弈矩阵是对称矩阵。

（2）单异质群体（Single Heterogeneous Group）演化博弈。当参与博弈的所有个体在博弈环境、策略选择、初始概率、决策演变规律、个体收益等特征方面至少有一个方面不同时，博弈参与个体是异质的。由异质个体组成的单博弈群体称为单异质群体；如果演化博弈发生在该类群体内，则称之为单异质群体演化博弈。

（3）双同质群体（Double Homogeneous Group）演化博弈。如果博弈的参与者来自两个不同性质的群体，该博弈群体称为双博弈群体。两个群体中的每个群体在博弈环境、策略选择、初始概率、决策演变规律、个体收益等特征方面均相同，即每个群体内的个体同质，这两个群体就组成双同质群体。双同质群体对应的博弈矩阵是非对称矩阵，因此双同质群体只保证每个群体内部是同质的，但两个群体各自的性质可以不同，我们将发生在双同质群体中的演化博弈称为双同质群体演化博弈。

（4）双异质群体（Double Heterogeneous Group）演化博弈。如果双博弈群体中的每个群体在博弈环境、策略选择、初始概率、决策演变规律、个体收益等特征至少有一个方面不同，或者两个群体在博弈环境、策略选择等方面均不同，那么这两个群体就组成双异质群体，其中的演化博弈称为双异质群体演化博弈。

2. 复制动态方程与演化稳定均衡

演化博弈通常存在最佳反馈动态（Best Response Dynamics）和模仿者动态（也称复制动态）两个长久运用的研究框架。最佳反馈动态是有关快速学习能力与相应理性层级的相关小群体，这种小群体可以对之前双方博弈的情况给出相应对策；复制动态则是模仿能力不足、同时理性层级偏低的大群体实现调节的相关机制，表现为大群体中运用不同计谋的人数会伴随着复制动态的演变而出现相应改变。

达尔文提出"物竞天择、适者生存"的理念，由于受到资源有限性的制约，当各种群之间存在竞争关系时，只有更高效地适应环境的生物群体才能繁衍生息，而无法适应环境的群体将会走向灭绝。比较接近的是，当特定计策的适应度超过相应群体的一般适应度，即采用此计策获取的收益比采用其他计策的平均收益高时，采用其他计策的种群经过不断模仿及学习，修正错误，最后趋于采用适应度高的方法。

假定一个群体由 i 个互不影响的个体组成，即 $A = \{a_1, a_2, a_3, \cdots,$

a_i},该群体含有 k 个能够运用的计谋方法,相应的计策集是 $M = \{m \mid m = 1, 2, 3, \cdots, k\}$。假定群体的全部个体均采用纯计策手段,在某个时间点 t,群体中采用不同计策的个体占比为 $p = \{p_1, p_2, p_3, \cdots, p_k\}$,选择计策 j 的整体收益是 $\pi(m=j)$,那么群体的一般期望收益是:

$$\bar{\pi} = \sum_{j=1}^{k} p_j \times \pi(m=j) \tag{2.10}$$

假定群体方面选用相应计策的个体数量伴随 t 的发展而变化,在整个群体中对应地采用不同计策的个体占比也会变化,采用某一计策的个体构成比重的改变速率与对应比重的大小、适应度等表现为正比例关联,即随着采用该计策的个体占比不断扩大,会对群体中其余个体造成很大影响,使其逐渐倾向于采用此策略,从而导致学习速度加快,调整错误的时间变少,运用该计策的个体收益越来越好,因此同意该计策的人数不断增多。群体方面相关的计策转化速率,可以利用相应的动态方程进行描述:

$$\frac{\mathrm{d}p_k}{\mathrm{d}t} = p_k \times [\pi(m=k) - \bar{\pi}] \tag{2.11}$$

当群体中计策转换速率为 0,即以上方程最后等于 0 时,群体发展处于稳定状态。在动态改变的博弈环节中,群体方面的个体在选定和调整计策时就会慢慢达到一种平衡状态,整个程序即为发展稳定均衡。在这一平衡情形下,就算群体内出现部分个体对其决策反对,仍可经过动态改变和内部适应后继续处于平衡状态。

3. 演化博弈模型的主要特征

演化博弈的本质行为是调整和改进。行为人在参与某项特定活动过程中会不断学习、调整和改进自己的策略选择,以期得到最优。演化博弈模型就是通过假设条件、设定参数值对博弈双方的演化行为进行具体分析。演化博弈模型的主要特征包括:

(1) 研究对象的参与性。演化博弈模型的研究是基于某项活动的所有参与者群体,分析参与者策略选择的动态演化过程。

(2) 过程的选择与突变。选择是指活动参与者往往会选择可以获得更高收益的策略;突变是指活动的部分参与者可能随机选择某种异于群体选择的策略,这种策略可能是取得较低收益的方式,也可能是取得更高收益的方式。突变可以看作是一种选择方式,不过最后只有更好的策略选择才能被保留。

（3）行为惯性。特定的行为人在参与活动过程中不断调整和改进自己的策略选择，模仿其他能够取得更高收益的策略，使该行为人的策略选择达到更优，并在以后的行为活动中继续沿用该策略。

二、统一授信供应链金融监管理论

金融监管思想萌芽较早，随着金融创新模式的不断涌现，金融监管也会不断发展；或者说金融创新的不断深化，需要更高水平的金融监管。金融发展与创新离不开金融监管，不同学者对此做出了不同的解释。

（一）市场失灵理论

1776年，亚当·斯密提出"市场是一只看不见的手"，能够自动调节供给与需求，有效配置资源，调动生产经营者的积极性，促进经济发展，推动社会进步。他将政府职能限定在保护社会、保护社会成员、建立和维护某些公共设施等方面，提出"最好的政府是管事最少的"政策主张[214]。在资本主义发展的上升时期，亚当·斯密的"自由放任"政策受到社会的广泛推崇，并大行其道。

但是，市场不是万能的，尤其是1929～1933年世界经济危机的爆发，暴露出依靠市场并不能解决所有问题，反而有可能使得情况变得更加糟糕。因此，经济学家凯恩斯（1936）主张国家采取扩张性经济政策，通过增加需求促进经济增长；认为仅依靠市场"这只看不见的手"并不能完全有效地配置资源，还必须依靠政府进行调控[242]。

市场失灵理论引起了学者、政府官员和企业家的广泛关注，尤其经济学家约瑟夫·斯蒂格利茨精辟分析了市场失灵问题，指出竞争缺点、公共物品提供、外部效应、市场残缺、信息不足等八个方面是市场失灵的主要原因[243]。我们认为，市场失灵存在着外部效应、市场的不完全性和信息的不对称等原因。

1. 外部效应

外部效应也称为溢出效应，是指在市场经济活动过程中，企业或个人向市场之外的其他企业或个人所强加的成本或收益。外部效应包括正的外部效应和负的外部效应两种形态。正的外部效应给社会带来好处或利益；负的外部效应给社会带来一定的损失[244]。如金融业的经营决策往往从其自身利润最大化角度出发，对于给社会带来的利益或损失并不十分关心。

因此,金融业是一个脆弱的特殊行业,既存在风险与收益的外部效应,又存在监督与选择信贷的外部效应,还存在着金融混乱的外部效应。另外,从几次大的金融危机看,一般都是由个别的金融企业或机构破产,从而引发多米诺骨牌效应,导致整个金融系统崩溃,引发金融危机。因此,由于市场经济的外部效应存在,如果政府不通过监管来消除这种外部效应的话,市场将会失灵。

2. 市场的不完全性

一方面,在市场经济全面运行与市场力量充分发挥的情形下,仍难以保证众多社会目标的满足,出现无法满足公共利益的状况。而这些社会目标是社会发展必不可少的,因而具有一定的垄断性。另一方面,企业凭借自身的垄断优势引发价格歧视、寻租等很多损害消费者利益的情况,降低了金融服务的质量和有效产出,造成社会福利的损失。

3. 信息的不对称性

市场经济的有用性在于能够通过价格体系传递经济信息,实现资源合理配置的目的。如果价格体系不能及时有效地传递有用信息,不仅引起市场参与者的信息成本上升,还会引起整个市场的效率低下。通常来讲,银行等金融机构通过一定的信用把存款人与贷款人联系起来,有效地解决了信用过程中的信息不对称问题。但是,在实际的市场运行过程中,金融市场却存在着存款人与银行等金融机构、银行等金融机构与贷款人的信息不对称,由此产生了逆向选择与道德风险问题。当信息不对称情况越来越严重时,逆向选择与道德风险问题也会越发严重,市场失灵就越严重。因此,需要政府出面解决信用问题,建设科学合理的社会信用体系,保证金融市场的健康与安全。

(二) 社会利益论

政府监管的目的就是维护社会整体大众的利益,因此,监管一般作用于市场失灵领域。虽然"社会利益论"的监管理论基于公众需求,可实际出现的很多监管实例都有悖于该理论,到底怎样的监管机制才能满足公共需求仍然没有得到很好解决。Posner(1974)通过理论分析与实证研究得出,自由垄断市场结构、监管与外部效应之间并非存在正相关关系[245]。

第二章　统一授信供应链金融的理论基础

（三）利益相关者理论

利益相关者理论是一种重要的治理理论，用于地方政府金融监管行为、监管绩效评价体系等相关研究，更为地方政府金融监管改革和发展方向提供了理性指导。

利益关系者是一个与股东相关的概念。利益相关者理论的思想渊源可以追溯到亚当·斯密（1759）在《道德情感论》中提出的合作、协作思想主张。1963年，美国斯坦福研究中心（现称 SRI 公司）首次提出"利益相关者"的概念，并定义为"没有它们的支持组织就是不再存在的团体"，认为利益相关者包括股东、雇员、顾客、供应商、债权人和社团等，正是因为有了这些团体及其支持，组织才会存在[246]。

20世纪70年代开始，利益相关者的概念纷纷出现在公司战略规划、系统理论、公司的社会责任、组织理论等文献中，并呈现出多方发展态势。金与克里兰（1978）提出利益相关者的分析方法[247]；赫西等提出了有关利益相关者的组织模型；戴维斯等将技术评估方法应用到利益相关者评价。20世纪80年代，斯坦福研究中心将有关利益相关者战略分析法用来当作一种准确预测环境机会和威胁的信息收集机制。弗里曼（1984）提出了最具代表性的利益相关者定义，即利益相关者是可以影响公司目标的实现或受公司目标是否实现影响的团体或个人[246]。20世纪90年代以来，利益相关者分析方法被广泛运用于战略管理、公司治理、企业管理、组织设计、公司绩效评价、公共部门绩效评估等领域，成为一种流行的分析工具。

与此同时，我国学者也开始将利益相关者分析工具应用于地方政府治理结构、公共事业管理绩效评估、评价体系构建等方面的研究。利益相关者理论为我们理清地方政府在整个政府金融监管中的行为、社会责任，以及绩效收益不同主体之间的关系提供了分析框架，也为构建地方政府金融监管绩效评价体系等相关内容提供了理论支持。为了保证地方政府金融监管绩效评价的公正性和客观性，并对不同利益主体的利益诉求进行详细分析，地方政府金融监管绩效的评价指标体系肯定是多维度的、多层次的，因为地方政府金融监管涉及的主要利益相关者更加多元化，利益诉求也是多元的。

三、评价方法

（一）层次分析法

层次分析法（Analytic Hierarchy Process，AHP）始于运筹学对于多目标决策优化问题的研究，由美国匹兹堡大学运筹学家Saaty（1977）最先提出。在风险评估过程中，确定评价指标的权重十分困难，但又非常重要。一方面，权重准确与否严重影响着评价结果的准确性；另一方面，权重确定通常采用经验法，很容易受到主观因素的影响，造成评价结果的准确性发生偏差。层次分析法结合定性指标与定量指标，将许多只能定性描述的问题定量化，将一个相对复杂且目标较多的决策问题视为一个系统，进而将总目标分解为多个子目标或子准则，而后将这些子目标或子准则作为新的目标或准则按一定标准进行二次分解，从而形成包含多层指标的指标体系，并通过两两比较确定各个层次指标的权重值。层次分析法提供了一个面向复杂问题，定性与定量指标相结合进行多目标、多准则评价的途径，能够有效避免逻辑推理中由于研究问题结构复杂和方案选择不同而产生的差错，因而具有较强的系统性和逻辑性，得到广泛应用。

层次分析法的基本步骤包括：①按照因素间的相互关联影响以及隶属关系，将因素依据不同层次聚集组合，形成一个多层次的分析结构模型。②根据对客观现象的主观判断，就每一层次因素的相对重要性给予量化描述。③利用数学方法确定每一层次的全部因素相对重要性次序的数值。层次分析法是多层次分析结构中最终被系统分析为最低层对最高层相对重要性数值的确定或相对优劣次序的排列问题[248]。

Saaty（1986）提出了层次分解原则、比较判断原则、次序合成原则的层次分析法三大原则，建立了互反性公理、同质性公理、独立性公理和预期公理等层次分析法的公理体系。层次分解原则是指将一个复杂的决策问题逐层分解，最终形成以影响因素集为基本单元的层次结构。比较判断原则是指在层次分析过程中将任意层次的元素与该层次的其他元素进行两两对比，依据两两对比结果计算该层次元素对于上一层次元素的局部优先权重。待各层次的局部优先权重计算出来后，根据次序合成原则，将各层次元素的局部优先权重通过合成过程的迭代程序，形成各个因素对于总目标的全局优先权重[249]。

层次分析法的优点在于将绩效因素分为准则层和指标层,有助于将决策思维过程数学化、模型化和系统化,增强决策的可靠性。同时,采用两两比较方法确定判断矩阵,提高了绩效评价的精确度,使评价结果更加科学合理。

(二) 模糊综合评价法

模糊综合评价法(Fuzzy Comprehensive Evaluation,FCE)是基于模糊数学原理形成的、面向多因素复杂关系问题的一种综合量化测评方法。它是由美国自动控制专家查德(Zadeh)教授首次提出的一种数学分析方法[242]。该方法在综合评价难以量化的多维影响因素时常常能够发挥很好的效果,尤其适合解决非结构化问题。

模糊综合评价法运用模糊数学的隶属度理论,较好地将定性评价转换为定量评价,根据对象的评价因素隶属度进行充分界定,进而以数量方式描述模糊边界。许多评价对象存在多种难以量化的因素,只能使用"很好"、"较好"、"较差"、"很差"等定性词汇进行描述,采用模糊综合评价,通过两两比较各因素,按照其最优及次优程度得到相应的数量等级,从而形成基于数量关系的评价方法。同时,模糊综合评价可以根据各因素的特征合理确定评价值与评价因素值之间的函数关系,其关键在于通过对各因素进行合理赋权,而权重赋值一般采用层次分析法或专家评判法。

模糊综合评价法的优点在于:①将主观因素与客观因素、定性指标和定量指标相结合,对评价对象进行综合评价。②权重确定充分考虑主要因素,有效地避开了次要因素的影响。③能够有效地解决现实中带有模糊性的问题,并对模糊的不确定事物进行量化。④做出的评价结果相对客观正确,符合实际[250]。当然,模糊综合评价法也存在局限性,如过多的人为因素参与其中,导致主观性太强;对模糊的不确定指标进行量化,容易造成工作量较大等。

(三) 灰色关联分析法

由于人们普遍对颜色的深浅差异程度具有较强的敏感性,借助这一特性将具备完全明确的信息系统称为"白色系统",而具备不完全信息的系统称为"灰色系统",由此创立了"灰色系统"运行行为和规律的灰色系统理论[251]。

虽然灰色系统理论和模糊理论面临的对象具有不确定性,都是解决模糊性的问题，但两者存在明显的差别：①从研究对象看，前者具有"外延明确、内涵不明确"的特点；后者具有"内涵明确、外延不明确"的特点。②从研究手段看，前者主要运用生成数据；后者则是运用隶属函数。③从研究问题看，前者主要研究"少数据、不确定"问题；后者主要研究"认知不确定"问题。④从研究宗旨看，前者重视信息优化和现实规律；后者强调先验信息和研究经验认知的表达规律[252]。灰色关联分析法的研究对象是部分信息已知、部分信息未知的小样本及信息不确定系统，并对系统运行行为或演化规律进行正确认识和有效控制。灰色系统理论是集系统分析、评估、建模、预测、决策、控制技术于一体的新兴学科结构体系，灰色关联分析法是一种多因素统计分析方法，用灰色关联度来描述因素间的相互关系，可以将其理解为一种建立在参考系基础上的整体比较。

灰色关联分析的具体步骤如下：

（1）确定比较数列（评价对象）和参考数列（评价标准）。假设评价对象有 m 个，评价指标有 n 个，比较数列有 $X_i = \{X_i(k) | k=1, 2, 3, \cdots, n\}$，$i = 1, 2, 3, \cdots, m$；参考数列有 $X_0 = \{X_0(k) | k=1, 2, 3, \cdots, n\}$，$i = 1, 2, 3, \cdots, m$。

（2）确定各指标值对应的权重。运用层次分析法确定各指标的权重：$w = (w_1, w_2, \cdots, w_n)^T$。

（3）求得灰色关联系数 $\gamma[X_0(k), X_i(k)]$。

$$\gamma[X_0(k), X_i(k)] = \frac{X(\min) + \zeta X(\max)}{X_i + \zeta X(\max)} \tag{2.12}$$

其中，$\zeta \in [0, 1]$ 为分辨系数，$X(\min)$ 为评价指标的最小值，$X(\max)$ 为评价指标的最大值。

当计算关联程度的数列量纲不同时，需要进行无纲量化处理，常用方法有均值化和初值化。均值化是用序列平均值除以所有数据，可得到一个新的数列；初值化是用第一个数据除以所有数据，得到一个新的数列，即各个值相对于第一个值的百分比数列。分辨系数一般按照最少信息原理取 0.5。

（4）求灰色关联度 Γ_i。

$$\Gamma_i = \sum_{1}^{n} \gamma_{mn} \cdot w \quad (i = 1, 2, 3, \cdots, m) \tag{2.13}$$

（5）评价分析。根据计算得出的灰色关联度 Γ_i 对评价对象进行排序，关联度值越大，说明该对象的评价结果越好。

　　灰色关联度分析法的实质就是比较评价对象的数列曲线与参考数列曲线的接近程度。曲线形状越接近，表明其关联度越大。而参考数列则表示各评价因素的理想状态，得出的接近排序可用于描述评价对象的优劣排序，即灰色关联度最大的对象为最优选择问题。

第三章
统一授信供应链金融风险机理

对于传统的融资活动,银行等金融机构主要是对单个企业的信用资质进行考察,但随着供应链的不断发展,银行等金融机构开展统一授信供应链金融业务,不仅需要考虑供应链核心企业的运营状况,更需要对整个供应链进行评估。在供应链系统中,供应链核心企业与融资企业之间存在着密切关系,供应链的任何一个环节出现问题,都会影响整个供应链的稳定。因此,需要深入研究统一授信供应链金融风险及其机理,有效防范供应链金融风险的发生。

第一节 核心企业统一授信供应链金融风险机理

在核心企业统一授信供应链金融模式下,银行等金融机构开展供应链金融业务存在着信用风险、市场风险、操作风险等,其中信用风险是供应链金融的主要风险。信用风险主要是指由于供应链融资企业在贷款到期时,无力偿债或不愿意偿债而为银行等金融机构或其交易伙伴带来损失的可能性,集中表现为统一授信供应链核心企业以及融资企业存在欺诈行为,包括有争议的控股权、资本抽离、隐性负债、非相关多元化投资、实际控股人的不良嗜好等。有争议的控股权主要表现为供应链融资企业资产的所有权归属问题存在争议性,即存货重复质押问题。资本抽离是指资产的持有者随着时间推移将资产转移。隐形负债是指随着时间推移，供应链融资企业目前没有记录的资产负债逐渐显现出来。非相关多元化投资是指供应链融资企业在获得贷款后，将资金用于其他投资而不是自身生产贸易。实际控股人的不良嗜好是指供应链融资企业控股人因为个人道德问题将企业资产用于自身用途。上述问题存在于供应链核心企业和融资企业的任何一方，都会增加供应链的不稳定性。

信用风险的传导性是信用风险扩散的前提。在统一授信供应链金融模式下，供应链核心企业是供应链金融产生信用风险扩散的媒介。供应链金融风险传播产生的影响巨大，不仅对发生信用风险的供应链融资企业造成影响，也会对统一授信供应链核心企业产生冲击，随着交叉供应链的发展，更会对特定产业和特定行业产生一定的影响。因此，供应链金融风险的影响十分深远。

一、核心企业统一授信供应链金融风险的成因

信用风险是核心企业统一授信供应链金融的基础性风险，分析其风险成因，就要深入研究其风险传染机理。研究发现，核心企业统一授信供应链金融风险的成因可分为内在原因和外在原因两个方面。

（一）内在原因

核心企业统一授信供应链金融风险的内在原因来源于供应链金融业务本身，即由于供应链金融业务本身而造成的信用风险。具体可分为委托代理双方的信息不对称、供应链金融业务存在的不稳定性因素、贷款业务来源于非真实的贸易背景、质押物贬值与变现风险，以及第三方物流企业的专业能力等。

1. 委托代理双方的信息不对称

委托代理关系是指委托方与代理方签订协议后，代理方在经过委托方的许可后获得一定的决策权，事后委托方根据代理方的服务质量及效果支付酬劳的行为[253]。将委托代理关系对应到统一授信供应链金融业务中，不难看出银行等金融机构是授信主体，通过对供应链核心企业的整体信用评估，并对其进行统一授信；供应链核心企业则通过审核融资企业的资质并为其担保，两者分工明确，互为补充，形成了委托代理关系。

在统一授信供应链金融背景下，委托代理关系中的信息不对称是制约

供应链金融业务开展的根源，也是造成信用风险的根本性原因。统一授信供应链金融业务中的信息不对称现象主要表现在供应链融资企业自身的信用等级、经营规模、还款状况等方面，供应链核心企业只能根据与融资企业的交易背景审核其融资资质，并通过第三方物流企业对质押物的估值判断融资企业的相关情况，由此造成了种种信息不对称现象，很容易导致供应链核心企业对融资企业的信用等级、经营规模、还款状况等指标的审核出现偏差，将实际信用等级较低且还款困难的融资企业认定为信用等级良好的优质授信对象，可能导致供应链核心企业将从银行等金融机构获得的统一授信额度贷给信用等级较差的融资企业，进而增加了供应链金融信用风险的发生概率。

2. 供应链金融业务存在不稳定性

在融资市场中，银行等金融机构在开展融资业务前，一方面，对授信对象的审核往往不能准确预判其今后按时偿还贷款的概率，即银行等金融机构对授信对象今后爆发信用风险的概率不能准确预估；另一方面，授信对象提供的审核资料一般都以通过资质审核为目的，很多风险点被隐藏，进一步增加了银行等金融机构控制信用风险的难度。因此，银行等金融机构的不稳定性必然存在。

首先，银行等金融机构对供应链核心企业进行信用评估并确立其代理资质时，必然分析其经营规模、信用等级、企业成长能力、近期现金流、未来现金流等指标，这些都是供应链核心企业能否获得授信和按时还款的重要因素。同时，供应链核心企业向融资企业放贷时，融资企业未来的还款概率与质量预估也会出现偏差，从而引发供应链整体的信用风险。其次，统一授信供应链金融业务的本质是供应链核心企业将自身信用借给供应链融资企业，银行等金融机构将供应链核心企业与融资企业的信用捆绑审核，进而提供融资服务。当供应链核心企业与融资企业同时面临商业竞争时，它们就会从自身利益出发，串谋以获取银行等金融机构的融资，从而触发供应链金融业务的不稳定性，引发整个供应链的信用风险。

3. 贸易背景的非真实性

统一授信供应链金融包括应收账款融资、预付账款融资和存货质押融资三种形式，都是供应链融资企业无法依靠自身信用获取融资时，将真实交易背景下产生的应收账款、预付账款或存货抵押给银行等金融机构提出融资申请的形式。如果供应链融资企业隐瞒真实的交易背景，提供虚假质押物骗取融资，银行等金融机构未能及时审核交易的真实情况，供应链金融就会面临巨大的信用风险。

4. 质押物贬值与变现风险

在预付账款融资和存货质押融资模式中，都需要供应链融资企业提供质押物，而质押物风险主要表现为贬值风险与变现风险。如果质押物在供应链金融业务开展期间的价值大幅下降，或由于市场需求波动导致质押物变现能力下降时，一旦融资企业无力偿还贷款，供应链核心企业就会拒绝按照原定金额缴纳赔偿金，从而发生违约，进而引发信用风险。

5. 第三方物流企业的专业能力

第三方物流企业作为供应链金融的四大参与主体之一，通过与银行等金融机构合作，提供质押物估值、质押物监管、质押物运输等服务。在此过程中，第三方物流企业的综合实力尤为重要。如果第三方物流企业的专业能力欠缺，就会造成质押物审核、估值与监管不当，从而增大供应链融资企业的违约概率，危及供应链金融业务的安全性。

（二）外在原因

核心企业统一授信供应链金融风险的外在原因是指供应链金融业务开展的外围条件，即由非供应链金融业务特性所造成的信用风险，具体可分为行业状况、供应链状况、宏观不利因素等。

1. 行业状况

行业状况主要是指供应链融资企业所处行业状况及质押物行业状况。首先，供应链融资企业若能维持正常的生产经营活动，获取正常销售利益，其按时偿还贷款的能力就会较强，说明供应链融资企业的行业状况良好，能对其融资起到支撑作用。其次，若质押物的变现能力较强，就能有效降低供应链融资企业爆发信用风险带来的损失，说明质押物行业状况良好，也能保证供应链金融业务的稳定性。因此，行业状况是核心企业统一授信供应链金融风险形成的外在原因。

2. 供应链状况

统一授信供应链金融业务是在供应链核心企业的依托下，通过考察供应链上下游企业之间的贸易交易背景，为整个供应链企业提供金融服务。供应链状况的稳定能够提升供应链融资企业与核心企业的信用等级，反之则会降低信用等级，增加信用风险发生的概率。因此，供应链状况也是核心企业统一授信供应链金融风险的重要风险源。

3. 宏观不利因素

宏观不利因素是指具有不可抗力的、导致供应链金融参与主体不可规避的、存在于供应链金融业务之外的因素，如自然灾害、政局动荡、政策偏差、市场不确定性等。自然灾害与政局动荡增加了商品流通与货物运输的难度，使得供应链融资企业无法开展正常的贸易活动，无法偿还融资贷款，进而导致信用风险的发生。另外，统一授信供应链金融属于新兴融资模式，信贷产品更新迅速，这就很可能使得相应的融资流程与契约设计存在漏洞。同时，缺少最新融资产品相关的法律条文约束，也使部分供应链融资企业感觉有机可乘，违规操作，进而带来信用风险。

二、核心企业统一授信供应链金融风险传染要素分析

核心企业统一授信供应链金融风险的传染要素主要包括风险传染源、风险的传染阈值、风险载体和风险的接收者四个方面。

（一）风险传染源

核心企业统一授信供应链金融风险的传染源，即供应链金融风险的发出者，主要是指统一授信供应链金融业务的参与主体，包括供应链融资企业、供应链核心企业、第三方物流企业、银行等金融机构，都会成为其传染源。

1. 供应链融资企业

供应链融资企业是统一授信供应链金融业务中核心企业担保的主体，具有生产经营规模小、信用等级低、管理制度差、偿债能力存在不确定性、抗风险能力差等基本特点。因此，当供应链融资企业一旦出现经营困难并难以偿还贷款时，就会不可避免地发生违约，带来信用风险。

2. 供应链核心企业

供应链核心企业除将自身获得的信用额度延伸给融资企业外，还向银行等金融机构承诺一旦融资企业未能按时偿还贷款，便会通过回购质押物或支付担保额的方式向银行等金融机构赔偿损失。在开展供应链金融业务之前，如果供应链核心企业夸大其盈利能力以换取更多的融资额度，一旦供应链融资企业不能偿还贷款需要核心企业赔偿时，其自身的盈利能力根

本不足以向银行等金融机构缴纳赔偿金，只能发生违约。同时，如果供应链核心企业从自身利益出发，与供应链融资企业串谋骗取融资，拒绝履行约定义务时，也会爆发信用风险。

3. 第三方物流企业

第三方物流企业参与统一授信供应链金融业务，主要功能在于提供质押监管与仓储运输。首先，银行等金融机构需要第三方物流企业提供精准的质押物审核报告以决定授信额度。其次，第三方物流企业必须妥善保管质押物，严防受损。如果第三方物流企业与供应链融资企业合谋夸大质押物价值或因监管不力造成质押物受损，未能按照协议履行义务时，就会使银行等金融机构提供与质押物等级不符的融资服务或造成质押物贬值，增加银行等金融机构的风险损失。

4. 银行等金融机构

当统一授信供应链金融业务的外在因素如宏观环境发生不利变动时，有可能造成银行等金融机构未能按时为供应链融资企业提供贷款，导致银行等金融机构最先爆发信用风险，成为核心企业统一授信供应链金融风险的传染源。

（二）风险的传染阈值

核心企业统一授信供应链金融的风险阈值，是指供应链金融风险传染源所能接受的信用风险的最大值。一旦信用风险强度超过这一最大值，就会爆发信用风险。

由于核心企业统一授信供应链金融风险传染源的信用等级与抵抗风险能力不同，信用风险的爆发概率和阈值就会不同。如果供应链核心企业的信用等级较高，自身抵抗风险能力较强，其信用风险的爆发概率必然小于供应链融资企业的信用风险爆发概率，而供应链核心企业的信用风险阈值就会高于供应链融资企业的信用风险阈值。

（三）风险载体

核心企业统一授信供应链金融风险载体包括有形载体和无形载体两个方面，具体可分为现金流与抵押资产、委托代理关系中不对称的信息流、信用担保关系、宏观经济等。

1. 现金流与抵押资产

现金流与抵押资产是核心企业统一授信供应链金融风险的首要风险载

体。首先，当供应链融资企业的资产流动性下降，限制正常的生产经营活动后，因为收益下降导致还款困难，发生信用风险。由于供应链融资企业与其他企业存在现金流结算关系，使得信用风险得以传染。其次，当供应链融资企业抵押给银行等金融机构的质押物出现大幅贬值时，银行等金融机构就会减少供应链融资企业所在供应链的融资额度，使得信用风险开始传染。

2. 委托代理关系中不对称的信息流

信息流作为核心企业统一授信供应链金融风险的另一个载体，主要是指委托代理关系中不对称的信息流。由于信息不对称，银行等金融机构与供应链核心企业很可能逆向评估融资企业的信用等级，从而出现为信用等级较低的融资企业提供授信的情况。一旦供应链融资企业爆发信用风险，银行等金融机构与供应链核心企业在没有防御措施的情况下，不得不接受沿着不对称信息传来的信用风险。

3. 信用担保关系

在单一供应链中，供应链融资企业因为核心企业的担保而获得银行等金融机构的融资，此时供应链核心企业与融资企业建立起信用担保关系，一旦供应链融资企业或核心企业爆发信用风险，便会沿着信用担保关系在两者之间传染。若向外拓展，供应链融资企业有可能是另外一条供应链上信用等级较高的核心企业，可以为其他信用等级更低的融资企业提供信用担保，使其他融资企业获得融资，此时该供应链融资企业与其他融资企业也建立起信用担保关系，信用风险就会在这两个信用等级不同的融资企业之间传染。

4. 宏观经济

考核宏观经济的指标主要包括银行利率、通货膨胀率、原材料价格、产品附加值、国民经济生产总值等。宏观经济作为企业所处的共同环境因素，始终影响着企业的财务状况。当核心企业统一授信供应链金融的某一风险源发生信用风险后，如银行汇率等宏观环境因素就会承载信用风险，进一步将其传染给其他企业。

（四）风险的接收者

首先，核心企业统一授信供应链金融风险的接收者可以是供应链金融的任何参与主体，如供应链融资企业、供应链核心企业、第三方物流企业、银行等金融机构，但银行等金融机构成为供应链金融风险接收者的概率最大。不论是供应链融资企业难以按时偿还贷款，还是供应链核心企业以质押物贬值为由拒绝偿还赔偿金，银行等金融机构都有可能被信用风险所传染，成为信用风险的接收者。其次是供应链核心企业。一旦融资企业发生违约拒绝按时偿还贷款时，因为供应链核心企业与融资企业之间存在信用担保关系，信用风险就会传染至核心企业。最后，当供应链核心企业或银行等金融机构因为宏观政策或自身原因导致违约时，自身的信用风险就会传染给供应链融资企业。显然，统一授信供应链金融中的任何一环都能成为供应链金融风险的接收者。

三、核心企业统一授信供应链金融风险传染机理

对于只存在一个供应商和零售商的二级供应链来说，我们假设供应商为供应链核心企业，一般认为该供应链存在两种风险：一是指由于银行等金融机构对供应商进行统一授信，到期后不能收回供应商向整个供应链的放贷资金；二是指由于供应商向零售商放贷，零售商到期无力偿还供应商的放贷资金。两种风险之间存在一定的关联性。因此，研究两种风险之间究竟是如何进行传染的，度量其传染强度并分析影响因素，这是目前亟须解决的问题。

（一）问题描述和研究假设

假设供应链仅由一个供应商和一个零售商组成，两者存在完全的资金约束，即两者在初始状态下资金都为0。假设供应商为该供应链的核心企业，以自身信用向银行等金融机构获取贷款用于生产；零售商为该供应链的融资企业，零售商由于自身能力限制无法从银行等金融机构获取贷款，只能依靠延期支付账款方式在市场上销售，这种商业信用方式可视为供应链核心企业提高的信用贷款资金，既包含自身贷款资金，又包含零售商的延期支付资金。Kouvelis等（2012）研究发现，供应链融资方式降低了供应链整体的融资成本，大大提高了供应链融资的效率[254]。傅永华等（2013）认为，企业行为、企业特征和外部市场状况等一系列因素都会对商业信用产生影响[255]。同时，许多学者关注供应链运作与商业信用之间的关系。Jing等（2014）从供应链企业视角分析了银行贷款与商业信用之间的区别[256]。上述研究结果都直接或间接表明了供应链核心企

业通过商业信用为供应链融资企业提供资金支持是高效的。但是，供应链核心企业获取统一授信额度并对融资企业进行商业信用贷款，比一般的供应链融资模式风险更大。因此，我们借鉴 Kouvelis 等的做法[254]，在假设供应链处于完全竞争市场的基础上对整个事件顺序进行梳理，如表 3.1 所示。

表 3.1　事件和决策顺序

供应商宣布商业信用成本 r_s 和批发价格 w（$t=0$）
零售商确定订货量 q
供应商从银行申请贷款
银行决定贷款利率 r_b
供应商获得贷款，并组织生产
当 $t=T$ 时市场需求实现
零售商偿还供应商货款
供应商支付银行贷款本息

在销售期初，供应商由于具有统一授信资质，允许存在资金约束的零售商进行商业信用融资，零售商的订购量为 q，需支付货款 $wq(1+r_s)$（货款全部从供应商处获得）。零售商在商品市场的售价为 p，其售出量为订购量和市场需求量的最小值，即 $\min\{x,q\}$。而供应商自身仍存在资金约束，其需要贷款金额为生产成本，即 cq，利率为 r_b。在销售期末，供应商从零售商回款 $\min\{p\min\{x,q\},wq(1+r_s)\}$，说明若市场表现良好，则供应商可按时足额回收贷款；若市场情况一般，则零售商在贷款到期时不能按时足额还款，此时零售商违约；若供应商回款金额 $\min\{p\min\{x,q\},wq(1+r_s)\}$ 不足以偿还自身债务，则供应商违约。

本节做出假设如下：初期零售商和供应商的自由资本都为 0，只有供应商可从银行等金融机构处获得贷款；供应链的各参与者都是风险中性。

本节涉及的变量符号如表 3.2 所示。

第三章　统一授信供应链金融风险机理

表 3.2　符号和相关变量

符号	含义
w	供应商批发价格
p	零售商售价（$p \geq w$）
r_f	无风险利率
c	供应商的单位产品成本，假设产品为易逝品，未售出的单位商品残值为 0
r_s	零售商的商业信用成本。指的是零售商获得供应商提供的商业信用所要支付的成本
q	零售商订货量
x	外部市场需求量，概率密度 $f(x)$，概率分布 $F(x)$，供应商和零售商都已知密度及分布
r_b	银行对供应商的贷款利率，简称信贷利率
k_r	零售商违约时外部市场需求的临界值，简称零售商违约阈值
k_s	供应商违约时外部市场需求的临界值，简称供应商违约阈值
π_r	零售商的利润
π_s	供应商的利润

（二）风险传染机理

该供应链存在两种信用风险：一是由于零售商无力偿还其在供应商处获得的商业贷款而造成的风险；二是供应商在期末回收贷款金额不足以偿还其从银行等金融机构获得的贷款。本节主要讨论两种信用风险之间的传染问题，即零售商的信用风险向银行等金融机构的信贷风险之间的传染机理。供应商产生信用风险的条件是其回收的贷款金额不足以偿还银行等金融机构的贷款，假设其从零售商处回收的贷款金额为 $N(x)$，显然当 $N(x) = \min\{p\min(x, q), wq(1+r_s)\} < cq(1+r_b)$ 时，供应商会违约。由于我们假设供应商风险中性，显然有 $wq(1+r_s) \geq cq(1+r_b)$，即可化为 $p\min\{x, q\} < cq(1+r_b)$。

事实上，供应商是否违约与零售商的市场售价和外部市场需求量有关（由于单位商品生产成本和信贷利率相对固定），故本节主要从商品的市场价格和商品的外部市场需求两个角度研究供应链信用风险的传染机理。

1. 市场价格不确定情况下两类信用风险的关联

一方面，若零售商面临的风险为市场价格风险，即商品的市场需求量是充足的，即 $x \geq q$。对零售商来说，若 $pq < wq(1+r_s)$，即 $p < w(1+r_s)$，零售商的单位商品售价小于单位商品成本，因而零售商产生违约。此时，零售商返还供应商的资金 pq，供应商可能会对银行等金融机构违约。对供应商来说，其从零售商回收的资金 pq 若不足以支付银行等金融机构的贷款

$cq(1+r_b)$，即 $pq < cq(1+r_b)$（或记作 $p < c(1+r_b)$），则供应商发生违约。因此，若商品的市场价格满足 $p < c(1+r_b) < w(1+r_s)$ 时，零售商违约将导致供应商违约。

另一方面，若 $c(1+r_b) < p < w(1+r_s)$，虽然零售商会违约，但其向供应商的还款额 pq 足够偿还供应商的贷款本息 $cq(1+r_b)$，因而供应商并不会产生违约。

若商品的市场价格满足 $c(1+r_b) < w(1+r_s) < p$，同理可知，零售商与供应商都不会违约。所以，在外部市场需求量充足的条件下，商品的市场价格 p 决定了零售商是否会发生信用风险以及能否传染给供应商。当市场价格存在 $p < c(1+r_b) < w(1+r_s)$ 时，零售商因发生信用风险而违约，供应商受到零售商信用风险的传染也会产生违约。

2. 不确定的市场需求下零售商和供应商信用风险的关联性

一方面，若零售商面临的风险为市场需求风险，即商品定价时满足 $c(1+r_b) < w(1+r_s) < p$，此时对供应商和零售商来说仍有可能违约。

对零售商来说，若订货量大于外部市场需求量，即 $x < q$ 时，若 $px < wq(1+r_s)$，即 $x < \dfrac{wq(1+r_s)}{p} = k_r$ 时，零售商到期违约，其返还供应商的资金是 px。此时，供应商存在违约的可能性。若 $px < cq(1+r_b)$，则发生违约，即 $x < \dfrac{cq(1+r_b)}{p} = k_s$。由于 $w(1+r_s) \geqslant c(1+r_b)$，因此有 $x < \dfrac{cq(1+r_b)}{p} = k_s < \dfrac{wq(1+r_s)}{p} = k_r$，零售商违约必将导致供应商违约。

另一方面，若 $\dfrac{cq(1+r_b)}{p} = k_s < x < \dfrac{wq(1+r_s)}{p} = k_r$，此时虽然零售商违约，但供应商回收的资金足够偿还银行等金融机构的贷款本息，因而供应商不会违约。

同理，当 $\dfrac{cq(1+r_b)}{p} = k_s < \dfrac{wq(1+r_s)}{p} = k_r < x$ 时，零售商与供应商都不会违约。

因此，如果零售商面临市场需求风险，零售商和供应商都存在着发生信用风险并传染的可能性。在 $x < k_s < k_r$ 条件下，零售商的信用风险就会传染给供应商。

第三章 统一授信供应链金融风险机理

综上所述,当供应链上的供应商和零售商同时存在资金约束,且银行等金融机构对供应商统一授信的情况下,由于市场需求和价格的不稳定性,就会导致零售商发生信用风险并传染给供应商。本节重点研究的是市场需求不确定条件下供应链金融风险的传染效应问题。基于此,我们在随机性的市场需求下分析信用风险的传染机理及其传染强度。

(三) 风险传染强度的度量

1. 模型构建

由前面分析可知,零售商的利润为:

$$E\pi_r = E\max\{p\min(x, q) - wq(1+r_s), 0\} \tag{3.1}$$

供应商的期望利润为:

$$E\pi_s = E\max\{N(x) - cq(1+r_b), 0\} \tag{3.2}$$

销售期末,银行等金融机构从供应商处收回的资金为 $\min\{N(x), cq(1+r_b)\}$,由于银行等金融机构处于竞争性的均衡市场,于是有:

$$cq(1+r_f) = E[\min\{N(x), cq(1+r_b)\}] \tag{3.3}$$

因为零售商与供应商都是理性的,因此有 $0 < c(1+r_f) < w(1+r_s) < p$,显然 $k_r < q$,因此式(3.1)可化为:

$$E\pi_r = E[p\min\{x, q\}] - E[p\min(x, k_r)] \tag{3.4}$$

2. 零售商的最优决策分析

根据逆向求解法,可从零售商的最优决策开始,逐步得到零售商通过商业信用融资后的均衡结果。

命题 3.1.1 银行等金融机构对制造商统一授信后,供应商为零售商提供商业信用。若供应商的批发价格为 w,且外部市场需求量 x 服从均匀分布,则零售商的最优订货量 q^* 存在,并且满足 $\dfrac{\overline{F}(q)}{\overline{F}(k_r)} = \dfrac{w(1+r_s)}{p}$。

证明:

$$E\pi_r = E[p\min\{x,q\}] - E[p\min\{x,k_r\}]$$

$$= p\int_{k_r}^{q} xf(x)dx + pq\int_{q}^{+\infty} f(x)dx - pk_r\int_{k_r}^{+\infty} xf(x)dx \tag{3.5}$$

$$\frac{dE\pi_r}{dq} = p\int_{q}^{+\infty} f(x)dx - w(1+r_s)\int_{\frac{wq(1+r_s)}{p}}^{+\infty} f(x)dx \tag{3.6}$$

$$\frac{d^2E\pi_r}{dq^2} = -pf(q) + \frac{w^2(1+r_s)^2}{p} f\left(\frac{wq(1+r_s)}{p}\right) \tag{3.7}$$

由于 x 服从均匀分布，故式（3.7）可化为：

$$\frac{d^2 E \pi_r}{dq^2} = \left[-p + \frac{w^2(1+r_s)^2}{p} \right] D \tag{3.8}$$

将式（3.8）两边除以 p 得：

$$\frac{d^2 E \pi_r}{dq^2}/p = \left[-1 + \frac{w^2(1+r_s)^2}{p^2} \right] D \tag{3.9}$$

由于 $w(1+r_s) < p$，故式（3.9）为负，因而 $\frac{d^2 E \pi_r}{dq^2} < 0$，因此零售商的最优订购量 q 存在。令 $\frac{dE \pi_r}{dq} = 0$，可得：

$$\frac{\int_q^{+\infty} f(x) dx}{\int_{\frac{wq(1+r_s)}{p}}^{+\infty} f(x) dx} = \frac{w(1+r_s)}{p} \tag{3.10}$$

即 $\dfrac{\overline{F}(q)}{\overline{F}(k_r)} = \dfrac{w(1+r_s)}{p}$，证毕。

在古典报童模型中，无资金约束零售商的最优订购量为 q_0，满足 $\overline{F}(q_0) = \dfrac{w(1+r_f)}{p}$，当 $\overline{F}(k_r)(1+r_s) \leqslant (1+r_f)$ 时，有 $q^* \geqslant q_0$，表明商业信用的期望成本小于无风险利率，此时更大的订货量对零售商有利；当 $\overline{F}(k_r)(1+r_s) > (1+r_f)$ 时，有 $q^* < q_0$，表明商业信用的期望成本大于无风险利率，此时零售商在资金约束下就会选择更小的订货量。

命题3.1.1表明，当零售商存在资金约束，且能获得供应商提供的信用贷款时，其自身的订货量受到商品批发价格、零售价格以及信用成本的影响。

3. 供应商的最优决策分析

供应商根据零售商的订货量确定商品的批发价格，在销售期末，银行等金融机构从供应商处收回本息 $\min\{N(x), cq(1+r_b)\}$，而银行等金融机构处于竞争性市场中，因此，有：

$$\begin{aligned} cq(1+r_f) &= E\min\{N(x), cq(1+r_b)\} \\ &= EN(x) - E\max\{N(x) - cq(1+r_b), 0\} \\ &= EN(x) - \pi_s \end{aligned} \tag{3.11}$$

第三章 统一授信供应链金融风险机理

其中:
$$EN(x) = E\min\{p\min(x,q), wq(1+r_s)\}$$
$$= E[p\min(x,q)] - \pi_r \tag{3.12}$$

将式 (3.10) 和式 (3.12) 代入式 (3.11) 中, 得到供应商的期望利润函数为:
$$E\pi_s = E[p\min(x,k_r)] - cq(1+r_f)$$
$$= p\int_0^{k_r} xf(x)dx + pk_r\int_{k_r}^{+\infty} f(x)dx - cq(1+r_f) \tag{3.13}$$

命题 3.1.2 供应商在为零售商提供信用贷款时, 其最优的批发价 w^* 存在, 最优值与市场需求的密度函数有关。

证明: 批发价格 $w \in \left[c(1+r_b), \dfrac{p}{1+r_s}\right]$, 供应商利润函数 $\pi_s = p\int_0^{k_r} xf(x)dx + wq(1+r_s)\int_{k_r}^{+\infty} f(x)dx - cq(1+r_f)$ 为连续函数, 由于闭区间上的连续函数存在极大值, 因此, 最优批发价格 $w^* \in \left[c(1+r_b), \dfrac{p}{1+r_s}\right]$ 存在。

(四) 风险传染强度分析

根据前文分析可知, 供应商的信用风险来源于零售商信用风险的传染, 因而为了定量描述供应商受到零售商风险传染的状况, 定义信用风险传染强度如下:

定义 3.1.1 当零售商发生信用违约时, 供应商随之发生信贷违约的条件概率 η 称为供应链信用风险的传染强度。

在本节中, k_r 和 k_s 分别表示零售商与供应商违约的市场需求阈值。由此, 供应链金融风险的传染强度为:
$$\eta = P(x < k_s | x < k_r) \tag{3.14}$$

由式 (3.14) 可知, 供应链金融风险传染强度 η 与 k_r、k_s 及市场需求的分布有关, 其中:
$$k_r = \frac{wq(1+r_s)}{p}, \quad k_s = \frac{wq(1+r_b)}{p} \tag{3.15}$$

为此, 在市场需求服从均匀分布和指数分布时, 我们分别对供应链金融风险传染效应及强度进行分析, 找到影响其信用风险传染强度的要素。

1. 需求服从均匀分布时供应链金融风险传染强度分析

当零售商面临均匀分布的市场需求时,由命题 3.1.1 和命题 3.1.2 得到零售商与供应商的最优决策如下:

结论 3.1.1 若 $x \sim U[0, L]$,则零售商的最优订购量 $q^* = \dfrac{L}{2}$;供应商的最优批发价为 $w^* = \dfrac{p}{1+r_s}$。此时,零售商的违约阈值为:

$$k_r = \frac{L}{2} \tag{3.16}$$

由式(3.16)可以看出,当市场需求服从 $[0, L]$ 上的均匀分布时,零售商的违约阈值受到商品市场需求参数 L 的影响,且与 L 正相关。这是由于随着 L 增加,商品期望需求就会增大,零售商面临的市场风险就越小。

由于银行等金融机构处于竞争性的均衡市场中,信贷利率 r_b 应满足:

$$cq(1+r_f) = E\min\{p\min(x, q), cq(1+r_b)\} \tag{3.17}$$

由式(3.17)可得,供应商的违约阈值为:

$$k_s = L - \frac{L}{p}\sqrt{p^2 - cp(1+r_f)} \tag{3.18}$$

由式(3.18)可以看出,当市场需求服从 $[0, L]$ 的均匀分布时,供应商的违约阈值受其生产成本、无风险利率、商品市场价格及市场需求的共同影响。将式(3.16)和式(3.18)代入式(3.14),可以得到在均匀分布的市场需求下,供应链信用风险的传染强度为:

$$\eta = 2\left(1 - \frac{1}{p}\sqrt{p^2 - cp(1+r_f)}\right) \tag{3.19}$$

进一步分析,有以下结论:

结论 3.1.2 在市场需求服从均匀分布时,供应链金融风险的传染强度与商品市场价格负相关,与供应商的生产成本和无风险利率正相关。

证明:经过简单计算可得:

$$\frac{d\eta}{dp} = \frac{c(1+r_f)}{p\sqrt{p[p-c(1+r_f)]}} < 0 \tag{3.20}$$

$$\frac{d\eta}{dr_f} = \frac{c}{p\sqrt{p[p-c(1+r_f)]}} > 0 \tag{3.21}$$

$$\frac{\mathrm{d}\eta}{\mathrm{d}c} = \frac{(1+r_f)}{p\sqrt{p[p-c(1+r_f)]}} > 0 \tag{3.22}$$

即证。

对零售商来说，在商品批发价格不变而零售价格增加时，就会降低自身发生违约的可能性。若供应商的生产成本增高或无风险利率增加，导致零售商的进货价格增大，最终仍会加大零售商违约的可能性。由于零售商违约的可能性增大，就会增加供应商违约的可能性，从而使零售商面临的信用风险转化为供应商的信用风险，由此形成供应链信用风险的传染效应。由式（3.19）可以看出，在均匀分布的市场需求假设下，信用风险传染强度 $\eta = \dfrac{k_s}{k_r}$ 与市场需求无关，而仅与供应商和零售商的违约阈值之比相关，即仅与违约区间长度的比例相关。

上述研究是基于市场需求服从均匀分布的假设，但在一般情况下，由于零售商可以通过各种销售手段影响市场的产品需求，因而为了使研究更加具有普适性，借鉴代建生等（2016）的研究成果，我们在市场需求服从均匀分布的假设下，研究了不同要素对信用风险传染强度的影响[257]。

2. 需求服从指数分布时供应链信用风险传染强度分析

当市场需求 $x \sim E(\lambda)$ 时，类似于均匀分布，由命题3.1.1和命题3.1.2得到：

结论3.1.3 市场需求 $x \sim E(\lambda)$ 时，零售商的最优订购量 q^*、最优批发价格 w^* 存在，且满足：

$$\pi_s(w^*) = \max_{w^*}\left[wq(1+r_s) - p\int_0^{k_r} F(x)\mathrm{d}x - cq(1+r_f)\right]$$

$$\text{s.t. } q^* = \frac{p\ln\left[\dfrac{p}{w(1+r_s)}\right]}{\lambda[p - w(1+r_s)]} \tag{3.23}$$

由于指数分布下零售商的最优订购量 q^* 和最优批发价格 w^* 的解析解不易求得，因而采用数值模拟法研究不同因素对供应链金融风险传染强度的影响，这些要素包括零售商的生产成本、商品市场价格、无风险利率、信用成本及零售商特质。

（1）零售商生产成本敏感度分析。假设 $x \sim E(2)$，商品价格、无风险利率和信用成本分别为 $p=2$、$r_f=0.05$ 和 $r_s=0.1$，此时供应链金融风的传染强度受供应商生产成本的影响,如图3.1所示。

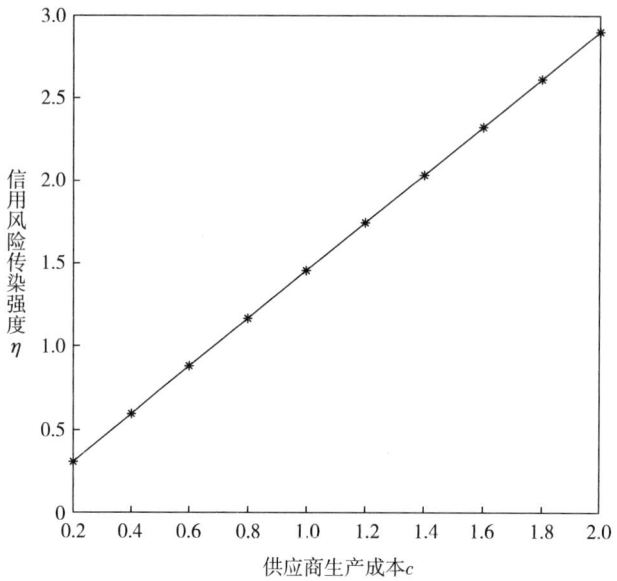

图3.1 供应商生产成本与信用风险传染强度的关系

由图3.1可以看出,供应链金融风险的传染强度与供应商的生产成本呈正相关,该结论与均匀分布的结论相似,即当市场需求一定时,供应商的生产成本越高,信用风险的传染强度就会越大。原因在于,当市场需求一定时,供应商生产成本提高,就会相应提高零售商的批发价格。由于市场价格是一定的,因此零售商的利润就会减少,从而增加了零售商违约的可能性。而供应商违约则是由零售商违约引起的。

(2) 商品市场价格的敏感性分析。假设 $x \sim E(2)$,供应商的生产成本、无风险利率和信用成本分别为 $c=0.5$、$r_f=0.05$ 和 $r_s=0.1$,市场价格对供应链金融风险传染强度的影响如图3.2所示。

由图3.2可以看出,供应链金融风险的传染强度与市场价格呈负相关。原因在于,当处于一定的市场需求下,市场价格越高,零售商的利润就会越大,其违约的风险就越低,从而导致供应商违约的概率就会越小。

(3) 无风险利率的敏感度分析。假设 $x \sim E(2)$,供应商的生产成本、商品的市场价格和信用成本分别为 $c=0.5$、$p=2$ 和 $r_s=0.1$。此时,无风险利率对供应链金融风险传染强度的影响如图3.3所示。

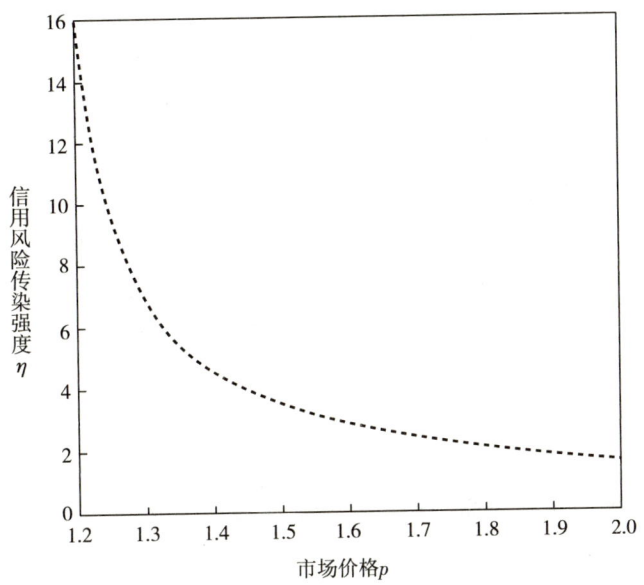

图 3.2　市场价格对信用风险传染强度的影响

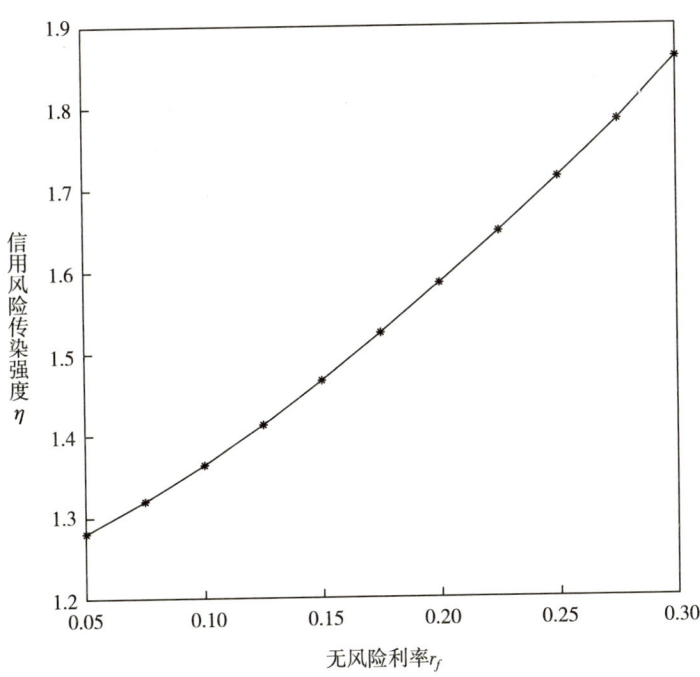

图 3.3　无风险利率对信用风险传染强度的影响

由图 3.3 可以看出，在市场需求服从指数分布的假设下，供应链金融风险的传染强度与无风险利率呈正向关系。原因在于，随着无风险利率的增大，供应商的融资成本相应提高，利润随之减少，其对银行等金融机构违约的可能性增大。而供应商的违约受到零售商违约的影响，因而信用风险传染强度随着无风险利率的增大而增大。

总之，供应商生产成本、商品市场价格、无风险利率三个变量在指数分布的市场需求下，对供应链金融风险的影响结果基本与市场需求均匀分布时的结果一致。但在均匀分布的市场需求下，信用成本和零售商的特质对信用风险传染强度无影响。

（4）信用成本敏感度分析。假设市场需求服从参数 $\lambda = 2$ 的指数分布，供应商的生产成本、商品的市场价格和信用成本分别为 $c = 0.5$、$p = 2$ 和 $r_f = 0.05$。此时供应链金融风险的传染强度与信用成本之间的关系如图 3.4 所示。

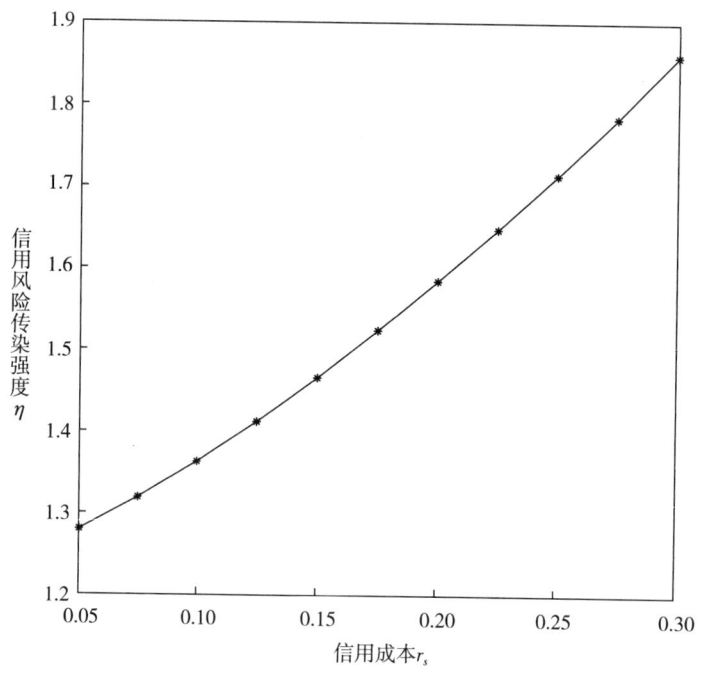

图 3.4　信用成本对信用风险传染强度的影响

第三章 统一授信供应链金融风险机理

由图 3.4 可以看出，在指数分布的市场需求下，供应链信用风险的传染强度与零售商的信用成本呈正向关系。原因在于，随着信用成本的增加，零售商的融资成本相应提高，利润随之减少，其对供应商违约的可能性增大。因为供应商受到零售商违约牵连的可能性增大，因而信用风险传染强度也会随着零售商信用成本的增大而增大。

（5）零售商态度的敏感度分析。假设市场需求 $x \sim E(1)$，零售商可分为乐观型零售商、保守型零售商、一般型零售商三种。乐观型零售商与保守型零售商的主要区别在于，在相同的外部市场下，乐观型零售商往往比保守型零售商期望更大的市场需求量。我们假设乐观型零售商认为的外部市场需求量为 $x \sim E(1.2)$，而保守型零售商认为的外部市场需求量为 $x \sim E(0.8)$，一般型零售商认为的外部市场需求量为 $x \sim E(1)$，其他参数设置与（4）相同，即 $p=2$、$r_f=0.05$ 和 $c=0.5$。我们可以得到不同的零售商类型下零售商信用成本对供应链金融风险传染强度的影响，如图 3.5 所示。

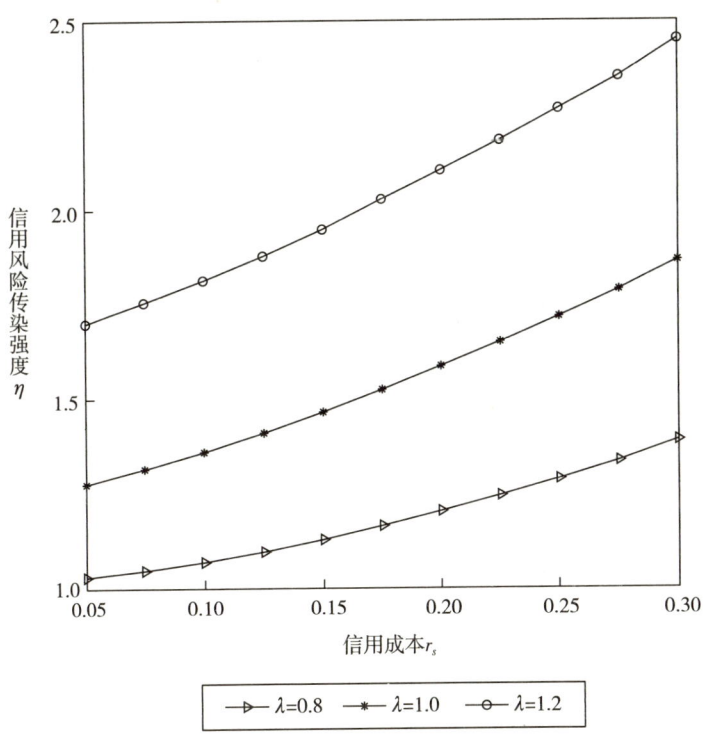

图 3.5 不同零售商态度下信用成本对信用风险传染强度的影响

由图 3.5 可以看出，三种零售商的信用成本与供应链金融风险的传染强度都呈正向关系。但在相同的零售商信用成本下，乐观型零售商的供应链金融风险传染强度明显高于保守型零售商，而一般型零售商的供应链金融风险传染强度介于两者之间。原因在于，对市场需求量期望越高的零售商，其会选择更多的订货量，而较多的订货量就会导致产品供过于求的可能性增大。由于商品是易逝品，因而供过于求就会导致零售商的利润减少。由于零售商在供应商处是以延迟付款的方式获取产品，因而乐观型零售商发生违约的可能性更大。换言之，当零售商信用成本较小时，供应链金融风险的传染强度较小，即零售商违约的可能性较小，此时不管是何种类型的零售商，都会选择较大的订货量以获得较高收益。因此，供应商可以适当增大零售商的信用成本以控制其订单量，进而调节供应链金融风险的传染强度。

第二节 第三方物流企业统一授信供应链金融风险机理

在统一授信供应链金融模式下，除对供应链核心企业进行授信外[258]，对实力雄厚的第三方物流企业进行授信也是学术界研究的重点[259-261]。本节重点讨论银行等金融机构对第三方物流进行统一授信，以及第三方物流企业的风险来源及其传染机理，为后续的风险度量做好铺垫。

一、理论基础

本节主要运用强度模型分析制造商的信用风险对零售商的传染情况。强度模型指出了企业 A 在时间段 $[s, t]$ 内发生违约 k 次的概率服从参数为 $\lambda_A(t-s)$ 泊松分布，即：

$$P(N_A = k) = \frac{[\lambda_A(t-s)]^k}{k!} e^{-[\lambda_A(t-s)]} \tag{3.24}$$

其中，N_A 表示违约次数，$\lambda_A \in [0, 1]$，表示单位时间内企业 A 的违约强度，一般可表示为：

$$\lambda_A = a + \sum_i a_{i1}\lambda_i \quad (3.25)$$

其中，a 表示单位时间内企业 A 发生违约的强度，λ_i 表示单位时间内企业 i 发生违约的强度，a_{i1} 表示企业 A 受到企业 i 违约强度影响的关联度。它与企业 A 与企业 i 的关联业务价值占企业 A 的资产价值有关。

根据式（3.24），企业 A 在时间段 $[s,t]$ 内未发生违约的概率为：

$$P(N_A = 0) = e^{-[\lambda_A(t-s)]} \quad (3.26)$$

则企业 A 在时间段 $[s,t]$ 内发生违约的概率为：

$$1 - P(N_A = 0) = 1 - e^{-[\lambda_A(t-s)]} \quad (3.27)$$

根据张媛（2018）的研究及证明过程，第三方物流企业统一授信供应链金融参与方的信用风险满足泊松过程，符合强度模型的定义。因此，利用强度模型度量统一授信供应链金融模式下第三方物流企业的违约强度与信用风险爆发概率具有可行性[262]。

二、问题描述及研究假设

银行等金融机构对第三方物流企业进行统一授信，第三方物流企业不仅承担货物检验的责任，也承担着对供应链融资企业发放贷款的责任。同时，第三方物流企业自身也存在经营行为。供应链是由制造商和零售商组成的二级供应链，两者存在资金约束，它们向第三方物流企业申请贷款过程中存在信用风险。同时，第三方物流企业在自身的生产经营中也存在信用风险，三个企业的信用风险来源如表 3.3 所示。

表 3.3 企业信用风险来源

企业类型	信用风险来源
制造商	自身产生信用风险以及受到零售商信用风险的传染
零售商	自身产生信用风险以及受到制造商信用风险的传染
第三方物流企业	自身产生信用风险以及受到制造商和零售商信用风险的传染

本节假设在单位时间内企业的违约强度以及关联参数是定值，即考虑在一个业务周期内各企业的违约强度及关联参数为定值，主要参数设置如

表 3.4 所示。

表 3.4 参数设置

符号	含义
A,B,C	分别表示第三方物流企业、制造商、零售商
λ_i $(i=A,B,C)$	单位时间内企业 i 的违约强度
a,b,c	单位时间内企业 A、企业 B、企业 C 自然状态的违约强度
b_1	企业 B 受到企业 C 违约强度影响的关联参数
c_1	企业 C 受到企业 B 违约强度影响的关联参数
a_1	企业 A 受到企业 B 违约强度影响的关联参数
a_2	企业 A 受到企业 C 违约强度影响的关联参数

注：关联参数 b_1 与企业 B 对企业 C 的相关业务价值占企业 B 或企业 C 的资产价值有关，c_1、a_1、a_2 同理。

三、模型构建与仿真

显然，在单位时间内，企业 A、企业 B、企业 C 的违约强度及相互关联参数不变，因而三者的违约强度分别为：

$$\lambda_B = b + b_1 \lambda_C \tag{3.28}$$

$$\lambda_C = c + c_1 \lambda_B \tag{3.29}$$

$$\lambda_A = a + a_1 \lambda_B + a_2 \lambda_C \tag{3.30}$$

根据式（3.28）~式（3.30）可得：

$$\lambda_B = \frac{b + b_1 c}{1 - b_1 c_1} \tag{3.31}$$

$$\lambda_C = \frac{c + b c_1}{1 - b_1 c_1} \tag{3.32}$$

$$\lambda_A = a + \frac{a_1(b + b_1 c)}{1 - b_1 c_1} + \frac{a_2(c + b c_1)}{1 - b_1 c_1} \tag{3.33}$$

根据式（3.26）、式（3.33）可知，在单位时间内第三方物流企业 A 未发生信用风险的概率为：

$$P(N_A=0) = \exp\left\{-\left[a + \frac{a_1(b+b_1c)}{1-b_1c_1} + \frac{a_2(c+bc_1)}{1-b_1c_1}\right]\right\} \quad (3.34)$$

显然，在单位时间内第三方物流企业受到制造商和零售商发生信用风险而传染的概率为：

$$P = 1 - P(N_A=0) = 1 - \exp\left\{-\left[a + \frac{a_1(b+b_1c)}{1-b_1c_1} + \frac{a_2(c+bc_1)}{1-b_1c_1}\right]\right\} \quad (3.35)$$

根据式（3.35）可知，第三方物流企业发生信用风险的概率与制造商、零售商、第三方物流企业自然状态下的违约概率 a、b、c 正相关，与制造商和零售商之间的违约强度关联参数 b_1、c_1 正相关，与自身受到制造商和零售商影响的关联参数 a_1、a_2 正相关。

本节对三个企业自然状态下的违约概率 a、b、c 不予讨论，根据周颖颖等（2010）的研究成果[263]，我们设置七组数据，如表3.5所示。

表3.5 数据设置

第一组	c	a	b_1	c_1	a_1	a_2
	0.08	0.05	0.3	0.2	0.4	0.3
第二组	b	a	b_1	c_1	a_1	a_2
	0.1	0.05	0.3	0.2	0.4	0.3
第三组	b	c	b_1	c_1	a_1	a_2
	0.1	0.08	0.3	0.2	0.4	0.3
第四组	b	c	a	c_1	a_1	a_2
	0.1	0.08	0.05	0.2	0.4	0.3
第五组	b	c	a	b_1	a_1	a_2
	0.1	0.08	0.05	0.3	0.4	0.3
第六组	b	c	a	b_1	c_1	a_2
	0.1	0.08	0.05	0.3	0.2	0.3
第七组	b	c	a	b_1	c_1	a_1
	0.1	0.08	0.05	0.3	0.2	0.4

对上述七组数据运用 Matlab 进行模拟，得到结果如图 3.6~图 3.12 所示。

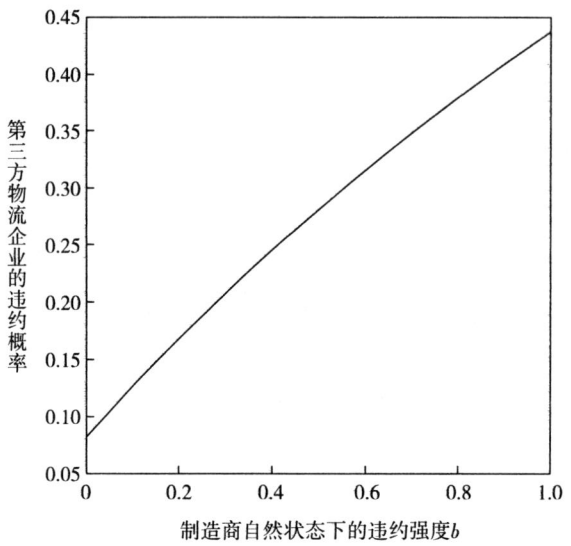

图 3.6 违约强度 b 对 A 企业违约概率的影响

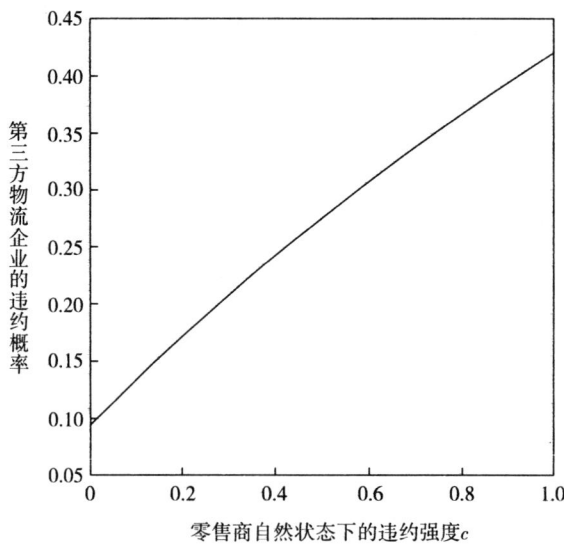

图 3.7 违约强度 c 对 A 企业违约概率的影响

第三章 统一授信供应链金融风险机理

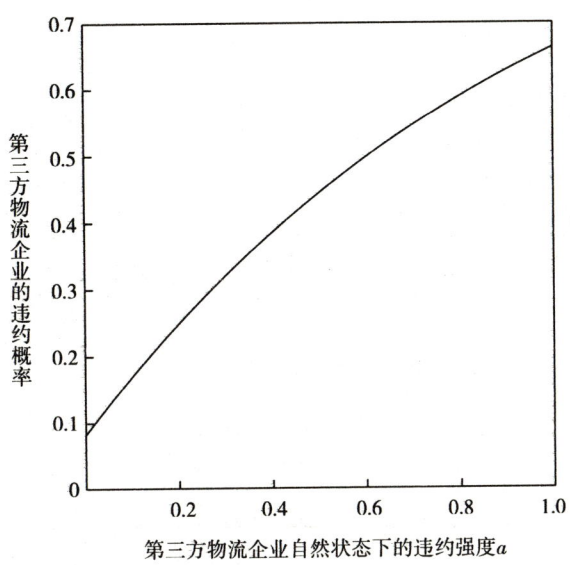

图 3.8 违约强度 a 对 A 企业违约概率的影响

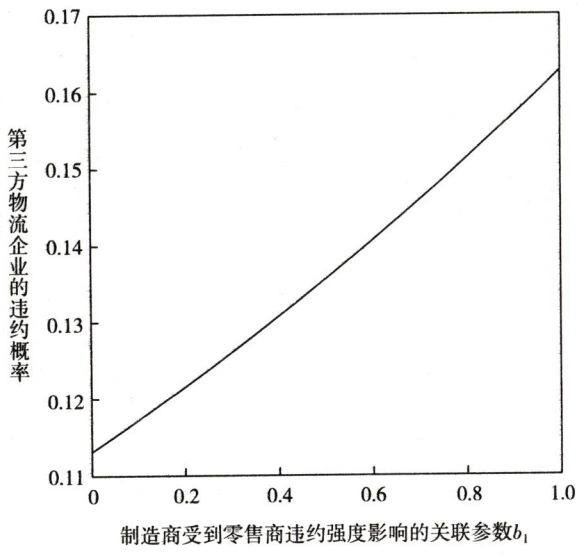

图 3.9 关联参数 b_1 对 A 企业违约概率的影响

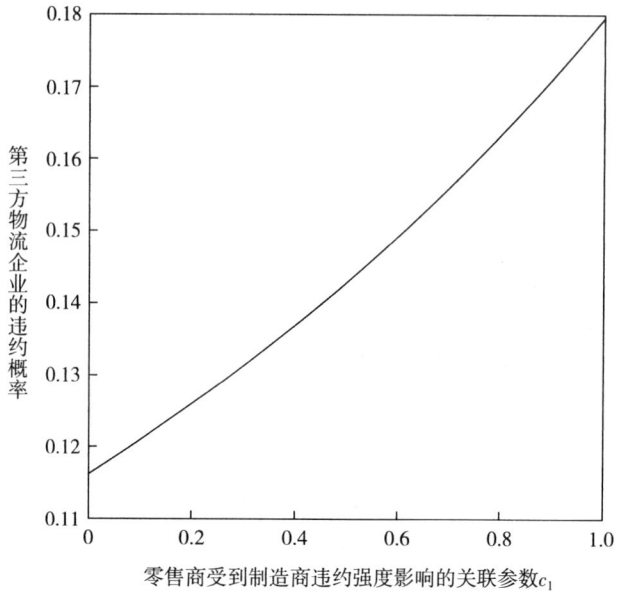

图 3.10 关联参数 c_1 对 A 企业违约概率的影响

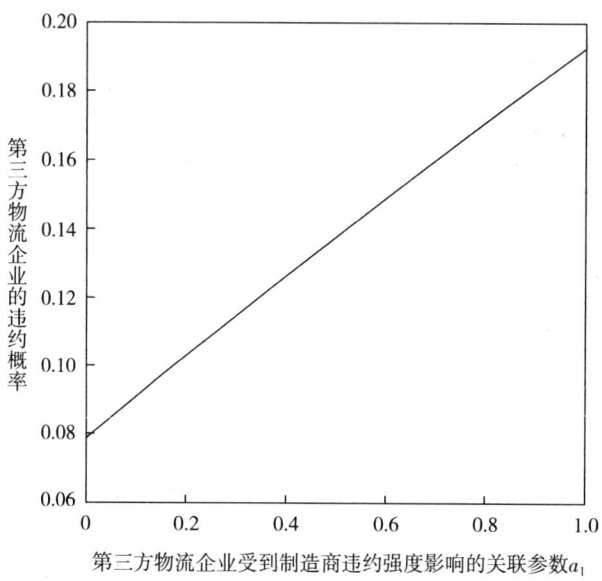

图 3.11 关联参数 a_1 对 A 企业违约概率的影响

第三章 统一授信供应链金融风险机理

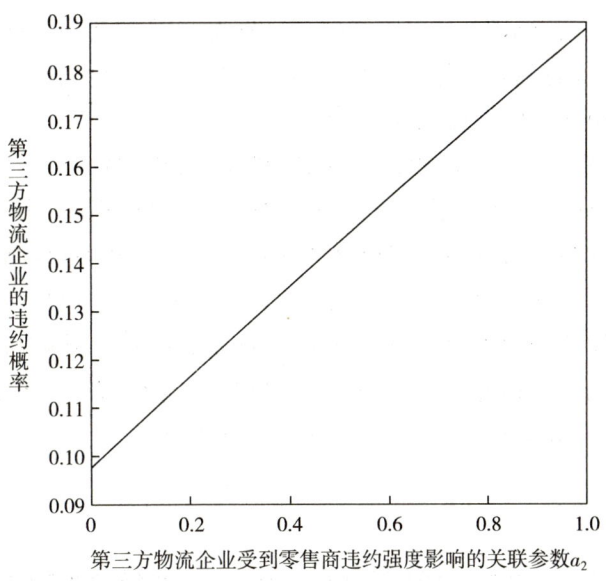

图 3.12 关联参数 a_2 对 A 企业违约概率的影响

上述七组数据的 Matlab 模拟结果表明，七组数据的自变量与第三方物流企业的违约概率呈正相关关系，可分为三种类型：

（1）自变量是第三方物流企业违约概率的上凸函数（见图3.6~图3.8），分别代表制造商、零售商以及第三方物流企业在自然状态下的违约强度与第三方物流企业违约概率的关系。由结果看，随着企业在自然状态下违约强度的增大，第三方物流企业违约概率的增长率逐渐减小，表明第三方物流企业的违约概率在三个企业违约强度较小时增长较快，因而可以对第三方物流企业以及制造商和零售商设置合理的违约强度，将第三方物流企业的违约概率控制在合理范围内。

（2）自变量是第三方物流企业违约概率的下凸函数（见图3.9~图3.10），分别代表制造商和零售商之间违约强度的关联参数与第三方物流企业违约概率的关系。由结果看，随着企业在自然状态下违约概率的增大，第三方物流企业违约概率的增长率逐渐增大，表明第三方物流企业的违约概率在制造商和零售商关联参数较小时增长较慢。而随着制造商和零售商之间关联参数的增大，第三方物流企业违约的增长率逐渐增大，因而对第三方物流企业来说，在可接受的范围内适当增大制造商和零售商之间的关联参数，既有利于制造商和零售商拓展更多业务，也不会对第三方物流企业的信用违约概率造成很大影响。

（3）自变量与第三方物流企业违约概率接近线性关系（见图 3.11～图 3.12），分别代表第三方物流企业受到制造商和零售商违约强度关联参数的影响。由结果看，第三方物流企业的违约概率基本随着制造商和零售商违约强度的关联参数均匀增长，由于关联参数直接与业务往来相关，因而对第三方物流企业来说，制造商和零售商业务增长率基本与其爆发信用风险的概率一致，故第三方物流企业可以在自身可接受违约风险的限度内，尽可能提高其与制造商和零售商的业务往来。

第三节 集团企业统一授信供应链金融风险机理

一、集团企业的信用担保行为

国内外学者的研究表明，担保是集团企业融资过程的重要环节。Shin（2004）通过研究韩国集团企业的融资情况，发现担保是集团企业进行外部融资的重要方式[264]。Khanna（2000）研究印度集团企业的融资状况，发现集团企业子公司之间的关联担保是子公司获取外部融资的重要途径[265]。

随着统一授信供应链金融业务的兴起，银行等金融机构向信用优质的集团企业母公司进行统一授信，集团企业母公司将统一授信额度下放给子公司，并承担子公司的担保责任。对集团企业子公司来说，当资金出现缺口或者当前的资金不足以支撑生产活动开展时，集团企业母公司对子公司的担保行为往往能在很大程度上缓解子公司的燃眉之急。同时，根据交易成本理论，集团企业母公司通过担保行为将授信额度下放给子公司的方式，提高了集团企业的融资效率，对融资能力有限而资金常常存在限制的集团企业子公司来说，这是一种简单快速且十分有效的融资方式。

但是，近年来随着集团企业统一授信供应链金融业务的发展，集团企业母公司对子公司的担保行为相继出现了一些问题。由于银行等金融机构给予集团企业母公司较大的授信额度，集团企业母公司将资金下放给子公司。而子公司由于生产经营问题，有时往往不能按时返还贷款，从而导致集团企业发生较大的资金危机，严重危害了银行等金融机构的资金安全。事实上，集团企业母公司对子公司的担保行为，极易成为集团企业内部母子公司信用风险传染的途径[266]。因此，弄清集团企业母子公司之间担保行为风险的传递方式，加强担保行为管理，是研究集团企业统一授信供应链金融风险传染机理的关键。

基于上述分析，本节试图解决以下问题：集团企业母公司对子公司的担保方式如何增加母公司的信用风险？集团企业母公司在何种情况下才能吸收来自子公司违约而产生的风险冲击？集团企业如何采取策略减少统一授信供应链金融业务中自身信用风险的发生？

二、集团企业信用风险传染机理

在统一授信供应链金融模式下，集团企业母公司对子公司的担保行为是母公司获取银行等金融机构统一授信额度并通过担保方式下放给子公司的过程。在这一过程中，子公司因为种种原因在担保到期日不能按时偿还集团企业母公司担保的贷款时，就会产生信用风险，集团企业母公司就要为子公司进行代偿。若集团企业母公司的实际资产足够代偿子公司的债务，那么集团企业母公司就没有受到子公司信用风险的传染。反之，集团企业母公司的资产不足以代偿子公司的债务时，那么集团企业母公司则因子公司发生信用风险而受到传染，即发生了统一授信供应链金融模式下因担保行为而产生的信用风险传染。

（一）问题描述

银行等金融机构对集团企业进行统一授信，集团企业母子公司组成最简单的一个整体。子公司 S 在任意 t 时刻的资产价值为 S_t，λ（$0<\lambda<1$）为集团企业母公司 P 持有子公司 S 的股权比例；集团企业母公司 P 在 t 时刻的资产价值为 P_t，包括其持有的子公司 S 的股权价值 λS_t，以及集团企

业母公司其他资产价值 $Y(t)$（不包含子公司的资产价值），于是有：

$$P_t = \lambda S_t + Y_t \tag{3.36}$$

集团企业母子公司需要贷款时统一向银行等金融机构进行融资，银行等金融机构根据集团企业母公司的信用评估对其发放贷款，集团企业母公司通过信用担保（包括一般保证担保和连带保证担保）将贷款下放给子公司。假设在 $t=0$ 时刻，集团企业母公司 P 向银行等金融机构获取统一授信贷款额为 $X_P + X_S$（$X_P > 0$，$X_S > 0$）。其中，X_P 为集团企业母公司需要的贷款额度。我们假设集团企业母公司为子公司担保无须支付额外费用，若考虑则仅需要乘以利率常数，分析方法相同。由于银行等金融机构对集团企业母公司实行统一授信，故集团企业母子公司债券期限都为 T，子公司需要偿还本金 X_S，母公司除了偿还自身债务 X_P 外，在子公司 S 无力偿还母公司的担保贷款时，集团企业母公司 P 还要帮助子公司偿还其贷款。为了消除不同优先偿还权的影响，根据李丽等（2010）的研究结果[267]，我们假设集团企业母公司优先偿还子公司无力偿还的贷款。本节的主要参数见表3.6。

表 3.6 参数设置

符号	含义
i_0（$i = P, S$）	公司 i 在 $t=0$ 时刻的资产价值
i_t（$i = P, S$）	公司 i 在 t 时刻的总资产价值
Y_t	母公司在 t 时刻排除对子公司持股后的资产价值
λ	母公司 P 持有子公司 S 的股权比例
X_i（$i = P, S$）	公司 i 在 $t=0$ 时刻的贷款金额
δ	母公司在 $t=0$ 时贷款金额 X_P 占资产价值 P_0 的比重
β	子公司在 $t=0$ 时贷款金额 X_S 占资产价值 S_0 的比重
μ_i（$i = P, S$）	公司 i 的资产的期望收益率
σ_i（$i = P, S$）	公司 i 的资产价值变化的标准差
T	母公司和子公司的债务期限

注：δ 是与参数 X_P 和 P_0 有关的符号，β 是与参数 X_S 和 S_0 有关的符号，结论中有关于两者的直接表述。

(二) 一般保证担保和连带保证担保风险的传染路径

1. 一般保证担保风险的传染路径

一般担保是指子公司在债务到期日 (T) 时资产不足以偿还全部债务，仅以自身资产 S_T 偿还部分债务，剩余债务 ($X_S - S_T$) 由集团企业母公司进行代偿。

当集团企业母公司的剩余资产价值 $Y_T > X_S - S_T$ 时，集团企业母公司的资产能够代偿子公司未偿还的债务，其自身的资产价值减少了 $X_S - S_T$。①当 $Y_T - (X_S - S_T) < X_P$ 时，集团企业母公司剩余资产不足以偿还自身贷款，此时虽然集团企业母公司消除了子公司的信用风险，但集团企业母公司自身却会发生信用风险。②当 $Y_T - (X_S - S_T) > X_P$ 时，集团企业母公司代偿子公司债务后，其剩余资产足够偿还自身债务，此时子公司未发生信用风险，集团企业母公司也未发生信用风险。

若集团企业母公司的剩余资产 $Y_T < X_S - S_T$，此时集团企业母公司无法代偿子公司的剩余债务，集团企业母公司和子公司都会发生信用风险。

2. 连带保证担保风险的传染路径

连带担保是指子公司在债务到期日 (T) 时资产价值不足以偿还自身债务，集团企业母公司优先偿还子公司的全部债务 X_S。本节假设集团企业母公司优先偿还子公司贷款后再偿还自身贷款。

当集团企业母公司的总资产价值 $P_T > X_S$ 时，集团企业母公司的总资产足够偿还子公司的贷款，但其自身剩余的资产减少了 X_S。①当 $P_T - X_S < X_P$ 时，集团企业母公司的总资产不足以偿还自身贷款，此时虽然集团企业母公司消除了子公司的信用风险，集团企业母公司自身则会发生信用风险。②当 $P_T - X_S > X_P$ 时，则集团企业母公司代偿子公司债务后的剩余资产足够偿还自身债务，此时子公司未发生信用风险，集团企业母公司也未发生信用风险。

当集团企业母公司的总资产 $P_T < X_S$ 时，集团企业母公司无法代偿子公司的剩余债务，此时集团企业母公司和子公司都会发生信用风险。

综上所述，集团企业子公司在资不抵债时，其母子公司信用风险发生情况如表 3.7 所示。

表 3.7　集团企业母公司受子公司的信用风险传染情况

担保方式	债务到期条件	债务到期具体条件	是否发生信用风险 母公司	子公司
一般担保	母公司的剩余资产价值 $Y_T > X_S - S_T$	$Y_T - (X_S - S_T) < X_P$	是	否
		$Y_T - (X_S - S_T) > X_P$	否	否
	母公司的剩余资产价值 $Y_T < X_S - S_T$	$Y_T - (X_S - S_T) < X_P$	是	是
连带担保	母公司的总资产价值 $P_T > X_S$	$P_T - X_S < X_P$	是	否
		$P_T - X_S > X_P$	否	否
	母公司的总资产价值 $P_T < X_S$	$P_T - X_S < X_P$	是	是

（三）两种担保方式下信用风险传染的数学解析表达

根据陈林等（2009）[258]、李丽等（2010）[267]对集团企业资产价值的研究结果，我们假设集团企业母子公司的资产服从以下过程。

$$\frac{\mathrm{d}S_t}{S_t} = \mu_S \mathrm{d}t + \sigma_S W_t^1 \tag{3.37}$$

$$\frac{\mathrm{d}P_t}{P_t} = \mu_P \mathrm{d}t + \sigma_P W_t^2 \tag{3.38}$$

其中，μ_S 和 μ_P 分别表示集团企业母子公司的资产期望收益率。σ_S 和 σ_P 是集团企业母子公司资产价值变化的标准差，(W^1, W^2) 是相关系数为 ρ 的二维布朗运动，即 $(W_t^1, W_t^2) \sim N(0, 0, T, T, \rho)$，由此解出集团企业母子公司在 $t_1 = t_2 = T$ 时的剩余现金流大小。

$$S_T = S_0 \exp\{m_S T + \sigma_S W_T^1\} \tag{3.39}$$

$$P_T = P_0 \exp\{m_P T + \sigma_P W_T^2\} \tag{3.40}$$

其中，$m_S = \mu_S - \frac{1}{2}\sigma_S^2$，$m_P = \mu_P - \frac{1}{2}\sigma_P^2$，$S_0 > 0$，$P_0 > 0$。

由式（3.36）~式（3.40）得：

$$Y_T = P_T - \lambda S_T = P_0 e^{m_P T + \sigma_P W_T^2} - \lambda S_0 e^{m_S T + \sigma_S W_T^1} \tag{3.41}$$

令 $X_S = \alpha P_0 = \beta S_0$，其中，$\alpha$ 和 β 分别为集团企业母子公司担保金额占子公司初始时刻资产价值的比重。在 $t = 0$ 时，集团企业母子公司的剩余资产是确定的；故在 $t = 0$ 时，集团企业母子公司的剩余资产价值之比 $\frac{S_0}{P_0}$ 为常数。故 α 和 β 之比确定,即 α 和 β 仅有一个是独立的,不妨假设 α 是独立的。

令 $X_P = \delta P_0 = \upsilon S_0$,其中,$\delta$ 和 υ 分别为集团企业母子公司担保金额占集团企业母公司初始时刻资产价值的比重。同理 δ 和 υ 仅有一个是独立的,不妨假设 δ 是独立的。

(四)一般保证担保信用风险的传染机理

(1)定义3.3.1 若 T 时刻集团企业子公司 S 的资产价值满足 $S_T < X_S$,则称子公司 S 违约,此时子公司 S 不能全部偿还借款 X_S。用随机变量 Z_S 表示子公司是否违约,Z_S 的取值为 0 或 1,$Z_S = 0$ 表示子公司没有违约,$Z_S = 1$ 表示子公司违约。

(2)定义3.3.2 若 T 时刻集团企业母公司 P 不能偿还自身负债或者不能帮助子公司偿还负债,则称母公司 P 违约。同样用随机变量 Z_P 表示集团企业母公司是否违约,Z_P 的取值为 0 或 1,$Z_P = 0$ 表示集团企业母公司没有违约,$Z_P = 1$ 表示集团企业母公司违约。

(3)定义3.3.3 信用风险传染强度 γ 为条件违约概率,是指在子公司发生违约的条件下集团企业母公司发生违约的可能性大小,即 $\gamma = P(Z_P = 1 \mid Z_S = 1)$。

因此,求解信用风险传染强度的关键是求条件概率 $P(Z_P = 1 \mid Z_S = 1)$。一旦子公司 S 在债务到期日 T 发生违约,集团企业母公司 P 的资产就会减少 λS_T,即仅有自身剩余财产 $Y(T)$。此时信用风险的传染强度为:

$$\gamma = P(Z_P = 1 \mid Z_S = 1) = P(Y_T < X_S - S_T + X_P \mid S_T < X_S) \quad (3.42)$$

将式(3.39)和式(3.40)代入式(3.42)可得:

$$\begin{aligned} P(Z_P = 1 \mid Z_S = 1) &= P(Y_T < X_S - S_T + X_P \mid S_T < X_S) \\ &= P(P_T - \lambda S_T < X_S - S_T + X_P \mid S_T < X_S) \\ &= P(P_T + (1-\lambda)S_T < X_S + X_P \mid S_T < X_S) \\ &= P(P_0 e^{m_P T + \sigma_P W_T^2} + (1-\lambda) S_0 e^{m_S T + \sigma_S W_T^1} < X_S + \\ &\quad X_P \mid S_0 e^{m_S T + \sigma_S W_T^1} < X_S) \\ &= P\left(e^{m_P T + \sigma_P W_T^2} + (1-\lambda)\frac{S_0}{P_0} e^{m_S T + \sigma_S W_T^1} < \frac{X_S + X_P}{P_0} \mid \right. \\ &\quad \left. e^{m_S T + \sigma_S W_T^1} < \frac{X_S}{S_0}\right) \end{aligned}$$

$$= P\left(e^{m_P T + \sigma_P W_T^2} + (1-\lambda)\frac{S_0}{P_0}e^{m_S T + \sigma_S W_T^1} < \alpha + \right.$$

$$\left.\delta \, \bigg| \, e^{m_S T + \sigma_S W_T^1} < \frac{\alpha P_0}{S_0}\right) = G(\lambda, \alpha, \delta) \tag{3.43}$$

分别令（α, δ）、（λ, δ）、（λ, α）为常量，式（3.43）可表示为如下三个函数：$G_1(\lambda)$、$G_2(\alpha)$、$G_3(\delta)$。

命题 3.3.1 在一般保证担保下，集团企业母公司信用风险的传染强度 γ 对于母公司持有子公司股权比例 λ 单调不减。

证明：令 $0 < \lambda_1 < \lambda_2 < 1$，假设此时（$\alpha$, δ）为定值，有：

$$\gamma = G_1(\lambda) = P\left(e^{m_P T + \sigma_P W_T^2} + (1-\lambda)\frac{S_0}{P_0}e^{m_S T + \sigma_S W_T^1} < \alpha + \delta \, \bigg| \, e^{m_S T + \sigma_S W_T^1} < \frac{\alpha P_0}{S_0}\right)$$
$$\tag{3.44}$$

则：

$$G_1(\lambda_1) - G_1(\lambda_2) = P\left(e^{m_P T + \sigma_P W_T^2} + (1-\lambda_1)\frac{S_0}{P_0}e^{m_S T + \sigma_S W_T^1} < \alpha + \delta \, \bigg| \, e^{m_S T + \sigma_S W_T^1} < \beta\right) -$$

$$P\left(e^{m_P T + \sigma_P W_T^2} + (1-\lambda_2)\frac{S_0}{P_0}e^{m_S T + \sigma_S W_T^1} < \alpha + \delta \, \bigg| \, e^{m_S T + \sigma_S W_T^1} < \beta\right)$$
$$\tag{3.45}$$

因为 $0 < \lambda_1 < \lambda_2 < 1$，所以：

$$P\left(e^{m_P T + \sigma_P W_T^2} + (1-\lambda_1)\frac{S_0}{P_0}e^{m_S T + \sigma_S W_T^1} < \alpha + \delta\right) \leqslant$$

$$P\left(e^{m_P T + \sigma_P W_T^2} + (1-\lambda_2)\frac{S_0}{P_0}e^{m_S T + \sigma_S W_T^1} < \alpha + \delta\right) \tag{3.46}$$

由于 $P(e^{m_S T + \sigma_S W_T^1} < \beta)$ 此时为定值，故 $G_1(\lambda_1) - G_2(\lambda_2) \leqslant 0$。证毕。

该命题说明在一般保证担保下，集团企业母公司受子公司信用风险的传染强度以及母公司对子公司的持股比例呈正向关系。即当集团企业母公司持有较多子公司股份时，子公司发生信用风险并传染给集团企业母公司的概率就会更大，这一点符合实际情况。

命题 3.3.2 在一般保证担保下，集团企业母公司信用风险的传染强度 γ 对于母公司贷款金额占母公司资产价值比例 δ 单调不减。

证明：令 $0 < \delta_1 < \delta_2 < 1$，假设 (λ, α) 此时为定值，有：

$$\gamma = G_3(\delta) = P\left(e^{m_P T + \sigma_P W_T^2} + (1-\lambda)\frac{S_0}{P_0}e^{m_S T + \sigma_S W_T^1} < \alpha + \delta \,\bigg|\, e^{m_S T + \sigma_S W_T^1} < \frac{\alpha P_0}{S_0}\right) \tag{3.47}$$

则

$$G_3(\delta_1) - G_3(\delta_2) = P\left(e^{m_P T + \sigma_P W_T^2} + (1-\lambda)\frac{S_0}{P_0}e^{m_S T + \sigma_S W_T^1} < \alpha + \delta_1 \,\bigg|\, e^{m_S T + \sigma_S W_T^1} < \frac{\alpha P_0}{S_0}\right) - P\left(e^{m_P T + \sigma_P W_T^2} + (1-\lambda)\frac{S_0}{P_0}e^{m_S T + \sigma_S W_T^1} < \alpha + \delta_2 \,\bigg|\, e^{m_S T + \sigma_S W_T^1} < \frac{\alpha P_0}{S_0}\right) \tag{3.48}$$

因为 $0 < \delta_1 < \delta_2 < 1$，所以：

$$P\left(e^{m_P T + \sigma_P W_T^2} + (1-\lambda)\frac{S_0}{P_0}e^{m_S T + \sigma_S W_T^1} < \alpha + \delta_1\right) \leqslant P\left(e^{m_P T + \sigma_P W_T^2} + (1-\lambda)\frac{S_0}{P_0}e^{m_S T + \sigma_S W_T^1} < \alpha + \delta_2\right) \tag{3.49}$$

由于 $P\left(e^{m_S T + \sigma_S W_T^1} < \frac{\alpha P_0}{S_0}\right)$ 此时为定值，故 $G_3(\delta_1) - G_3(\delta_2) \leqslant 0$。证毕。

该命题说明在一般保证担保下，集团企业母公司受子公司信用风险的传染强度以及母公司负债占自身资产价值的比例呈正向关系。即当集团企业母公司债务占自身资产价值的比例很大时，子公司发生信用风险并传染给集团企业母公司的概率就会更大，这一点符合实际情况。

命题 3.3.3　在一般保证担保下，子公司发生信用风险的概率随其贷款金额占子公司资产价值的比例 β 单调递增。

证明：根据式（3.43），有：

$$P(Z_S = 1) = P(S_T < X_S) = P(S_0 e^{m_S T + \sigma_S W_T^1} < X_S) = P\left(e^{m_S T + \sigma_S W_T^1} < \frac{X_S}{S_0}\right)$$
$$= P(e^{m_S T + \sigma_S W_T^1} < \beta) \tag{3.50}$$

显然，式（3.50）随着 β 递增。证毕。

该命题说明当子公司负债率较高时，其发生违约的可能性较大，但能否由此导致集团企业母公司受到的信用风险传染强度变大？我们看到，对于式（3.43），当 (λ, δ) 为常量时，有：

$$\gamma = P(Z_P = 1 \mid Z_S = 1) = G_2(\beta) = P\left(e^{m_P T + \sigma_P W_T^2} + (1-\lambda)\frac{S_0}{P_0}e^{m_S T + \sigma_S W_T^1} < \beta \frac{S_0}{P_0} + \delta \mid e^{m_S T + \sigma_S W_T^1} < \beta \right)$$

$$= \frac{P(e^{m_P T + \sigma_P W_T^2} + (1-\lambda)\frac{S_0}{P_0}e^{m_S T + \sigma_S W_T^1} < \beta \frac{S_0}{P_0} + \frac{X_P}{P_0},\ e^{m_S T + \sigma_S W_T^1} < \beta)}{P(e^{m_S T + \sigma_S W_T^1} < \beta)}$$

$$= \frac{G_{21}(\beta)}{G_{22}(\beta)} \tag{3.51}$$

显然，式（3.51）中的 $G_{21}(\beta)$ 和 $G_{22}(\beta)$ 都随着 β 单调递增，但不能由此说明 γ 随 β 递增，故本节不对 γ 与 β 的关系做出结论。

（五）连带保证担保信用风险的传染机理

连带保证担保与一般保证担保的区别在于，前者在子公司未能偿还债务的情况下，集团企业母公司对子公司所有债务进行代偿；后者仅对子公司剩余未偿还的债务进行代偿。分析方法类似，故式（3.42）可调整为：

$$P'(Z_P = 1 \mid Z_S = 1) = P(P_T < X_S + X_P \mid S_T < X_S) \tag{3.52}$$

此时有：

$$P'(Z_P = 1 \mid Z_S = 1) = P(P_T < X_S + X_P \mid S_T < X_S)$$

$$= P(P_0 e^{m_P T + \sigma_P W_T^2} < X_S + X_P \mid S_0 e^{m_S T + \sigma_S W_T^1} < X_S)$$

$$= P\left(e^{m_P T + \sigma_P W_T^2} < \frac{X_S + X_P}{P_0} \mid e^{m_S T + \sigma_S W_T^1} < \frac{X_S}{S_0}\right)$$

$$= P\left(e^{m_P T + \sigma_P W_T^2} < \beta \frac{S_0}{P_0} + \frac{X_P}{P_0} \mid e^{m_S T + \sigma_S W_T^1} < \beta \right) = M'(\beta)$$

$$\tag{3.53}$$

式（3.53）也可整理为：

$$P'(Z_P = 1 \mid Z_S = 1) = P(P_T < X_S + X_P \mid S_T < X_S)$$

$$= P\left(e^{m_P T + \sigma_P W_T^2} < \frac{X_S}{P_0} + \delta \mid e^{m_S T + \sigma_S W_T^1} < \frac{X_S}{S_0}\right) = H'(\delta)$$

$$\tag{3.54}$$

上述分析可得出如下结论：

命题 3.3.4　在连带保证担保下，集团企业母公司的信用风险传染强

度 γ 是母公司贷款金额占母公司资产价值比例 δ 的递增函数，证明过程同命题 3.3.1。

命题 3.3.5 在连带保证担保下，集团子公司贷款金额占子公司资产价值的比例 β 与子公司发生信用风险的概率呈正向关系，证明过程同命题 3.3.3。

命题 3.3.6 在连带保证担保下的信用风险传染强度不小于在一般保证担保下的信用风险传染强度。

证明：由式（3.43）和式（3.54）可知：

$$P(Z_P = 1 \mid Z_S = 1) = P\left(e^{m_P T + \sigma_P W_T^2} + (1-\lambda)\frac{S_0}{P_0}e^{m_S T + \sigma_S W_T^1} < \frac{X_S + X_P}{P_0} \mid e^{m_S T + \sigma_S W_T^1} < \frac{X_S}{S_0}\right) \quad (3.55)$$

$$P'(Z_P = 1 \mid Z_S = 1) = P\left(e^{m_P T + \sigma_P W_T^2} < \frac{X_S + X_P}{P_0} \mid e^{m_S T + \sigma_S W_T^1} < \frac{X_S}{S_0}\right) \quad (3.56)$$

显然，在 $0 < \lambda < 1$ 时有：

$$P\left(e^{m_P T + \sigma_P W_T^2} + (1-\lambda)\frac{S_0}{P_0}e^{m_S T + \sigma_S W_T^1} < \frac{X_S + X_P}{P_0}\right) < P\left(e^{m_P T + \sigma_P W_T^2} < \frac{X_S + X_P}{P_0}\right) \quad (3.57)$$

故：

$$P\left(e^{m_P T + \sigma_P W_T^2} + (1-\lambda)\frac{S_0}{P_0}e^{m_S T + \sigma_S W_T^1} < \frac{X_S + X_P}{P_0} \mid e^{m_S T + \sigma_S W_T^1} < \frac{X_S}{S_0}\right) \leq$$

$$P\left(e^{m_P T + \sigma_P W_T^2} < \frac{X_S + X_P}{P_0} \mid e^{m_S T + \sigma_S W_T^1} < \frac{X_S}{S_0}\right) \quad (3.58)$$

即：$P(Z_P = 1 \mid Z_S = 1) \leq P'(Z_P = 1 \mid Z_S = 1)$，证毕。

由命题 3.3.4 得出，在连带保证担保下，集团企业母公司贷款金额占母公司资产价值的比例越大，其受到的信用风险传染强度就越大。由命题 3.3.5 得出，在连带保证担保下，集团企业子公司贷款金额占子公司资产价值的比例越大，子公司发生信贷风险的概率就越大，但这并不一定增大集团企业母公司信用风险的传染强度，两者的结论与一般保证担保下的结论相同。由命题 3.3.6 得出，在连带保证担保下，集团企业母公司受到的信用风险传染强度更大，原因在于当子公司无力偿债时，集团企业母公司需要全额代偿，这就增加了集团企业母公司发生信用风险的概率。但从另一个角度来说，由于集团企业母公司的代偿，可以缓解子公司因为偿债而破产的可能性。

三、数值仿真

根据陈林等（2015）的研究结果[268]，本节设置的三组参数如表3.8所示。

表3.8 参数设置

	P_0	S_0	T	μ_s	μ_p	σ_s	σ_p	ρ	β	δ	α
类型1	800	500	1	0.05	0.05	0.35	0.4	0.7	0.72	0.125	0.45
	P_0	S_0	T	μ_1	μ_2	σ_1	σ_2	ρ	λ	δ	
类型2	800	500	1	0.05	0.05	0.35	0.4	0.7	0.6	0.125	
	P_0	S_0	T	μ_1	μ_2	σ_1	σ_2	ρ	λ	β	
类型3	800	500	1	0.05	0.05	0.35	0.4	0.7	0.6	0.72	

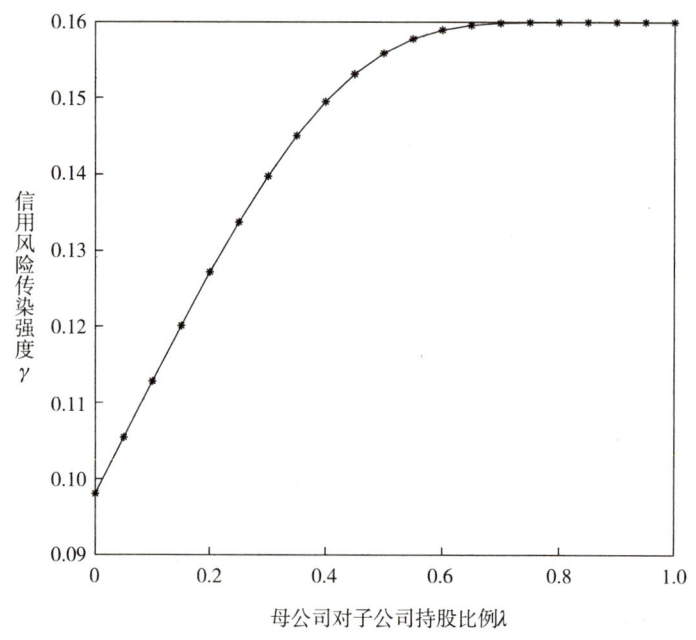

图3.13 集团企业母公司持股比例对信用风险传染强度的影响

从图 3.13 的结果可以看出，集团企业母公司信用风险的传染强度随着母公司对子公司持股比例的增加而逐渐增大，从数值上进一步印证了命题 3.3.1。当 $\lambda \geqslant 0.7$ 时，集团企业母公司信用风险的传染强度逼近 0.16。出现该现象的原因在于，当集团企业母公司对子公司持股比例超过一定范围时，子公司可看作是集团企业母公司的一部分，将集团企业母公司和子公司当作一个整体，集团企业母公司此时的信用风险传染强度可看作是集团企业母公司无力偿还整体债务的概率，由于集团企业母子公司的整体债务此时固定，并且由于我们对集团企业母公司的参数设定，集团企业母公司在债务到期时的期望资产价值固定。因此，集团企业母公司偿还总体债务的概率固定，逼近 0.16。

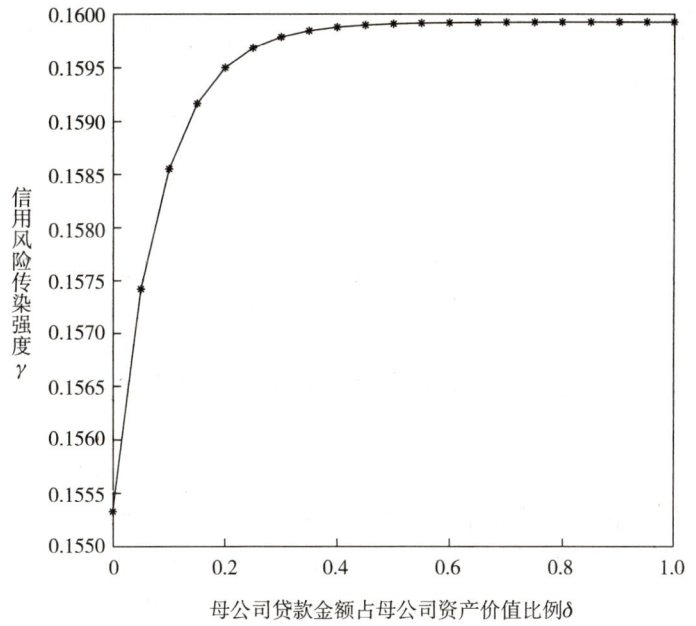

图 3.14　集团企业母公司债务比重对信用风险传染强度的影响

从图 3.14 的结果可以看出，集团企业母公司信用风险的传染强度随着母公司对子公司持股比例的增加而逐渐增大，从数值上进一步印证了命题 3.3.2。当 $\delta \geqslant 0.4$ 时，集团企业母公司的信用风险强度逐渐逼近 0.16。出现该现象的原因在于，当集团企业母公司的债务比重较大时，集团企业母公司的债务比重继续增加,其无法代偿子公司贷款的概率趋于固定,即此时 $P\left(e^{m_P T + \sigma_P W_T^2} + (1-\lambda)\dfrac{S_0}{P_0}e^{m_S T + \sigma_S W_T^1} < \alpha + \delta\right)$ 在 δ 足够大时趋向定值。

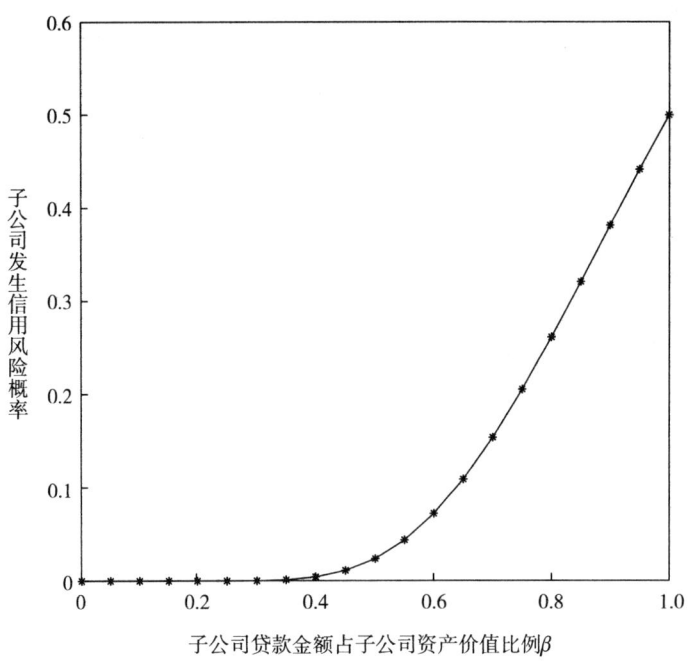

图 3.15 集团企业子公司债务比重对信用风险传染强度的影响

从图 3.15 的结果可以看出,集团企业子公司违约的概率随子公司贷款额度占自身资产价值的比例逐渐增大,从数值上进一步印证了命题 3.3.3。当集团企业子公司贷款额度占自身资产价值比重较小时,其违约概率相对较小,趋于 0,这说明由于子公司贷款额度占自身资产价值较小,债务到期时集团企业子公司完全可以以自身资产偿还贷款,因而此时子公司发生违约的概率基本为 0。而当集团企业子公司贷款额度占自身资产价值的比重逐渐增大时,集团企业子公司资不抵债的可能性逐渐增大。当集团企业子公司债务跟初期自身资产价值相等时,子公司违约的可能性为 0.5,原因在于集团企业子公司资产价值服从期望为 0 的正态分布,集团企业子公司资产价值减小的可能性刚好是子公司违约的可能性,都为 0.5。

第四章
统一授信供应链金融风险识别

供应链金融是以真实贸易背景为基础的金融活动,目的在于帮助供应链成员盘活现有资产,实现应收账款融资、库存融资、预付款融资等业务运作。供应链企业通过紧密合作解决资金短缺问题,很大程度上缩短了现金流量周期,有效降低了企业的运营成本。但供应链金融也是一把"双刃剑",在提升供应链成员经营效率的同时,也会对其经营管理带来不同程度的风险影响。由于统一授信供应链金融业务主体的复杂性,银行等金融机构、第三方物流企业、供应链融资企业之间存在着博弈过程,建议银行等金融机构建立合理的奖惩机制,制定合理有效的业务合同,从而降低风险[269]。

第一节 核心企业统一授信供应链金融风险识别

统一授信供应链金融的参与主体涉及银行等金融机构、供应链核心企业、第三方物流企业、供应链融资企业等。银行等金融机构统一授信的对象可以是供应链核心企业或集团企业,也可以是第三方物流企业。无论授信对象是谁,在具体的融资过程中都会面临着诸多风险。

一、银行等金融机构面临的风险识别

基于银行等金融机构视角,运用博弈分析方法可以得出,在统一授信

供应链金融模式下,银行等金融机构的风险主要包括业务操作风险、制度与法律风险、供应链核心企业信用风险、上下游企业信用风险[270]。顾振伟(2012)将统一授信供应链金融风险划分为信用风险、操作风险、法律风险[271];或者市场风险、法律风险、信用风险、操作风险[272];或者政策风险、信用风险、信息风险、市场风险[273]。朱同江等(2014)在前者分类的基础上增加了供应链自身风险[274]。

事实上,银行等金融机构风险是指银行等金融机构在日常经营活动中发生的事先没有预知性的风险,对其收益造成影响,从而带来损失的可能性。银行等金融机构的经营风险包括贷款风险、流动性资金风险、利率风险和经营方式风险;管理风险包括内部分配风险、制度系统风险、人事管理风险、安全措施风险和监督控制风险。根据《巴塞尔新资本协议》,银行等金融机构风险还可划分为信用风险、流动性风险、操作风险、市场风险、声誉风险、法律风险、国家风险、战略风险。

本研究认为,核心企业统一授信供应链金融风险主要包括信用风险、流动性风险、操作风险、市场风险、经营风险、财务风险、合规风险、道德风险八个方面。

(一)信用风险

信用风险也称违约风险,是指由于供应链融资企业未能履行合同规定的义务或信用质量发生变化,从而造成银行等金融机构损失的可能性。银行等金融机构在进行信贷活动过程中,由于各种不确定性因素,致使供应链融资企业不能按时偿还利息及本金,造成了银行等金融机构贷款本息损失的可能性。这种信贷风险包含了银行等金融机构经营的外在因素和内部不确定性因素。因此,银行等金融机构的最大风险来自于自身信贷资产管控风险,这是银行等金融机构管理的核心。

随着我国经济下行压力加大,多数企业的盈利状况不容乐观,还款意愿及还款能力下降,原来存在的一些信贷风险特别是中长期信贷风险可能突然爆发。自2013年以来,银行等金融机构面临的信用风险不断暴露,不良贷款率迅速提高,一些"两高一剩"等限制性行业的信用风险越发加剧。

1. 放贷风险

银行等金融机构的放贷风险是指由于供应链核心企业未能按照合同约

定按时偿还贷款本息，而对银行等金融机构造成损失的可能性。放贷风险主要由道德风险和企业风险引起，存在于银行等金融机构、供应链核心企业、供应链融资企业的借贷行为中。只要银行等金融机构通过合同契约将资金以不同形式借出，均会产生放贷风险。

在统一授信供应链金融模式下，银行等金融机构只需评估供应链核心企业的信用水平，但由于种种原因可能导致评判出现偏差，因为供应链核心企业的信用水平根据实际情况而不断产生变化。因此，银行等金融机构的放贷风险主要是指供应链核心企业无力履约的风险。在核心企业担保情况下，银行等金融机构如果未能及时认定发生问题的资产，未能建立准备金注销该部分资产并及时停止计提利息收入，都会造成严重的风险问题。此外，这种间接借款方式也从另一个方面反映了信用风险的集中，这是造成银行等金融机构信用风险的主要问题。

2. 违规操作风险

违规操作风险是指银行等金融机构的信贷人员由于违反操作规程而引起信贷资产的损失，员工违规操作这种失信行为也会加剧银行等金融机构的信用风险。违规操作风险的产生除与员工的个人行为有关外，与银行等金融机构的制度缺陷也有一定的关联，而且会给银行等金融机构造成严重损失。由于银行等金融机构内部控制与治理机制的缺失，如银行交易员、信贷员、其他工作人员越权或者从事与职业道德相背离的风险过高的业务，都会产生违规操作风险。违规操作风险给银行等金融机构带来信用风险和资产损失，当银行等金融机构选取信贷评估模型对供应链核心企业进行信用评级和风险量化时，由于不同供应链的特殊性，如果信贷人员选取了错误的评估模型，或者选取的参数不恰当，都会对供应链核心企业的信用等级形成错误评判，最终也会造成银行等金融机构的资产损失。

（二）流动性风险

流动性风险是指不增加成本额或资产价值不发生损失条件下无法满足客户需求，从而造成银行等金融机构遭受损失的可能性。流动性风险可分为资产流动性风险和负债流动性风险两种形式。资产流动性风险是指资产到期不能如期收回，不能实现偿还负债或影响重新发放贷款而给银行等金融机构造成的损失。负债流动性风险是指银行等金融机构的资金（尤其是存款），由于内部或外部因素发生不规则变化或波动，对其运营产生冲击并引发相关损失的可能性。"挤兑"现象就是负债流动性风险的典型表现形式。

（三）操作风险

操作风险是指因为银行等金融机构的信贷管理不完善、错误判断、无效控制或其他某些人为错误而引起的自身信贷资产的损失。操作风险与银行等金融机构的信贷管理体制关联度极大，由人员、系统、流程、外部事件四个方面的风险构成，存在于银行等金融机构业务管理的各个方面，具有可转化性，在一定条件下可转化为市场风险、信用风险等。操作风险会给银行等金融机构带来巨大损失。

（四）市场风险

市场风险是指因市场价格（包括利率、汇率、股票价格、资产价格或价值、商品价格）的不利变动而使银行表内和表外业务发生损失的可能性。市场风险可概括为利率风险、汇率风险、价格风险三个方面，其中利率风险是最为重要的表现形式。利率风险是指由于市场利率发生变化而使银行等金融机构的信贷资产收益发生损失的风险，主要是由于银行等金融机构与供应链融资企业签订合同时约定的固定利率和市场利率变化所产生的差异造成的，即银行等金融机构的资产、负债、收益在利率波动时发生损失的可能性。汇率风险是指由于汇率市场发生变化引起的风险，银行等金融机构可以通过货币互换、货币远期合约等渠道进行风险规避。价格风险是指银行等金融机构的信贷资产由于受到通货膨胀因素影响，使其客观价值减少的风险。

（五）经营风险

经营风险是指供应链融资企业经营管理不善而导致盈利水平下降，出现产品滞销、停产等亏损现象的风险。经营风险存在于供应链融资企业生产经营过程的产、供、销各个环节，可能引发一系列的连锁反应，如诱发财务风险等。当供应链融资企业出现经营风险时就会影响其还款能力，从而导致银行等金融机构出现授信风险。

（六）财务风险

财务风险是指由于供应链融资企业融资不当、财务结构不合理等原因导致预期收益下降，甚至企业偿债能力丧失的风险。供应链融资企业出现财务风险，预期收益可能无法实现，从而影响企业还款计划甚至无法还款。

（七）合规风险

巴塞尔银行监管委员会的《合规与银行内部合规部门》规定，合规风险是指银行等金融机构因未能遵循法律法规、监管要求、规则、自律性组织制定的有关准则，以及适用于银行等金融机构自身业务活动的行为准则，从而可能遭受法律制裁或监管处罚、重大财务损失或声誉损失的风险。合规风险主要强调银行等金融机构因为各种自身原因主导性地违反法律法规和监管规则等而遭受的经济或声誉损失。

（八）道德风险

道德风险是指由于信息不对称引起的、客户有能力还款却没有还款意愿的行为。银行等金融机构的统一授信业务有可能遭受供应链融资企业道德风险的影响而引起授信风险，所以银行等金融机构在统一授信前必须认真调查供应链融资企业的财务状况、信用水平等，从而准确地对客户信用等级进行评估，规避道德风险的发生。

二、供应链核心企业面临的风险识别

基于供应链核心企业视角，通过构建供应链核心企业参与统一授信供应链金融的风险识别池，形成了经济、法律、制度、技术风险；交易合法合规风险；内控管理风险；企业间合作风险；信息系统安全风险；融资后感知风险六项一级风险指标[275]。

在统一授信供应链金融模式下，供应链核心企业是一类提供特殊金融服务的非金融机构，承担了银行等金融机构或其他债权人不愿意或不能承受的高信用风险，同时增强了供应链融资企业的信用。供应链核心企业为融资企业提供信用担保服务，在某一时间点上或许承保着多个信用担保项目，各项目之间风险情况不尽相同，所有项目聚集形成的风险统称为供应链核心企业信用风险。供应链核心企业信用风险在很大程度上取决于融资企业能否按时还款，以及核心企业由于自身操作不当而导致的不良财务状况，因而可以将供应链核心企业的信用风险划分为放贷风险和违规操作风险两个方面。

（一）放贷风险

放贷风险是指供应链金融活动中存在的不确定性导致供应链核心企业

遭受损失的可能性。由于供应链融资企业还款能力不足,或者不愿意履行还款承诺,从而触发了担保机制启动,供应链核心企业由此可能蒙受损失。供应链融资企业可能存在多种违约形式,如强制性拖延未经供应链核心企业和银行等金融机构或其他债权人同意下的还款期限、担保本息部分损失或全部损失等,不同的违约形式造成的债务追收成本以及最终导致的损失可能不同。在我国信用体系尚不完善、融资企业信用意识不强、逃废债现象较为严重的情况下,供应链核心企业服务于经营风险较高的融资企业所面临的信用风险较大。尤其是有些融资企业在获得供应链核心企业的担保合同乃至贷款到位后,道德风险增加,融资企业还款压力和还款意识降低,严重的可能还会恶意逃废债,转嫁风险,造成供应链核心企业的信用损失。如果供应链核心企业的信用风险管理体系不健全,则相比于银行等金融机构而言,其信用风险问题将会更为严重。

(二) 违规操作风险

违规操作风险是指接收统一授信的供应链融资企业由于自身经营战略等方面的变化给银行等金融机构带来的风险。虽然供应链金融是基于融资企业与核心企业稳定的合作关系,基于真实的贸易背景,但由于供应链核心企业的经营决策等原因,仍可能产生信用风险。有些供应链核心企业利用银行等金融机构的统一授信从事投机性经营,如过度囤货、偷税漏税、从事房地产投资等,一旦投资失败,其资金链极有可能断裂,并直接影响其还款意愿和能力。在统一授信供应链金融实践中,有些供应链融资企业利用法律和仓储监管漏洞存在重复质押(一票多押)、过度质押、向上游"托盘"、虚假质押(即假交易、真融资)以及关联企业互相担保等风险隐匿点,直接放大贷款乘数,实现贷款的高杠杆化。更为严重的是,这些贷款并未用于真实的贸易结算,而是涌入高风险的房地产投资和高利贷领域,直接加大了供应链核心企业的信用风险。

三、第三方物流企业面临的风险识别

统一授信供应链金融存在着诸多风险,站在第三方物流企业的角度看,这些风险主要来自于宏观环境、银行等金融机构、供应链融资企业、质押物、第三方物流企业自身运作等方面。

(一)宏观环境风险

宏观环境风险主要包括社会系统风险、行业系统风险、政策法律风险等,是由社会经济发展状况、行业发展状况、政策法律等不确定性造成的。这种不确定性可以表现为经济萧条期、政治突发事件等造成的风险。

目前,我国宏观经济形势稳定,但国际经济形势动荡,存在的一些不确定性可能会对我国经济形势产生不良影响。行业风险是指行业发展状况、技术层次、收益率等造成的风险,不同行业对宏观经济环境的敏感度不同,由此造成的风险也会不同。政策法律风险是指由于我国统一授信供应链金融发展较晚,相关法律法规仍不健全,难免存在疏漏。另外,银行等金融机构对第三方物流企业贷款用途的规定、还款期限的设置和质押率的规定,以及国家管制利率都可视为宏观环境风险的组成部分。

(二)信用风险

在统一授信供应链金融模式下,第三方物流企业的信用风险主要来自于供应链融资企业的信用风险和提供担保的供应链核心企业的信用风险。

供应链融资企业的信用等级优劣,一定程度上影响了第三方物流企业的利润产生。因此,在第三方物流企业提供贷款前,需要对供应链融资企业的经营状况、财务指标(盈利能力、偿债能力、营运能力等)、信用记录等进行全面调查,确保其运营情况良好,有能力在存货交易之后偿还贷款。在以银行等金融机构为主导的贷款业务中,银行等金融机构对供应链融资企业进行信用等级评价。但在以第三方物流企业为主导的统一授信供应链金融中,第三方物流企业对供应链融资企业的信用评价经验不足,因此信用评级的准确性就会降低。另外,因为第三方物流企业与供应链融资企业之间存在着信息不对称现象,难以全面准确地了解供应链融资企业的经营状况和存货情况。又由于我国没有成立相关信用评价的统一体系,缺乏奖惩措施,也使得第三方物流企业在操作过程中面临较大的风险。当市场需求不足、供应链融资企业不足以偿还贷款的情况下,提供担保的供应链核心企业是否按合同回购产品,也可视为信用风险。如果供应链核心企业经营状况良好,具备充足的资金和良好的信用评级,那么来自供应链核心企业的风险就会较小。

(三)质押存货风险

质押存货是统一授信供应链金融的重要因素,质押存货风险主要包括质押物选择风险和市场风险。质押物选择风险是统一授信开始初期,由于信息不对称,导致第三方物流企业对质押物的质量情况、真实价值、来源的合法性等缺乏具体了解,第三方物流企业的利益有时得不到保障,因此选择质押物时一定要选择价格稳定、变现能力强的存货产品[276]。市场风险是由于质押物价格的不稳定和市场需求变动造成的,存货价格如果出现较大幅度的动荡或者市场突然不景气,需求很低,就会使第三方物流企业蒙受较大损失。如果提供质押物的供应链融资企业由于市场等原因没有足够的资金偿还贷款,根据我国现行《担保法》的规定,第三方物流企业有权处置质押物。然而,如果质押物在处置期间出现价格大幅度降低,第三方物流企业很可能处置质押物后的所得资金仍然不足以补偿自身的贷款损失。如果外界因素对质押物的变现能力具有较大影响,或者质押物遇到变质、滞销等情况,也可能使第三方物流企业蒙受损失。此外,市场信息不良等也是市场风险的表现形式。

(四)操作风险

第三方物流企业在统一授信供应链金融模式下的操作风险可分为流程风险、运营风险、技术风险三个方面。

流程风险是指第三方物流企业与供应链融资企业签订的存货质押融资合同,与供应链核心企业担保时它们之间签订的回购合同是否一致,即合同的合法有效性。首先,符合规定的存货才能提供质押贷款。其次,应该全面调查供应链融资企业的运营状况和信用记录。

运营风险是指开展存货质押服务的第三方物流企业,有必要全面掌握供应链融资企业的整体情况,包括交易状况、业务范围等。由于业务不断扩大,第三方物流企业的运营风险就会相应增加。如运输、仓储或者监管水平低下,都可能造成存货损坏或丢失,导致质押物的最后价值不足而使自身蒙受损失。我国的第三方物流企业发展水平较低,集成化水平不高,因此,统一授信供应链金融业务中的运营风险值得重视。

技术风险主要关注第三方物流企业开展统一授信供应链金融时的具体操作过程,即业务操作过程是否完全按照标准化和信息化的流程进行。在统一授信供应链金融模式下,首先,第三方物流企业评估质押物价值时应该保证评估体系的科学全面、评估专员的专业素质过硬。其次,在业务操作过程中,第三方物流企业和供应链融资企业有关人员应该严格遵守流程，避免发生错误操作而造成损失。

四、供应链融资企业面临的风险识别

供应链融资企业是信用担保过程中的关键一环，来自供应链融资企业的风险主要包括经营者素质和竞争力风险。融资企业经营者素质包括经营者经历、管理能力、道德水准、在职工中的威望、受教育程度等。经营者素质高低在很大程度上决定了融资企业市场竞争力的大小，经营者素质不高，容易导致供应链融资企业的竞争力风险。供应链融资企业的产权制度状况，决定了融资企业经济活动的努力程度，影响了融资企业承担信用风险的能力强弱，从而进一步决定了信用担保活动中信用风险的约束程度；同时决定了产权资金流动和交易程度，决定着银行等金融机构担保贷款资金的流动性大小和信用担保活动中信用风险转移的程度，决定着供应链融资企业与核心企业之间的信用往来和信用担保活动的有效性，反映了信用担保活动的效率和信用风险程度的大小。供应链融资企业作为一个投资主体，其投资行为合理与否直接影响着融资企业信用担保活动及其信用风险的大小。在既定的投资体制下，供应链融资企业对投资风险的选择不同，其投资行为也就不同，因而对信用担保活动的影响也会不同。因此，建立一套行之有效的信用管理体系，是解决供应链融资企业目前普遍存在的信用水平和效益水平较低的有效途径。

供应链融资企业的信誉、财务、发展前景等情况，都会对第三方物流企业开展统一授信供应链金融业务产生不同程度的影响。目前，我国的供应链融资企业仍然存在财务制度不健全、企业信息透明度低等问题。因此，必须关注供应链融资企业的资信状况，尤其需要详细地调查其信用状况、财务指标和发展前景。

（一）信用风险

信用风险是指由于供应链融资企业信用状况不良，导致存货质押融资业务的实际收益低于预期收益的可能性。信用风险是第三方物流企业开展统一授信供应链金融业务面临的主要风险。信用缺失是目前制约供应链融资企业获取信贷资金的主要瓶颈，造成信用缺失的主要原因在于供应链融资企业自身存在着管理不规范、信用管理不到位和资信不足等问题。供应链融资企业信用状况的最直观表现就是企业的历史履约状况。

(二) 发展前景

当供应链融资企业具有良好的发展前景时,就会有利于供应链融资企业的资信状况向着好的方向发展。如果供应链融资企业的发展前景不佳,存在破产的可能性,其质押产品很可能出现销路不畅的情形,或者不能顺利变现,必将对第三方物流企业带来较大损失。评价供应链融资企业的发展前景时,可以从主营业务收入增长率、净资产增长率、净利润增长率等指标入手。

(三) 财务风险

财务状况主要包括供应链融资企业的盈利能力、运营能力和偿债能力等。供应链融资企业良好的财务状况,既是如期还款的重要基础,也是统一授信供应链金融业务顺利开展的保证,所以考察供应链融资企业的财务状况是资信审核的重要事项。

第二节 第三方物流企业统一授信供应链金融风险识别

目前,由于信息不对称和监管缺失等问题,我国蓬勃发展的供应链金融服务隐藏着巨大风险。早期的委托监管业务由于供应链融资企业与第三方物流企业合谋骗贷问题而被淘汰,统一授信供应链金融逐步发展成为一种新业态。第三方物流企业通过银行等金融机构获得授信额度,供应链融资企业以存货为质押物向第三方物流企业申请贷款。第三方物流企业根据融资企业的信用状况及其真实贸易背景分解授信额度,并为供应链融资企业提供授信担保。供应链融资企业则以真实贸易中产生的单据(合同、发票、商业汇票等)以及存货作为反担保。银行等金融机构通过统一授信向合作的第三方物流企业收取事先约定的资本收益,后续业务由第三方物流企业独立完成。银行等金融机构因此将业务风险转移给第三方物流企业,从而在保收益的前提下降低了自身风险。

近年来,我国一些大型物流企业纷纷布局供应链金融业务,部分中小物流企业也跃跃欲试。第三方物流企业以物流服务为切入点进军供应链金融业务，以期实现物流业务的垂直整合，实现向综合物流服务商的转型。第三方物流企业拥有大量的业务数据，但这些数据信息并非全部属实。由于供应链融资企业经营不善、市场波动、行业政策变动等因素的影响，其违约情况时有发生。如果第三方物流企业监管不利，依旧还会出现重复质押、以次充好的骗贷行为。

在统一授信供应链金融模式下，第三方物流企业掌握着质押物的占有权、监管权和处置权，因此可以设计灵活的业务模式以满足供应链融资企业的多样化融资需求。对于供应链融资企业而言，统一授信供应链金融业务降低了信贷门槛，简化了操作流程，降低了融资企业的交易成本。第三方物流企业不仅可以通过供应链金融服务获得额外收益，还能通过该项服务扩大自身的物流服务范围、整合供应链、提高服务能力、加快向综合物流服务商转型的步伐。银行等金融机构、第三方物流企业、供应链融资企业的合作使市场资金充分利用，实现共赢，也使整个市场资源得到有效配置。

统一授信供应链金融简化了委托监管模式的业务流程，由第三方物流企业主导负责供应链融资企业的能力评估考核、贷款发放结算，以及质押物相关的物流服务，尤为重要的是实现了资金流和物流的控制。不同于委托监管业务，第三方物流企业开展统一授信供应链金融可以获得更多利润，同时也会承担更大的风险。在统一授信供应链金融模式下，供应链融资企业是信息优势方，第三方物流企业是信息劣势方，第三方物流企业与供应链融资企业之间存在信息不对称现象，这是诱发第三方物流企业经营风险的重要原因。

一、风险结构及其诱因

（一）风险结构

第三方物流企业统一授信供应链金融业务存在着信息不对称问题，信息不对称容易引发逆向选择和道德风险，即第三方物流企业面临着供应链融资企业的贷前逆向选择风险和贷后道德风险。贷前逆向选择风险是指第三方物流企业和供应链融资企业由于信息不对称诱发的高风险企业驱逐低风险企业，进而导致交易质量下降的现象。在统一授信供应链金融模式下，第三方物流企业事前不知道供应链融资企业的真实风险，因此，只能通过提高业务费用将风险转嫁给供应链融资企业。而这种策略将会导致低风险的融资企业参与意愿下降并逐步退出市场，而高风险的融资企业则会充斥统一授信供应链金融市场，从而出现融资方的逆向选择，诱发第三方物流企业的业务风险。贷后道德风险是指第三方物流企业面临供应链融资企业的期末违约风险，即供应链融资企业基于合同到期时的客观情况和主观意愿，采取与合同相违背的违约行为，导致第三方物流企业蒙受违约损失。

(二) 风险诱因

第三方物流企业统一授信供应链金融业务存在的信息不对称问题，是供应链融资企业逆向选择风险和道德风险的关键诱因，其实质在于资源错配和风险隐患。同时，质押物风险、业务操作风险、法律风险，也是诱发第三方物流企业业务风险的重要原因。

在统一授信供应链金融模式下，贷前信息不对称导致了逆向选择风险，体现在供应链融资企业提交的申贷资料、历史交易数据、资金用途等方面的信息不对称。供应链融资企业为了获得贷款，通过作弊等方式美化各种材料，有意或无意地隐藏各种风险因素。供应链融资企业的历史交易记录存在虚假信息和伪造数据，不能完全体现真实的交易规模和交易质量，如部分淘宝商家、电商企业依靠虚假刷单提升交易规模、通过售后评价造假提升自身形象、使用高仿产品充当品牌产品欺骗消费者等。另外，供应链融资企业将贷款资金用于高风险投资，而第三方物流企业事前并不知道供应链融资企业贷款的真实目的和用途。因此，信息不对称使得第三方物流企业无法掌握供应链融资企业的实力、规模和信用程度等真实信息，从而导致第三方物流企业的业务风险。

贷后信息不对称诱发了供应链融资企业的道德风险，这是期末质押物风险和融资企业经营风险共同作用的结果。信用风险与质押物风险紧密相关，因为统一授信供应链金融业务通过动产形式的存货间接降低了供应链融资企业的融资门槛，同时也通过质押物将融资企业原有的信用风险转移到质押物风险上。质押物在统一授信供应链金融业务到期时存在价格风险，尤其是当质押物价值贬值到贷款本息之和以下时，就会诱发供应链融资企业的主观违约倾向。如果供应链融资企业获得贷款后经营失败或者破产，没有能力偿还本息并支付物流费用，就很可能选择违约。另外，质押物选择风险、质押物流动性风险也会加剧供应链融资企业的道德风险。若质押物受宏观环境、政策调控的影响较大，价格波动频繁，这将增加质押物的价格风险，同时加大工作人员的盯市周期、增加盯市成本，引发第三方物流企业的风险。不易保存且保存周期较长、易变质、不易计量的货物则会加大质押物的贬值风险。质押物流动性风险体现为质押物期末变现能力差，如市场容量小导致无法迅速交易、交易价格受市场交易量影响大、变现时间限制比较严格等。在这种情况下，第三方物流企业不仅要承担质押物贬值占用物流设施所增加的仓储物流成本，还要承担质押物价格继续下跌的风险。

此外，第三方物流企业统一授信供应链金融服务机构不健全、信贷管理架构不清晰、金融服务经验不足，都会引发风险隐患，这是目前部分大型物流企业纷纷提升金融服务能力、申请金融相关牌照、引进金融行业以及数据挖掘相关人才的一大原因。在物流服务方面，基层物流服务人员的工作效率较低、积极性不高，导致其不能从源头避免业务差错；不健全的业务管理制度、不合理的业务流程，容易导致第三方物流企业无法对其业务风险进行全面控制。法律风险体现在统一授信供应链金融业务的标准化程度较低以及法律体系不完善，容易诱发不法分子通过法律漏洞获取私人利益。因此，不同的第三方物流企业需要灵活设计个性化的融资方案，使业务模式在操作层面变得更加复杂多样。即便在现有的法律体系下，也存在部分概念模糊的司法解释，如部分条款过于原则化，从而增加了操作的困难性。而供应链融资企业违法经营就会导致质押物出现罚没清算风险，对第三方物流企业造成损失。这些都非常容易引发供应链融资企业的逆向选择风险和道德风险。

二、风险类型

虽然统一授信供应链金融是一项"双赢"的业务模式，但是，银行等金融机构和第三方物流企业合作开展该项业务还是存在一系列问题。2016年《中国物流年鉴》显示，我国物流企业数量增速逐渐放缓。物流企业之间的竞争越来越大，许多物流企业因为经营不善等原因导致破产，使债务人无法收回资金，从而产生信用风险。在统一授信供应链金融模式下，第三方物流企业的信用风险可分为系统性信用风险和非系统性信用风险两种类型。

(一) 系统性信用风险

系统性信用风险是指第三方物流企业自身没有能力还款而导致违约现象发生的可能性。因为第三方物流企业自身运营能力差,以及物流行业恶性竞争,导致其没有能力还款而违约。

1. 第三方物流企业运营能力差

近几年来,第三方物流企业跑路事件时有发生,导致债务人无法收回资金,从而产生第三方物流企业的信用风险。第三方物流企业选择跑路的主要原因在于企业自身的运营能力差,不能维持正常运营,从而产生坏账。第三方物流企业的运营能力是指基于一定资产资源的基础上,异于其他物流企业的一组核心能力群,并将运营能力划分为战略能力、资产能力和服务能力[277]。

首先,具备良好运营能力的物流企业,肯定具备良好的战略能力。物流行业与其他行业的最大不同在于网点规划能力能够直接体现出企业的发展格局。好的物流公司都会按照最低成本、最大中转量的思路布局企业的运营网络。目前,我国许多物流企业在物流规划和布局方面存在不合理现象,导致网点设置出现地区性集中的倾向,致使物流运作效率低下,物流系统运转不畅,不但限制了企业自身的发展,还会造成物流资源的巨大浪费,从而影响企业的经营能力和信用。其次,第三方物流企业要想具备较强的运营能力,那就离不开稳定的资产能力。企业在运营前期需要大量的资金购买运输设备、租用或购买仓库用地以及支付管理费用;在稳定发展时期同样需要大量的周转资金扩充业务路线。但是,我国的大部分物流企业都是中小型企业,自有资金有限且不稳定,很难将业务做大做强。再次,由于缺少抵押品、财务信息不完整,导致第三方物流企业很难获得银行等金融机构的融资。最后,物流行业本身属于第三产业,为客户提供的不是产品而是服务,优质的服务能力能够帮助物流企业维持良好的客户关系。衡量第三方物流企业的服务能力一般从JIT(Just in Time,即时制)和服务质量两个方面考察。当第三方物流企业选址合理、网点规划适当时,能够确保企业做出即时反应,从而提升自己的服务质量。

2. 物流行业恶性竞争

第三方物流企业一般属于资金密集型企业，车辆、飞机、轮船等交通运输工具和仓库占地都需要占用大量资金。因此，对一些资金有限的小型物流企业而言，没有充足的资金采购交通工具和仓库等资产，服务质量自然就不如资金实力雄厚的大型第三方物流企业，因而只能通过低价恶性竞争来吸引顾客。我国的中小物流企业业务覆盖面广，但基本都是传统的家庭运作模式，单人单车管单线，组织管理不规范。但是，这种运作模式可以节约大量管理成本，相较于大型物流企业可以降低运行费用。大型第三方物流企业为了应付这种"劣币驱逐良币"现象，不得不低价挽回市场份额甚至赔本经营，因而造成其盈利能力大大降低。

我国的各种运输模式之间本来就存在着既相互竞争又相互依赖的关系，随着互联网经济的发展和物流竞争的日趋激烈，许多客户更加注重成本和速度两个因素。据统计，我国社会物流总成本与GDP的比率一直保持在18%左右，而同处于发展中国家的印度则是13%，巴西11.6%。我国的物流成本与GDP的比率高出全球平均水平6个百分点，高居不下，使许多第三方物流企业既要降低价格赢得客户，又要承担运营的高成本，因而陷于两难的尴尬境地。此外，我国铁路运输只占总运输量的7.6%，而欧美等发达国家却高达40%；海铁联运只占运输总量的2.6%，与其他国家相比也存在着较大差距，导致了公路运输仍是我国最主要的运输形式，这与我国经济发展水平和速度极不协调。

(二) 非系统性信用风险

非系统性风险是指由于行业或企业自身等特殊原因导致第三方物流企业不愿意或无法履行合同导致违约的可能性，偏重于供应链融资企业主观性原因导致的违约行为。一方面，统一授信供应链金融的信贷市场存在信息不对称现象，银行等金融机构在选择第三方物流企业时存在逆向选择问题；同时，被选择的第三方物流企业也存在道德风险问题，具有不履行合约的可能性。另一方面，供应链融资企业不按时还款往往也会导致第三方物流企业不能按时收回贷款，从而导致第三方物流企业发生违约行为。

1. 信贷市场存在信息不对称现象

信息不对称现象是指交易双方之间存在信息优势方和信息劣势方，信息优势方通常会做出有利于自身的选择。信息不对称现象是导致供应链融资企业逆向选择和道德风险的主要原因。当信息劣势方由于缺乏信息做出了损害自身利益的行为时，称为逆向选择问题。从某种程度上看，统一授信供应链金融也可以看作是一个逆向选择过程，银行等金融机构并不清楚第三方物流企业的实际经营情况。第三方物流企业在申请授信过程中往往存在夸大自身经营能力的现象，甚至有的第三方物流企业还会利用信息不对称向不同银行等金融机构申请授信，从而有可能造成银行等金融机构对第三方物流企业的过度授信。第三方物流企业与银行等金融机构之间的利益目标不一致，使得银行等金融机构需要承担第三方物流企业在授权范围内的运作风险。由于我国第三方物流发展较为缓慢，目前国内物流行业的市场竞争主要还处于价格竞争阶段，企业规模仍以中小物流企业为主。中小型物流企业由于自身经营不规范、监管力度不强、财务信息质量较低，因而使得信息不对称现象更为严重。

当交易双方签订合约后，由于存在信息不对称现象，其中一方为了自身利益而做出损坏另一方合法利益的行为，称为道德风险。亚当·斯密最早描述了道德风险问题，指出代理人会在监督不力的情况下做出损害委托人的行为，原因在于信息不对称。信贷市场之所以存在道德风险，究其原因在于融资方与资金给予方两者之间的利益不一致，导致融资方破坏了双方之间的协议合同。由于银行等金融机构的监管漏洞，许多企业获得融资后将资金投入风险大的项目，从而导致银行等金融机构承担额外的风险。

2. 信贷失信惩戒机制不健全

统一授信供应链金融的参与各方代表的利益各不相同，承担的风险也会不同。目前，统一授信供应链金融运作过程中出现的重复质押、一货多嫁等现象，表面上看是银行等金融机构监管不力造成的，实际原因在于第三方物流企业的失信惩戒机制不健全。因此，建立物流行业的信用秩序，不仅要依靠道德约束，还要依赖于严格的失信惩戒机制。当惩戒机制不合理时，对第三方物流企业的失信行为惩罚较轻，在一定程度上默认这种行为，容易给银行等金融机构带来更大的损失。只有构建科学合理的惩戒机制，才能更好地发挥第三方物流企业的监管作用。

目前，我国主要依靠国家法律和行业协会监管企业的失信行为。法律制定源于现实生活的需要，物流相关法律法规也是伴随着物流业务发展而产生的。物流环节涉及的利益主体多而复杂，很多领域还存在着较多的立法空白。到目前为止，我国还没有专门针对物流行业信用问题的法律法规，失信惩戒机制缺乏法律保护。中国物流与采购联合会是我国物流行业比较权威的行业协会，从 2007 年开始组织物流企业信用评级活动，到目前申请的物流企业总共才 400 多家。这项活动采取自愿申请的原则，企业普遍缺乏主动性，更谈不上对信用行为的管制和失信行为的处罚。

3. 供应链融资企业的突发性违约

统一授信供应链金融属于物流金融的一种运作模式，而物流金融本身是银行等金融机构联手第三方物流企业在金融领域的创新产品，统一授信供应链金融相较于委托监管模式更能充分调动第三方物流企业的积极性，维护银行等金融机构贷款资金的安全。银行等金融机构直接授信给第三方物流企业，但最终款项能否及时收回，主要与供应链融资企业的信用相关。当供应链融资企业发生违约行为时，间接地就会引起第三方物流企业无法按时还款。因此，银行等金融机构的当务之急就是建立一套能够衡量第三方物流企业信用风险的指标体系，为其融资决策提供依据。

第三节　集团企业统一授信供应链金融风险识别

随着我国经济的快速发展，以集团企业为主的各种关联性公司得到迅速发展。规模庞大、发展稳健的大集团不仅成为国家产业实力和竞争力的重要标志，也成为银行等金融机构重点拓展的客户群体。但是，在经济体制转型时期，银行等金融机构服务于集团企业并取得较大利益的同时，也隐藏着巨大的风险。从信贷业务来看，近年来，集团企业过度授信风险频频爆发，银行等金融机构信贷损失数额巨大，绝大多数贷款成为死账坏账，表明银行等金融机构普遍缺乏信贷风险防范机制与意识，对集团企业授信的潜在风险识别能力相对较差。因此，加强集团企业信贷风险的防范已是当务之急。

银行等金融机构在进行统一授信时都会考虑集团企业的授信限额，但采用的风险控制模型的精确性和实效性还有待完善。因此，即使对集团企业的统一授信完全按照授信限额进行，仍有可能发生风险，更不用说银行等金融机构之间面临激烈的市场竞争，为了提高利润，增加市场份额，因而发生违规操作的情况。另外，集团企业往往和多家银行等金融机构进行信贷业务往来，从而造成了共同代理问题。即当一个集团企业与多家银行等金融机构发生信贷往来时，银行等金融机构在授信过程中可能发生搭便车现象，即贷前没有进行严格调查和审查，贷后没有进行有效管理，导致授信额度总和超过集团企业的资产承受能力，产生过度授信问题。

一、超额授信风险

为了进一步规范银行等金融机构对集团企业的统一授信行为，银监会修改并完善了 2003 年 10 月颁布的《商业银行集团客户授信业务风险管理指引》，特别要求银行等金融机构统一管理集团企业的授信业务，切实防范集团企业的授信业务风险。但是，由于银行等金融机构面临同行业竞争，对集团企业的统一授信并未真正实行统一管理。有的集团企业采取变通策略以获得更多的银行等金融机构授信，从而导致了多头授信、过度授信和超额授信。从形式上看，有的集团企业跨银行、跨区域向多家银行等金融机构同时申请授信，或者向同一银行等金融机构系统的多家分行申请授信；有的集团企业通过集团内部具有一定知名度的公司分别在多家银行等金融机构获取授信；还有的集团企业针对部分银行等金融机构的承兑业务、贴现业务并未纳入统一授信管理这一漏洞，通过集团内部关联交易骗取银行等金融机构的承兑，从而突破统一授信限额，获取超额授信。这种多头授信与超额授信，都会导致统一授信总额超过集团企业的整体承债能力，进一步加大银行等金融机构的授信风险。

二、变相信贷风险

有些集团企业采取母公司为子公司担保、子公司之间相互担保等融资方式，造成表面上可以满足银行等金融机构第二还款来源要求的虚假现象，从而骗取统一授信。银行等金融机构对集团企业的实际负债情况并不十分清楚，为了在理论上保证统一授信工作获得必须的证据支持与逻辑表述，只能通过审查集团企业提供的资产负债表、损益表等财务资料获得证据。其实，这种方式并不能保证银行等金融机构完全掌握集团企业的客观真实情况，更无法掌握集团企业的具体经营状况，因此担保贷款就可能变成了并无实际意义的信用贷款。

三、贷款挪用风险

在企业经营活动中，集团企业往往依托几个骨干企业实行规模化扩张。而在业务扩张过程中，集团所属的骨干企业应当担负起融资的主要责任。但在集团企业资金运行过程中，集团企业母公司充当内部银行的角色，对资金的使用发挥统筹调配功能。在这种情况下，银行等金融机构的信贷资金往往因为集团企业的实际需要而被挪用，特别是在集团企业发展和改变命运的紧要关头，集团企业往往选择挪用银行等金融机构的流动资金贷款，加大股权投资和固定资产投资的力度，这样一来就会极大增加银行等金融机构的授信风险。

四、短贷长占风险

集团企业为了顺利完成扩张战略，往往临时拆借银行等金融机构到期的贷款，通过这种方式创造虚假信用记录。这种运作方式既成事实以后，迫于财务制度责任和纪律约束，银行等金融机构不得不为集团企业创造条件，帮助其再举新债偿还到期贷款。这样做的结果可以暂时起到掩盖风险、推迟风险暴露的作用，但并不能真正地消除授信风险，反而为银行等金融机构的短期信贷资金被企业长期占用提供了方便，导致越来越多的贷款被深度套牢。如果集团企业的资金链发生断裂，银行等金融机构的贷款就会无法收回，因而造成巨大损失。

五、信用道德风险

目前，许多集团企业的管理制度还不够规范与完善，其下属子公司名义上具有法人资格，但没有实际经营管理的自主权，尤其是人事权、决策权和资金调度权等，这些重要权力都掌握在集团企业母公司手中。因此，集团企业就会利用信息不对称、银行等金融机构激烈竞争以及授信管理方面的疏漏和缺失，从多家银行等金融机构获取贷款。集团企业母公司为了消除银行等金融机构的疑虑，表面上满足其统一授信的条件，往往采取集团企业间的相互担保、关联企业间的虚假购销合同、提供虚假报表等多种变通方式实现这一目标，取得银行等金融机构的统一授信。如此一来往往就会造成很大的隐患，如果发生无法按时偿贷的情况，集团企业往往通过内部关联关系，违反市场公允价格原则转移资产，造成逃避银行等金融机构债权的道德风险。

六、经营管理风险

目前，针对集团企业的统一授信风险管理还没有跟上业务发展的步伐。银行等金融机构也没有建立起有效的风险监控机制和信息预警系统，还不能适应集团企业的特点实行严格的统一授信管理。银行等金融机构的工作人员风险管理意识和业务知识存在欠缺，往往不关心集团企业资金的运营效果，只关心集团企业的还款资金来源问题，对集团企业的非财务因素、市场变化、政策变化等带来风险的诸多因素缺乏准确分析。目前我国还没有形成完善的统一授信法规及其技术条件，无法将风险控制在合理的范围。同时，银行等金融机构受到"羊群效应"的影响，当集团企业经营形势大好时，争相为其贷款，因而产生巨大的隐性风险。当集团企业经营活动出现一些风吹草动，银行等金融机构则一哄而上进行清收活动，加速了集团企业的资金链断裂，导致其统一授信风险和银企双方损失的成倍放大。

七、关联交易风险

随着集团企业多元化经营以及不断扩大的经营规模，集团企业的关联交易越来越普遍。关联交易可以降低交易成本，实现规模化经营。但对银行等金融机构而言，集团企业关联交易带来的风险则很难控制。

1. 传递经营风险

集团企业各分公司、子公司之间的关联交易虽然可以降低交易成本，实现规模化经营，提高市场竞争力。但是相互之间过分依赖，如某环节的子公司或分公司出现经营问题，那么就会在关联交易频繁的整个集团企业内部被无限放大，由一个子公司或分公司的经营风险传递到其他相关联的子公司或分公司，如果得不到很好的控制，经营风险就会被无限次地传递与扩大，影响到整个集团企业，进而造成银行等金融机构的统一授信业务风险。

2. 粉饰财务报表

有些集团企业利用关联交易掩饰亏损，调节利润，粉饰财务报表。集团企业利用关联方之间的购销活动进行作假，在关联企业之间远低于市场价格买进原材料等物资，或是远高于市场价格卖出商品，实现虚假利润；或通过操纵与关联方各自分摊的管理费用和销售费用，实现利润调节的目的；或者将不良资产委托给关联方经营，按照双方协议价收取高额回报，这笔回报挂在企业的往来账户上，虽然没有真正的现金流入，却提高了集团企业的利润，并且避免了不良资产带来的亏损。一些经营不善的集团企业为了获得更高的统一授信评级与授信额度，费尽心思地粉饰财务报表，给银行等金融机构的统一授信管理埋下了风险的种子。

总之，国内不断发生的集团企业统一授信供应链金融风险，其核心都是信用风险，即违约风险。信用风险的本质乃是债务人因为主客观原因无法按照合同约定履行相关规定义务，因而导致信用质量降低，造成损害金融产品价值的后果，从而给银行等金融机构造成难以挽回的利益损失。

第五章
统一授信供应链金融风险评价

供应链金融风险评价是指在风险识别基础上,通过运用理论模型,将供应链金融业务中存在的能够影响供应链健康稳定、有效运行的风险因素进行量化分析,最终得出供应链中某个企业或者某个风险发生的可能程度与危害程度,并将其作为风险控制主要依据的过程。

风险评价与控制质量直接关系到银行等金融机构信贷业务的安全与否,供应链金融一方面有效地缓解了供应链中小企业的融资困境,另一方面也推动了银行等金融机构金融产品与业务的创新,促进了银行等金融机构的业务增值。但是,银行等金融机构本身就是风险的聚集地,建立一套完善的金融风险评价与控制体系意义重大。

第一节 核心企业统一授信供应链金融风险评价

供应链核心企业拥有雄厚的资本以及良好的外部融资渠道,当供应链融资企业由于自身能力的限制而得不到外部融资时,往往依靠核心企业的担保而获得贷款。这种模式逐渐发展为银行等金融机构统一授信给实力雄厚的核心企业,通过其向需要贷款的供应链融资企业进行放款。

核心企业统一授信供应链金融存在一定的风险,包括环境风险、信用风险、市场风险、政策风险和法律风险[95],这些风险受供应链融资企业的综合实力、供应链运营状况和行业风险因素的影响[278]。但是，在供应链核心企业提供担保的情况下，当市场情况恶化或系统风险增大时，核心企业就会面临回购量增加的情况，增大其资金压力[279]。

学术界研究核心企业统一授信供应链金融风险主要集中在信用风险、操作风险和市场风险三个方面。事实上，供应链金融最重要的风险来源则是信用风险。识别与度量核心企业统一授信供应链金融的信用风险，目的在于帮助银行等金融机构把握其风险大小并做出融资决策。本节构建了供应链核心企业统一授信供应链金融风险评价指标体系，选取科学合理的评价指标对其风险进行度量与评价。

一、核心企业统一授信供应链金融风险评价指标

（一）风险指标选取原则

选取科学合理的评价指标有助于银行等金融机构评估授信对象的信用风险，同时指标取值的准确性也会间接影响授信企业的风险管控。因此，指标选取原则是银行等金融机构进行信用风险评估的重要基础。

1. 全面性原则

为了能够对供应链核心企业的信用风险进行全面评估，在构建核心企业信用风险评价指标体系过程中，应该全面考虑各种可能性的指标，选取能够充分体现核心企业信用风险的指标。同时，还要注重数据的整体性，全面地对供应链核心企业进行分析。

2. 科学性原则

指标选择一定要有理论依据，能够客观反映实际情况，既要科学地选择指标内容，还要科学地选择指标数据。只有指标选择具有一定的科学性，才能构建科学的评价指标体系，才能准确衡量供应链核心企业的信用风险。

3. 层次性原则

评价指标的实施对象最终是供应链融资企业，因此，选取指标时应该要有层次性，由高到低、由整体到部分，这样按照层次筛选出来的评价指标，不仅要重点突出，还要更好地反映全局。

4. 可操作性原则

选取评价指标既要考虑指标的可获得性，不能主观臆断地随意选择不

可获得的指标;同时还要考虑数据是否易于量化,是否能够进行量化计算。

根据上述原则,本节首先选取核心企业统一授信供应链金融风险指标的准则层为超额授信风险、经营风险、监管风险、信用道德风险,其次参考何娜敏(2016)[280]、彭程(2015)[281]、赵艳超(2014)[282]的研究成果构建风险评价指标体系,包括4个一级指标、13个二级指标(见表5.1)。

表5.1 核心企业统一授信供应链金融风险评价指标体系

目标层	准则层	指标层
核心企业统一授信供应链金融风险 A	超额授信风险 B1	核心企业对供应链过度授信风险 C11
		供应链融资企业重复质押的风险 C12
	经营风险 B2	供应链企业关联业务占供应链总业务比重 C21
		供应链融资企业经营不善的风险 C22
		供应链核心企业经营不善的风险 C23
	监管风险 B3	物流监管企业审查不严,监管不当的风险 C31
		供应链核心企业对融资企业监管机制不完善的风险 C32
		供应链融资企业内部资金监管机制的风险 C33
	信用道德风险 B4	供应链核心企业对统一授信金额进行贷款挪用的风险 C41
		供应链核心企业对统一授信金额进行资产转移的风险 C42
		第三方物流企业对供应链融资企业产品虚假估值的风险 C43
		供应链融资企业占用资金的风险 C44
		供应链融资企业蓄意欺诈的风险 C45

(二) 确定评价指标权重

基于层次分析法确定评价指标权重是综合评价的前提,决定着评价结果的合理性与可靠性。层次分析法是一种被广泛运用于评价指标权重计算的多维目标决策统计方法,能够将定性分析与定量分析有机结合,并使复杂问题层次化与系统化[283]。

1. 构造判断矩阵

确立两两比较的判断矩阵,准则层相对于目标层的两两判断矩阵为:

$$B = (b_{ij})_{n \times n} = \begin{bmatrix} b_{11} & b_{12} & \cdots & b_{1n} \\ b_{21} & b_{22} & \cdots & b_{2n} \\ \cdots & \cdots & \cdots & \cdots \\ b_{n1} & b_{n2} & \cdots & b_{nn} \end{bmatrix}, \ b_{ij} > 0, \ b_{ji} = \frac{1}{b_{ij}}, \ b_{ii} = 1 \quad (5.1)$$

其中，b_{ij} 表示对目标层来说准则层 B_i 和 B_j 的重要程度之比，该数值采用"1-9 标度法"表示（见表 5.2）；n 表示矩阵阶数，准则层相对于目标层阶数为 4。

表 5.2　成对比较矩阵的尺度含义

标度值	两个元素重要性程度比较
1	同等重要
3	稍微重要
5	明显重要
7	强烈重要
9	绝对重要
2，4，6，8	上述相邻判断结果的折中

2. 根据特征根法求解指标权重

若成对比较矩阵是一致性矩阵，如式（5.1）中的 B，则应取对应的特征根 n 的归一化特征向量，表示 B_1、B_2、B_3、B_4 对 A 的权重，则该向量为权向量。

若成对比较矩阵不是一致性矩阵，但在不一致的容许范围内，则用对应于 B 的最大特征根（记作 λ）的特征向量归一化后作为权向量 w，即 w 满足：

$$Bw = \lambda w \quad (5.2)$$

由于 B 是主观指标，计算完成后需要进行一致性检验，确定其范围是否合理。具体计算步骤如下：

（1）对两两判断矩阵 B 按行求积：

$$M_i = \prod_{j=1}^{n} b_{ij} \quad (5.3)$$

（2）计算 n 次方根并进行归一化计算：

$$w_i = \frac{M_i^{\frac{1}{n}}}{\sum_{i=1}^{n} M_i^{\frac{1}{n}}} \tag{5.4}$$

此时 $w = (w_1, w_2, \cdots, w_n)^T$，即为近似的特征向量。

（3）进行一致性检验。由于评价指标体系层次结构的复杂性与判断矩阵构造中不可避免的主观性，为保证结果可靠，须进行判断矩阵的一致性检验。当一致性系数 $CR < 0.1$ 时，则认为判断矩阵可靠，CR 可表示为：

$$CR = \frac{CI}{RI} \tag{5.5}$$

其中，RI 为平均一致性指标，取决于判断矩阵的阶数，可通过表5.3确定；CI 为判断矩阵的一致性指标，CI 可表示为：

$$CI = \frac{\lambda_{\max} - n}{n - 1} \tag{5.6}$$

其中，$\lambda_{\max}$ 为判断矩阵的最大特征根，计算过程为 $\lambda_{\max} = \frac{1}{n} \sum_{i=1}^{n} \frac{(Bw)_i}{w_i}$，其中 $(Bw)_i$ 为 Aw 中第 i 个元素。

表5.3 RI 指标值

矩阵阶数	2	3	4	5	6	7	8	9	10
RI	0	0.58	0.90	1.12	1.24	1.32	1.41	1.45	1.49

同理，构造指标层相对于准则层的判断矩阵，求解指标层相对于准则层的权重，不妨分别令其为 $w_{B11}, \cdots, w_{B45}$，则指标层相对于目标层的总权重 $w_{A1}, w_{A2}, w_{A3}, w_{A4}$ 可表示为：

$$w_{Ai} = w_i \cdot w_{Bi}, \quad i = 1, 2, \cdots, 4 \tag{5.7}$$

（三）基于模糊综合评价的风险评估模型

模糊综合评价是一种基于模糊数学的评价方法，根据隶属度理论可实现对核心企业统一授信供应链金融风险的定量评价。

1. 确立单因素隶属度矩阵

在模糊集合中，隶属度是其中的评价元素对模糊集合的隶属程度。在核心企业统一授信供应链金融风险评价中，指标体系中各指标与风险之间的关系可以用隶属度来表示。假设评价对象的评价指标集为 $X = \{x_1, x_2, \cdots,$

$x_n\}$，评价等级集为 $E = \{e_1, e_2, \cdots, e_p\}$，任意评价指标 x_i 在评价等级 E 上的隶属度为：

$$r_i = (r_{i1}, r_{i2}, \cdots, r_{ip}), i = 1, 2, \cdots, n \tag{5.8}$$

其中，$0 \leq r_{ij} \leq 1$，$j = 1, 2, \cdots, p$，且有 $\sum_{j=1}^{p} r_{ij} = 1$。

则隶属度矩阵 R 为：

$$R = (r_{ij})_{n \times p} = \begin{bmatrix} r_{11} & r_{12} & \cdots & r_{1p} \\ r_{21} & r_{22} & \cdots & r_{2p} \\ \cdots & \cdots & \cdots & \cdots \\ r_{m1} & r_{m2} & \cdots & r_{mp} \end{bmatrix} \tag{5.9}$$

2. 模糊综合评价模型

根据隶属度矩阵 R 和权向量 w，可得到具体指标的评价值 D 为：

$$D = w^T R \tag{5.10}$$

其中，D 为下级指标对上级指标的综合隶属度，w 为评价指标的权重向量，T 为模糊算子。本节采用先求积再求和的"加权平均型"算子，利用隶属度矩阵信息充分、体现权重作用明显以及综合性强的特点，根据最大隶属度原则做出评价。

二、核心企业统一授信供应链金融风险评价模型分析

(一) 各指标权重的确定

通过专家打分，获得准则层相对于目标层的两两判断矩阵为：

$$B = \begin{pmatrix} 1 & 1/5 & 1/5 & 1/3 \\ 5 & 1 & 2 & 3 \\ 5 & 1/2 & 1 & 1 \\ 3 & 1/3 & 1 & 1 \end{pmatrix} \tag{5.11}$$

$$M = (M_1, M_2, M_3, M_4) = (1/75 \quad 30 \quad 5/2 \quad 1) \tag{5.12}$$

$$w = (w_1 \quad w_2 \quad w_3 \quad w_4)^T = \left(\frac{M_1^{\frac{1}{4}}}{\sum_{i=1}^{4} M_i^{\frac{1}{4}}} \quad \frac{M_2^{\frac{1}{4}}}{\sum_{i=1}^{4} M_i^{\frac{1}{4}}} \quad \frac{M_3^{\frac{1}{4}}}{\sum_{i=1}^{4} M_i^{\frac{1}{4}}} \quad \frac{M_4^{\frac{1}{4}}}{\sum_{i=1}^{4} M_i^{\frac{1}{4}}} \right)^T$$

$$= (0.069 \quad 0.474 \quad 0.255 \quad 0.202)^T \tag{5.13}$$

对特征向量进行一致性检验，得到：

$$\lambda_{\max} = \frac{1}{4}\sum_{i=1}^{4}\frac{(Bw)_i}{w_i} = 4.078 \tag{5.14}$$

$$CI = \frac{\lambda_{\max}-n}{n-1} = 0.026, \quad CR = \frac{CI}{RI} = \frac{0.025}{0.9} = 0.029 < 0.1 \tag{5.15}$$

因而该两两判断矩阵具有一致性，准则层相对于目标层的指标权重为：

$$w = (0.069 \quad 0.474 \quad 0.255 \quad 0.202)^T \tag{5.16}$$

同理：超额授信风险的两两判断矩阵 B_1、经营风险的两两判断矩阵 B_2、监管风险的两两判断矩阵 B_3、信用道德风险的两两判断矩阵 B_4 分别为：

$$B_1 = \begin{pmatrix} 1 & 2 \\ 1/2 & 1 \end{pmatrix} \tag{5.17}$$

$$B_2 = \begin{pmatrix} 1 & 3 & 5 \\ 1/3 & 1 & 1/3 \\ 1/5 & 3 & 1 \end{pmatrix} \tag{5.18}$$

$$B_3 = \begin{pmatrix} 1 & 1/3 & 1/5 \\ 3 & 1 & 1/3 \\ 5 & 3 & 1 \end{pmatrix} \tag{5.19}$$

$$B_4 = \begin{pmatrix} 1 & 1/3 & 3 & 4 & 3 \\ 3 & 1 & 7 & 5 & 5 \\ 1/3 & 1/7 & 1 & 1/2 & 1/2 \\ 1/4 & 1/5 & 2 & 1 & 1 \\ 1/3 & 1/5 & 2 & 1 & 1 \end{pmatrix} \tag{5.20}$$

因而可得到超额授信风险的指标权重 w_{B1}、关联交易风险的指标权重 w_{B2}、经营管理风险的指标权重 w_{B3}、信用道德风险的指标权重 w_{B4} 分别为：

$$w_{B1} = (2/3 \quad 1/3)^T \tag{5.21}$$

$$w_{B2} = (0.651 \quad 0.127 \quad 0.222)^T \tag{5.22}$$

$$w_{B3} = (0.105 \quad 0.258 \quad 0.637)^T \tag{5.23}$$

$$w_{B4} = (0.240 \quad 0.511 \quad 0.060 \quad 0.092 \quad 0.097)^T \tag{5.24}$$

根据式（5.7）可以得到指标层相对于目标层的总权重为：

$$w_{A1} = w_{B1} \cdot w_1 = (0.046 \quad 0.023)^T \tag{5.25}$$

$$w_{A2} = w_{B2} \cdot w_2 = (0.309 \quad 0.060 \quad 0.105)^T \tag{5.26}$$

$$w_{A3} = w_{B3} \cdot w_3 = (0.027 \quad 0.066 \quad 0.162)^T \quad (5.27)$$
$$w_{A4} = w_{B4} \cdot w_4 = (0.049 \quad 0.103 \quad 0.012 \quad 0.019 \quad 0.019)^T \quad (5.28)$$

即指标层相对于目标层的综合权重为:

$$w_A = (0.046 \quad 0.023 \quad 0.309 \quad 0.060 \quad 0.105 \quad 0.027 \quad 0.066 \quad 0.162$$
$$0.049 \quad 0.103 \quad 0.012 \quad 0.019 \quad 0.019)^T \quad (5.29)$$

(二) 设定评价指标等级并进行指标评价

假设核心企业统一授信供应链金融风险指标等级 E = (高,较高,一般,较低,低),可给出其风险指标模糊评价表(见表5.4)。

表5.4 核心企业统一授信供应链金融风险指标模糊评价

目标层	准则层	指标层	高	较高	一般	较低	低
核心企业统一授信供应链金融风险 A	超额授信风险 B1	供应链核心企业过度授信风险 C11	0	0.3	0.5	0.2	0
		供应链融资企业重复质押风险 C12	0	0.1	0.4	0.5	0
	经营风险 B2	供应链企业关联业务占供应链总业务比重 C21	0.1	0.6	0.3	0	0
		供应链融资企业经营不善的风险 C22	0	0.5	0.4	0.1	0
		供应链核心企业经营不善的风险 C23	0	0.1	0.3	0.6	0
	监管风险 B3	物流监管企业审查不严,监管不当的风险 C31	0.2	0.5	0.1	0.2	0
		供应链核心企业对融资企业监管机制不完善的风险 C32	0.3	0.3	0.4	0	0
		供应链融资企业内部资金监管机制的风险 C33	0.1	0.1	0.6	0.2	0
	信用道德风险 B4	供应链核心企业对统一授信贷款挪用的风险 C41	0.1	0.2	0.4	0.3	0
		供应链核心企业对统一授信金额进行资产转移的风险 C42	0	0.2	0.4	0.3	0.1
		第三方物流企业对供应链融资企业产品虚假估值的风险 C43	0	0.1	0.6	0.3	0
		供应链融资企业占用资金的风险 C44	0.4	0.6	0	0	0
		供应链融资企业蓄意欺诈的风险 C45	0.5	0.5	0	0	0

通过表 5.4 得到超额授信风险评价矩阵 R_1、关联交易风险评价矩阵 R_2、经营管理风险评价矩阵 R_3、信用道德风险评价矩阵 R_4 分别为：

$$R_1 = \begin{pmatrix} 0 & 0.3 & 0.5 & 0.2 & 0 \\ 0 & 0.1 & 0.4 & 0.5 & 0 \end{pmatrix} \tag{5.30}$$

$$R_2 = \begin{pmatrix} 0.1 & 0.6 & 0.3 & 0 & 0 \\ 0 & 0.5 & 0.4 & 0.1 & 0 \\ 0 & 0.1 & 0.3 & 0.6 & 0 \end{pmatrix} \tag{5.31}$$

$$R_3 = \begin{pmatrix} 0.2 & 0.5 & 0.1 & 0.2 & 0 \\ 0.3 & 0.3 & 0.4 & 0 & 0 \\ 0.1 & 0.1 & 0.6 & 0.2 & 0 \end{pmatrix} \tag{5.32}$$

$$R_4 = \begin{pmatrix} 0.1 & 0.2 & 0.4 & 0.3 & 0 \\ 0 & 0.2 & 0.4 & 0.3 & 0.1 \\ 0 & 0.1 & 0.6 & 0.3 & 0 \\ 0.4 & 0.6 & 0 & 0 & 0 \\ 0.5 & 0.5 & 0 & 0 & 0 \end{pmatrix} \tag{5.33}$$

因而，核心企业统一授信供应链金融风险指标层的综合风险评价矩阵为：

$$R = \begin{pmatrix} R_1 \\ R_2 \\ R_3 \\ R_4 \end{pmatrix} \tag{5.34}$$

根据式（5.10）分别对超额授信风险、关联交易风险、经营管理风险、信用道德风险以及目标层的信用风险进行综合评价，结果如下：

$$\begin{cases} D_1 = w_{A1}^T \cdot R_1 = (0 \quad 0.016 \quad 0.032 \quad 0.021 \quad 0) \\ D_2 = w_{A2}^T \cdot R_2 = (0.031 \quad 0.226 \quad 0.148 \quad 0.069 \quad 0) \\ D_3 = w_{A3}^T \cdot R_3 = (0.041 \quad 0.050 \quad 0.126 \quad 0.038 \quad 0) \\ D_4 = w_{A4}^T \cdot R_4 = (0.022 \quad 0.053 \quad 0.068 \quad 0.040 \quad 0.010) \\ D = w_A^T \cdot R = (0.094 \quad 0.345 \quad 0.374 \quad 0.168 \quad 0.010) \end{cases} \tag{5.35}$$

（三）结果分析

由式（5.35）的评价结果 D 来看，核心企业统一授信供应链金融风险的最大隶属度评级为一般(0.374),说明该风险处于可接受水平。

从各分指标来看,不同准则层的风险水平存在差别。超额授信风险(0.032)、监管风险(0.148)、信用道德风险(0.068)的最大隶属度评级为一般;经营风险(0.226)的最大隶属度评级为较高,表明核心企业统一授信供应链金融的经营风险最高,银行等金融机构和供应链核心企业的监管部门应该重点关注供应链内部经营风险监管。同时也应看到,在三个评级一般的准则层风险中,评级分数最高的一般风险为监管风险(0.126),表明供应链内部监管是核心企业统一授信供应链金融的另一个重要风险来源。总之,对银行等金融机构和供应链核心企业来说,应该充分把握供应链内部经营风险和监管风险等指标层因素,以减少核心企业统一授信供应链金融发生风险的可能性。

第二节 第三方物流企业统一授信供应链金融风险评价

识别与度量第三方物流企业统一授信供应链金融风险,目的在于方便银行等金融机构区分不同物流企业的风险大小。通过构建第三方物流企业统一授信供应链金融风险评价指标体系,可以更好地度量这一风险。

一、第三方物流企业统一授信供应链金融风险评价指标

第三方物流企业统一授信供应链金融风险评价指标的选取原则,与供应链核心企业统一授信供应链金融风险评价指标选取的原则基本相同,故不再赘述。本节重点研究第三方物流企业统一授信供应链金融风险评价指标集的建立。

第三方物流企业统一授信供应链金融风险的识别过程主要包括基本信息分析、财务分析、非财务分析和担保分析四个基本步骤[284]。其中,基本信息分析可以识别能够反映第三方物流企业违约现象发生的风险点,即第三方物流企业的基本情况和信用历史记录。财务分析就是通过第三方物

流企业的财务运营状况识别经营风险和企业发展风险。非财务分析可以识别管理层风险和行业风险。担保分析可以识别抵偿风险和质押物变现风险。本节通过定性指标和定量指标对这些风险指标进行量化。

（一）定性指标的选取

根据第三方物流企业的基本信息分析和非财务分析，在选取第三方物流企业基本情况指标时，尤其是信用历史记录和管理层存在的风险，往往更偏向于通过定性指标进行描述。

1. 第三方物流企业的基本情况

第三方物流企业的基本情况能够帮助银行等金融机构了解企业的信用状况。吴继忠等（2012）[285]、潜力等（2016）[286]通过实证研究得出，企业性质、企业资产规模是影响企业融资约束的重要因素。因此本节选取企业性质、企业资产规模作为描述企业基本情况的指标。

目前，我国物流行业已经形成了三个层次的物流金融服务商。第一层次主要是物流行业中具有国有成分的大型物流企业，如中国远洋集团、中储发展股份有限公司等。这种国有性质的物流企业成立时间早，市场份额、经营实力以及业务种类比民营企业好，因此违约的概率较小。第二层次是20世纪90年代成立的中型上市民营企业，如铁龙物流、怡亚通供应链等。这些企业依托于地域优势发展壮大，虽然已经成功上市，但运营管理能力和市场份额都处于中等水平。第三层次是小型物流企业，这些企业多数是个人集资，管理方面偏向于家庭管理型，开展统一授信业务比较少。由此可见，国有大型物流企业的规模、授信状况要比民营物流企业好，信息披露也比民营企业多，披露质量也比民营企业全面，在某种程度上可以认为其发生信用风险的可能性较小。因此，本节选择企业性质作为评价指标之一。

2. 第三方物流企业的信用状况

中国物流与采购联合会经国务院国资委等部门批准，依据《物流企业信用评级管理办法》等规定负责对提出申请的物流企业进行信用等级评价。本节以该评价结果作为物流企业的信用历史记录进行量化。申请参加信用评级的物流企业，需要说明自身的财务运转和经营状况良好，而且申请评级活动相当于将企业的经营活动置于一个被监督状态，因而能够帮助银行等金融机构在某种程度上对物流企业进行一定的监管。

3. 领导者素质

领导者素质包括许多方面。王巍等（2006）将领导者的综合素质划分为德、能、勤、绩、廉五个衡量标准，并通过工作绩效的动态变化对企业领导者的综合素质进行测评[287]。一个好的领导者首先应该对股东和员工负责，即领导者最基本的职责就是保证企业经营业绩稳定发展。因此，本节在选择领导者素质评价指标时，首先选择领导者业绩作为衡量指标。其次，陆瑶等（2015）通过分析中国 A 股上市公司的数据发现，公司 CEO 的教育水平对公司绩效存在影响关系，领导者的教育水平在某种程度上可以反映领导者的素质能力[288]。因此，本节将企业领导者的教育水平作为领导者素质的二级指标。另外，领导者素质能力更为直接的衡量指标就是薪资待遇。管理者被聘用时，薪资待遇体现了管理者的价值，在某种意义上表明了企业认可该管理者的能力；同时管理者同意任职时，也表明管理者认为自身能力与薪资待遇是匹配的。但考虑到数据的可获得性与准确性，本节只选取领导者业绩和领导者教育水平作为衡量领导者素质的二级指标。

（二）定量指标的选取

本节充分借鉴以往学者的研究成果，将第三方物流企业统一授信供应链金融风险的定量指标划分为经营效益能力、企业发展能力、行业竞争程度和风险抵偿能力四个方面，同时参考我国商务部2016年9月发布的《电子商务物流信用评价体系》，以及刘彦文（2009）通过118篇相关文献统计筛选出的应用频率在50次以上的有关指标选取定量指标[289]。

1. 经营效益能力

经营效益能力包括应收账款周转率、应付账款周转率、固定资产周转率、总资产周转率四个指标，用来反映第三方物流企业的盈利水平。

（1）应收账款周转率。该指标反映了第三方物流企业应收账款的周转速度。第三方物流企业为客户提供货物运输、仓储等服务，其应收账款主要包括客户以其信用记录享受先服务、后结账模式的应付费用。

（2）应付账款周转率。该指标反映了第三方物流企业应付账款的周转速度。当应付账款率过高时，表明第三方物流企业虽然可使用的资金较多，但相应的还款压力也较大。当应付账款周转率较低时，表明第三方物流企业的资金应用能力较差。因此，应付账款周转率需要控制在一个合理的区间范围内,并以物流行业和第三方物流企业自身的历史水平作为参考。

(3) 固定资产周转率也称为固定资产利用率,主要用于分析第三方物流企业对仓库、车辆等运输设备的利用率。固定资产周转率越高,表明第三方物流企业对固定资产的利用率就越高,其管理水平也越好。

(4) 总资产周转率。该指标反映了第三方物流企业利用总资产的能力,也是反映第三方物流企业运营能力的一个重要指标。第三方物流企业的总资产周转率越高,其经营能力就越强。

2. 风险抵偿能力

风险抵偿能力的高低,与第三方物流企业的信用风险密切相关,因此本节选择流动比率、速动比率、资产负债率和现金流动负债比率四个定量指标来反映第三方物流企业的风险抵偿能力。

(1) 流动比率。主要用于表明第三方物流企业内部的流动资产相较于可偿付流动负债的倍数,一般被用来衡量第三方物流企业短期偿债能力的大小。第三方物流企业的流动比率越高,表明其短期偿债能力越强,资产的安全性也就越大。如果第三方物流企业拥有过高的流动比率,表明其内部的现金和存货等流动性资产存在闲置的可能性。

(2) 速动比率。是对流动比率的一个补充,两者之间的区别在于速动比率剔除了流动资产中变现能力最差的存货。第三方物流企业的速动比率主要反映其实际的短期偿债能力,该指标越高,表明第三方物流企业偿还流动负债的能力越强。

(3) 资产负债率。是衡量第三方物流企业债务偿还能力的重要指标,其数值高低反映了第三方物流企业财务风险的大小。但在实际运用过程中,很难通过资产负债率的高低对第三方物流企业的具体负债值进行判断,数值太高或太低都存在问题。当数值太高时,表明第三方物流企业存在严重的财务风险;当数值太低时,表明第三方物流企业的资金利用率较低。因此,选择该指标进行评价应以行业标准值作为参考。

(4) 现金流动负债比率。该指标反映了第三方物流企业的现金流动情况,从现金流角度对第三方物流企业的偿债能力进行描述,可以反映第三方物流企业能够及时偿债的能力。

3. 企业发展潜力

反映企业发展潜力的指标很多,本节主要选择营业收入增长率、利润增长率和总资产增长率三个指标。

(1) 营业收入增长率。是指第三方物流企业年度收入总额相较于上一年度收入总额的增长比率,是反映第三方物流企业经营情况最直接的指标。同时也能反映第三方物流企业的业务增长情况。

(2) 利润增长率。该指标反映了第三方物流企业创造利润的情况,是第三方物流企业管理能力和运营状况的重要指标,能够体现第三方物流企业业绩的增长状况,从而帮助银行等金融机构了解第三方物流企业的发展能力。

(3) 总资产增长率。该指标反映了第三方物流企业在一定时间内总资产规模的增长情况,因此,选择该指标作为衡量第三方物流企业发展能力的一项指标。

4. 行业竞争程度

国内外学者主要从行业竞争激烈程度和企业的行业地位两个方面分析行业竞争情况,本节选择销售收入相对值、勒纳指数来表示。

综上所述,本节构建了第三方物流企业统一授信供应链金融风险评价指标体系(见表5.5)。

表5.5 第三方物流企业统一授信供应链金融风险评价指标体系

	一级指标	二级指标	指标描述
第三方物流企业统一授信供应链金融风险	企业基本情况	企业性质	国有、民营、中外合资等
		资产规模	总资产对数
	信用状况	信用历史记录	物流行业协会评级
	领导者素质	领导者教育水平	主要领导者的学历作为指标
		领导者业绩	主要领导者近三年净资产收益率
	经营效益能力	应收账款周转率	赊销收入净额/应收账款平均余额
		应付账款周转率	营业收入/应付账款平均余额
		固定资产周转率	营业收入/固定资产平均余额
		总资产周转率	营业收入/总资产平均余额

续表

一级指标		二级指标	指标描述
第三方物流企业统一授信供应链金融风险	风险抵抗能力	流动比率	流动资产/流动负债
		速动比率	速动资产/流动负债
		资产负债率	负债总额/资产总额
		现金流动负债比率	经营活动现金净流量/流动负债
	企业发展潜力	营业收入增长率	本期营业利润增加额/上期营业利润
		利润增长率	（期末利润－期初利润）/期初利润
		总资产增长率	本期资产增加额/总资产期初余额
	行业竞争程度	销售收入相对值	$\Delta \log(sales)$
		勒纳指数	（营业收入－营业成本－销售费用）/营业收入

二、第三方物流企业统一授信供应链金融风险评价模型构建

（一）Logistic 模型解析

Logistic 模型预测的违约概率是一个虚拟变量，其取值范围在 0～1 之间。当概率值为 0 时，表示第三方物流企业没有发生违约现象；当概率值为 1 时，表示第三方物流企业出现了违约现象。假设 Y 是二分类变量，$Y=1$ 表示某事件处于发生状态，$Y=0$ 表示事件处于不发生状态；$X=x_1, x_2, \cdots, x_p$ 为解释变量的 p 维表达式。因此，表达式 $P(Y=1/X)$ 是指在 X 发生的情况下 $Y=1$ 发生的概率，可写成 $\pi(x)=P(Y=1/X)$。在统计学中，常用 Logistic 回归模型来描述这个条件概率。

假设 $g(x)=\beta_0+\beta_1 x_1+\cdots+\beta_p x_p$，于是公式可表示为：

$$\pi(x)=\frac{e^{g(x)}}{1+e^{g(x)}} \tag{5.36}$$

其中，$\beta=(\beta_0, \beta_1, \cdots, \beta_p)^T$ 是式（5.36）多元回归模型的参数，$g(x)$ 是 Logistic 回归模型的 Logit 转换，即：

$$g(x)=\log \pi(x)=\log \frac{\pi(x)}{1-\pi(x)} \tag{5.37}$$

（二）Logistic 模型构建

因为现实生活中并非所有的解释变量都是数值型的，Logistic 模型的最

大特点就在于被解释变量是分类变量，处理定性数据方面优于线性回归方法。本节通过运用 Logistic 回归模型来预测第三方物流企业的违约概率。

本节选取 2018 年我国 A 股上市的第三方物流企业年报和锐思金融数据库为样本数据，将样本企业的性质划分为国有企业、国有控股企业、国有参股企业以及其他四类，并分别赋值为 4、3、2、1。企业信用状况主要依据中国物流与采购联合会物流企业信用评价等级，将其信用等级划分为 AAA、AA、A、B、C 五级，并分别赋值为 5、4、3、2、1。领导者教育水平打分依据已有研究，本节首先按照领导者学历的高低进行赋值，博士、硕士、本科、专科、专科以下分别赋值为 5、4、3、2、1。其次运用 SPSS20.0 对样本数据进行描述性统计，结果如表 5.6 所示。

表 5.6　第三方物流企业统一授信供应链金融风险评价指标描述性统计

指标名称	N	最小值	最大值	平均数	标准差
企业性质	108	1	4	1.98	0.986
资产规模	108	21.245	26.0000	25.4513	0.54163
信用历史记录	108	1	6	4.39	2.364
领导者教育水平	108	1	4	2.135	0.945
领导者业绩	108	-24.364	681.3463	14.3549	51.2685
应收账款周转率	108	0.004	0.4663	0.2469	0.10648
应付账款周转率	108	0.0024	2.1052	0.10479	0.21064
固定资产周转率	108	0.0029	7.2616	0.24236	0.94621
总资产周转率	108	-0.249	0.5126	0.016589	0.16946
流动比率	108	0.0013	0.3515	0.10563	0.05465
速动比率	108	0.0025	0.3595	0.1564	0.03446
资产负债率	108	0.0397	0.9462	0.5647	0.15893
现金流动负债比率	108	-0.0128	3.8626	0.256639	0.3635
营业收入增长率	108	-0.3648	0.5629	0.04896	0.1966
利润增长率	108	-0.2642	0.6315	0.13543	0.187624
总资产增长率	108	0.0149	3.15625	0.65625	0.42625
销售收入相对值	108	-64.2579	249.544	5.54112	18.15621
勒纳指数	108	-0.1423	0.6411	0.5946	0.04156

通过对数据进行单因素方差分析以排除作用不明显的相关变量，从而剔除了资产规模、领导者教育水平、领导者业绩、应付账款周转率、固定资产周转率、速动比率和勒纳指数 7 个二级指标，筛选后的指标体系如表 5.7 所示。

表 5.7 筛选后的指标体系

	一级指标	二级指标
第三方物流企业统一授信供应链金融风险	企业基本情况 x_1	企业性质 x_{11}
	信用状况 x_2	信用历史记录 x_{21}
	经营效益能力 x_3	应收账款周转率 x_{31}
		总资产周转率 x_{32}
	风险抵抗能力 x_4	流动比率 x_{41}
		资产负债率 x_{42}
		现金流动负债比率 x_{43}
	企业发展潜力 x_5	营业收入增长率 x_{51}
		利润增长率 x_{52}
		总资产增长率 x_{53}
	行业竞争程度 x_6	销售收入相对值 x_{61}

对筛选后的变量进行因子分析，找出新变量替代原变量。首先对指标进行 KMO 检验和 Bartlett 检验，KMO 值大于 0.5，Bartlett 显著性小于 0.05，说明可以进行因子分析（见表 5.8）。

表 5.8 KMO 检验和 Bartlett 检验

KMO 检验取样适当性		0.604
Bartlett 检验	χ^2	153.462
	Df	64
	显著性	0.000

根据原有变量的关系矩阵，可以采用主成分分析法提取因子。由表 5.9 可得，所有因子的方差都可被解释。

表5.9 因子分析初始解

指标名称	初始解	提取
企业性质	1	0.648
信用历史记录	1	0.159
应收账款周转率	1	0.569
总资产周转率	1	0.869
流动比率	1	0.716
资产负债率	1	0.716
现金流动负债比率	1	0.516
营业收入增长率	1	0.891
利润增长率	1	0.519
总资产增长率	1	0.719
销售收入相对值	1	0.559

对这些变量进行主成分提取，最终在这些因子中提取到4个因子，分别设为 F_1、F_2、F_3、F_4，通过回归估计因子的得分系数。

表5.10 因子得分系数矩阵

指标名称	1	2	3	4
企业性质	0.021	0.218	-0.792	0.091
信用历史记录	0.012	-0.064	-0.034	-0.491
应收账款周转率	0.528	0.016	-0.319	0.219
总资产周转率	0.064	0.173	0.407	0.146
流动比率	0.009	0.230	0.096	0.684
资产负债率	0.063	-0.561	-0.034	0.054
现金流动负债比率	-0.068	0.415	-0.097	0.063
营业收入增长率	0.607	-0.061	-0.002	-0.072
利润增长率	0.426	0.173	-0.036	0.053
总资产增长率	-0.099	0.037	0.591	0.126
销售收入相对值	0.592	-0.163	-0.043	-0.021

由表5.10可以写出下列关系式：

$$F_1 = 0.021x_{11} + 0.012x_{21} + 0.528x_{31} + 0.064x_{32} + 0.009x_{41} + 0.063x_{42} -$$
$$0.068x_{43} + 0.607x_{51} + 0.426x_{52} - 0.099x_{53} + 0.592x_{61} \quad (5.38)$$

$$F_2 = 0.218x_{11} - 0.064x_{21} + 0.016x_{31} + 0.173x_{32} + 0.230x_{41} - 0.561x_{42} +$$
$$0.415x_{43} - 0.061x_{51} + 0.173x_{52} + 0.037x_{53} - 0.163x_{61} \quad (5.39)$$

$$F_3 = -0.792x_{11} - 0.034x_{21} - 0.319x_{31} + 0.407x_{32} + 0.096x_{41} - 0.034x_{42} -$$
$$0.097x_{43} - 0.002x_{51} - 0.036x_{52} + 0.591x_{53} - 0.043x_{61} \quad (5.40)$$

$$F_4 = 0.091x_{11} - 0.491x_{21} + 0.219x_{31} + 0.146x_{32} + 0.684x_{41} + 0.054x_{42} +$$
$$0.063x_{43} - 0.072x_{51} + 0.053x_{52} + 0.126x_{53} - 0.021x_{61} \quad (5.41)$$

由上述关系式可以得出，F_1 中应收账款周转率、利润增长率、营业收入增长率和销售收入相对值的系数最大，说明它们对 F_1 的影响最大，故 F_1 反映了企业的综合竞争能力。F_2 中资产负债率和现金流动负债比率的系数最大，说明它们对 F_2 的影响最大，故 F_2 反映了企业的债务偿还能力。F_3 中企业性质、总资产周转率和总资产增长率的系数最大，说明它们对 F_3 的影响最大，故 F_3 反映了企业的发展能力。F_4 中信用记录和流动比率的系数最大，说明它们对 F_4 的影响最大，故 F_4 反映了企业的信用情况。

将上述四个因子代入 Logistic 回归模型，得到以下结果（见表5.11）。

表5.11 Logistic模型回归方程变量显著性结果

	B	S.E.	Wald	Df	显著性	Exp
F_1	-2.156	0.079	6.174	1	0.035	0.094
F_2	-4.261	0.426	9.061	1	0.045	1.102
F_3	-2.042	0.394	2.495	1	0.031	0.591
F_4	-0.671	0.426	4.691	1	0.025	0.617
常数	-0.816	0.480	6.184	1	0.004	0.173

表5.11描述了回归方程的总体情况。当显著性水平为0.05时，解释变量与被解释变量为线性关系。同时得到 Logistic 回归概率方程：

$$\log \frac{P}{1-P} = -0.816 - 2.156F_1 - 4.261F_2 - 2.042F_3 - 0.671F_4 \quad (5.42)$$

由 Logistic 回归概率方程可得，四个因子系数皆为负数，分别是

−2.156、−4.261、−2.042 和 −0.671。其中 F_2 的系数影响最大,其次是 F_1、F_3、F_4,说明企业的债务偿还能力对第三方物流企业统一授信供应链金融风险影响最大。债务偿还能力数值越小,说明企业偿还债务的能力越弱,企业违约的风险就越高。企业的经营能力对第三方物流企业统一授信供应链金融风险起到一定的影响作用,由于第三方物流企业环节多、周期长、内容繁琐,因而面临很大的风险。如果企业货款无法及时追回,可能引起企业资金周转困难,给企业经营带来一系列的困难,甚至会导致企业利润下滑,经营出现问题,进而产生违约现象。企业发展能力与第三方物流企业统一授信供应链金融风险成反比,第三方物流企业的总资产周转率反映了企业的发展能力,由于第三方物流企业需要在仓储、车辆方面投入大量资金,资金周转能力成为企业正常运营的关键因素。该指标数值越大,说明企业的资金周转能力越强,企业的经营能力也越强,进而企业的违约风险就越小。企业的信用情况在一定程度上反映了第三方物流企业统一授信供应链金融风险的大小,一般来讲,企业的信用情况越高,发生违约的概率就越小。

第三节 集团企业统一授信供应链金融风险评价

企业融资风险研究一直是学术界普遍关注的问题。2018 年 4 月,美国商务部工业与安全局(BIS)做出了"激活对中兴通讯和中兴康讯公司拒绝令"的决定,这一重要事件的发生,引起各国业界对企业风险问题的探究[290]。

国内学者研究集团企业统一授信供应链金融风险问题取得了一些成果。周一懋等(2018)认为,集团企业之间存在关联信用风险,该风险具有隐蔽性和复杂性[291]。周利国等(2019)指出,集团企业之间的风险存在传染效应,这种传染效应受到宏观经济因素和公司经营能力、财务状况等微观因素的影响[292]。纳鹏杰等(2017)研究发现,当集团企业内某一上市公司风险增加时,其他上市公司的风险就会上升,而且无论是财务风险还是市场风险均会存在传染效应[293]。因此,研究集团企业统一授信供应链金融风险主要集中在信用风险传染方面。

目前,随着产业分工程度的不断提高,单个企业逐渐发展成为供应链的一环。集团企业的子公司往往因为产业分工不同而组成一个供应链整体。对集团企业来说,其融资风险既不同于单一企业融资风险,也与一般的供应链金融风险存在区别。因此,如何评价集团企业统一授信供应链金融风险就是本节研究的重点。

一、集团企业统一授信供应链金融风险评价指标选取

长期以来,国内集团企业授信漏洞的新闻报道屡见不鲜。授信工作安全以及后续风险管理直接关系到集团企业对银行等金融机构的信任问题。目前,国内银行等金融机构授信管理存在的问题较多。为了有效地缓解这一问题,为集团企业提供安全优质的授信条件,有必要借鉴国外商业银行的成熟做法,通过数学方法将定性因素定量化呈现,有效地把控集团企业统一授信供应链金融风险。

结合集团企业统一授信供应链金融风险识别,本节选取的准则层指标主要包括超额授信风险、关联交易风险、经营管理风险、信用道德风险。同时参考朱泽坤（2014）[294]、黄时（2014）[295]、刘璐（2012）[296]的研究成果,结合实际情况构建集团企业统一授信供应链金融风险评价指标体系。该体系包括4个二级指标、12个三级指标（见表5.12）。

表5.12　集团企业统一授信供应链金融信用风险识别指标体系

目标层	准则层	指标层
集团企业统一授信供应链金融信用风险 A	超额授信风险 B1	多头授信风险 C11
		过度授信风险 C12
	关联交易风险 B2	关联业务在集团内部占总业务的比重 C21
		母公司过度对子公司控制的风险 C22
	经营管理风险 B3	内部风险监管机制存在的风险 C31
		对外部市场政策的反应机制的风险 C32
		经营不善银行催收的风险 C33

续表

目标层	准则层	指标层
集团企业统一授信供应链金融信用风险 A	信用道德风险 B4	虚假购销粉饰利润风险 C41
		相互担保骗取授信的风险 C42
		资产转移的风险 C43
		贷款挪用的风险 C44
		短贷长占的风险 C45

本节采用模糊评价法进行评价,具体步骤与第一节相同,故不再赘述。

二、集团企业统一授信供应链金融风险评价

(一) 各指标权重的确定

通过专家打分,获得准则层相对于目标层的两两判断矩阵为:

$$B = \begin{pmatrix} 1 & 1/5 & 1/3 & 1/6 \\ 5 & 1 & 3 & 1/2 \\ 3 & 1/3 & 1 & 1/3 \\ 6 & 2 & 3 & 1 \end{pmatrix} \tag{5.43}$$

$$M = (M_1, M_2, M_3, M_4) = (1/90 \quad 15/2 \quad 1/3 \quad 36) \tag{5.44}$$

$$w = (w_1 \quad w_2 \quad w_3 \quad w_4)^T = \left(\frac{M_1^{\frac{1}{4}}}{\sum_{i=1}^{4} M_i^{\frac{1}{4}}} \quad \frac{M_2^{\frac{1}{4}}}{\sum_{i=1}^{4} M_i^{\frac{1}{4}}} \quad \frac{M_3^{\frac{1}{4}}}{\sum_{i=1}^{4} M_i^{\frac{1}{4}}} \quad \frac{M_4^{\frac{1}{4}}}{\sum_{i=1}^{4} M_i^{\frac{1}{4}}} \right)^T$$

$$= (0.063 \quad 0.319 \quad 0.146 \quad 0.472)^T \tag{5.45}$$

对特征向量进行一致性检验,得到:

$$\lambda_{\max} = \frac{1}{4} \sum_{i=1}^{4} \frac{(Bw)_i}{w_i} = 4.075 \tag{5.46}$$

$$CI = \frac{\lambda_{\max} - n}{n-1} = 0.025, \quad CR = \frac{CI}{RI} = \frac{0.025}{0.9} = 0.028 < 0.1 \tag{5.47}$$

因而,该两两判断矩阵具有一致性,准则层相对于目标层的指标权重为:

$$w = (0.063 \quad 0.319 \quad 0.146 \quad 0.472)^T \tag{5.48}$$

同理:超额授信风险的两两判断矩阵 B_1、关联交易风险的两两判断矩

阵 B_2、经营管理风险的两两判断矩阵 B_3、信用道德风险的两两判断矩阵 B_4 分别为：

$$B_1 = \begin{pmatrix} 1 & 3 \\ 1/3 & 1 \end{pmatrix} \tag{5.49}$$

$$B_2 = \begin{pmatrix} 1 & 5 \\ 1/5 & 1 \end{pmatrix} \tag{5.50}$$

$$B_3 = \begin{pmatrix} 1 & 3 & 5 \\ 1/3 & 1 & 2 \\ 1/5 & 1/2 & 1 \end{pmatrix} \tag{5.51}$$

$$B_4 = \begin{pmatrix} 1 & 1/2 & 1 & 1/3 & 2 \\ 2 & 1 & 2 & 1/3 & 3 \\ 1 & 1/2 & 1 & 1/3 & 2 \\ 3 & 3 & 3 & 1 & 5 \\ 1/2 & 1/3 & 1/2 & 1/5 & 1 \end{pmatrix} \tag{5.52}$$

由此可得到超额授信风险的指标权重 w_{B1}、关联交易风险的指标权重 w_{B2}、经营管理风险的指标权重 w_{B3}、信用道德风险的指标权重 w_{B4} 分别为：

$$w_{B1} = (0.75 \quad 0.25)^T \tag{5.53}$$

$$w_{B2} = (5/6 \quad 1/6)^T \tag{5.54}$$

$$w_{B3} = (0.648 \quad 0.230 \quad 0.122)^T \tag{5.55}$$

$$w_{B4} = (0.133 \quad 0.219 \quad 0.133 \quad 0.442 \quad 0.073)^T \tag{5.56}$$

根据式（5.7）可以得到指标层相对于目标层的总权重为：

$$w_{A1} = w_{B1} \cdot w_1 = (0.047 \quad 0.016)^T \tag{5.57}$$

$$w_{A2} = w_{B2} \cdot w_2 = (0.266 \quad 0.053)^T \tag{5.58}$$

$$w_{A3} = w_{B3} \cdot w_3 = (0.095 \quad 0.034 \quad 0.018)^T \tag{5.59}$$

$$w_{A4} = w_{B4} \cdot w_4 = (0.063 \quad 0.103 \quad 0.063 \quad 0.208 \quad 0.034)^T \tag{5.60}$$

即指标层相对于目标层的综合权重为：

$$w_A = (0.047 \quad 0.016 \quad 0.266 \quad 0.053 \quad 0.095 \quad 0.034 \quad 0.018 \quad 0.063 \\ 0.103 \quad 0.063 \quad 0.208 \quad 0.034)^T \tag{5.61}$$

（二）设定评价指标等级并进行评价

假设集团企业统一授信供应链风险指标等级 E =（高，较高，一般，较低，低），参考相关文献及咨询银行等金融机构和集团企业的风险控制部门，得到集团企业统一授信供应链金融风险指标模糊评价（见表 5.13）。

表 5.13 集团企业统一授信供应链金融风险指标模糊评价

目标层	准则层	指标层	高	较高	一般	较低	低
集团内部企业统一授信供应链金融信用风险 A	超额授信风险 B1	多头授信风险 C11	0	0.046	0.954	0	0
		过度授信风险 C12	0	0	0.125	0.875	0
	关联交易风险 B2	关联业务在集团内部占总业务的比重 C21	0.1	0.1	0.6	0.2	0
		母公司过度对子公司控制的风险 C22	0	0	0.904	0.096	0
	经营管理风险 B3	内部风险监管机制存在的风险 C31	0	0.168	0.832	0	0
		对外部市场政策的反应机制的风险 C32	0	0	0.4	0.6	0
		经营不善银行催收的风险 C33	0	0	0.4	0.6	0
	信用道德风险 B4	虚假购销粉饰利润风险 C41	0	0	0.1	0.2	0.7
		相互担保骗取授信的风险 C42	0	0.1	0.4	0.4	0.1
		资产转移的风险 C43	0	0.2	0.3	0.3	0.2
		贷款挪用的风险 C44	0	0	0	0.946	0.054
		短贷长占的风险 C45	0	0	0.246	0.754	0

从而得到超额授信风险评价矩阵 R_1、关联交易风险评价矩阵 R_2、经营管理风险评价矩阵 R_3、信用道德风险评价矩阵 R_4 分别为：

$$R_1 = \begin{pmatrix} 0 & 0.046 & 0.954 & 0 & 0 \\ 0 & 0 & 0.125 & 0.875 & 0 \end{pmatrix} \tag{5.62}$$

$$R_2 = \begin{pmatrix} 0.1 & 0.1 & 0.6 & 0.2 & 0 \\ 0 & 0 & 0.904 & 0.096 & 0 \end{pmatrix} \tag{5.63}$$

$$R_3 = \begin{pmatrix} 0 & 0.168 & 0.832 & 0 & 0 \\ 0 & 0 & 0.4 & 0.6 & 0 \\ 0 & 0 & 0.4 & 0.6 & 0 \end{pmatrix} \tag{5.64}$$

$$R_4 = \begin{pmatrix} 0 & 0 & 0.1 & 0.2 & 0.7 \\ 0 & 0.1 & 0.4 & 0.4 & 0.1 \\ 0 & 0.2 & 0.3 & 0.3 & 0.2 \\ 0 & 0 & 0 & 0.946 & 0.054 \\ 0 & 0 & 0.246 & 0.754 & 0 \end{pmatrix} \tag{5.65}$$

因而集团企业内部供应链金融风险指标层的综合风险评价矩阵为：

$$R = \begin{pmatrix} R_1 \\ R_2 \\ R_3 \\ R_4 \end{pmatrix} \tag{5.66}$$

根据式（5.10）分别对超额授信风险、关联交易风险、经营管理风险、信用道德风险以及目标层的信用风险进行综合评价，结果如下：

$$\begin{cases} D_1 = w_{A1}^T \cdot R_1 = (0 \quad 0.002 \quad 0.047 \quad 0.014 \quad 0) \\ D_2 = w_{A2}^T \cdot R_2 = (0.027 \quad 0.027 \quad 0.208 \quad 0.058 \quad 0) \\ D_3 = w_{A3}^T \cdot R_3 = (0 \quad 0.016 \quad 0.100 \quad 0.031 \quad 0) \\ D_4 = w_{A4}^T \cdot R_4 = (0 \quad 0.023 \quad 0.075 \quad 0.295 \quad 0.078) \\ D = w_A^T \cdot R = (0.027 \quad 0.068 \quad 0.429 \quad 0.399 \quad 0.075) \end{cases} \tag{5.67}$$

（三）结果分析

由式（5.67）的综合评价结果 D 来看，集团企业统一授信供应链金融整体风险的最大隶属度评级为一般（0.429），说明该集团企业统一授信供应链金融风险处于可接受水平。

从分指标来看，不同准则层的风险水平存在差别。超额授信风险（0.047）、关联交易风险（0.208）、经营管理风险（0.100）的最大隶属度评级均为一般，信用道德风险（0.295）的最大隶属度评级为较低。因此，银行等金融机构和集团企业的监管部门应该重点关注集团企业的超额授信、关联交易和经营管理存在的风险问题。同时也应看到，集团企业在上述三种评级一般的准则层风险中，评级分数较高的准则层指标的风险类型为关联交易风险（0.208）和经营管理风险（0.100），表明该集团企业统一授信供应链金融风险主要来源于集团企业的关联交易风险和经营管理风险，因而对银行等金融机构和集团企业来说，应充分把控关联交易风险和经营管理风险下的指标层因素，以减少集团企业统一授信供应链金融发生风险的可能性。

第六章
统一授信供应链金融风险防范

供应链金融面临诸多风险。其中,法律风险和操作风险可以依据银行等金融机构制定合理的规范制度、设计相应的业务操作流程及严格科学的业务合同进行管控;信用风险和市场风险的影响因素较多,发生的可能性较大,无法从规章制度上完全回避,应该从风险控制工具的设计方面进行补充和完善。此外,本章还尝试从一些具体操作层面对供应链金融风险进行控制。

第一节 核心企业统一授信供应链金融风险防范

一、银行等金融机构统一授信供应链金融风险应对

(一)加快供应链金融保障机制建设

统一授信供应链金融是一种封闭性、自偿性的资金融通模式,需要建立在供应链物流、资金流、信息流封闭运作基础上。首先,引入口碑好、信誉高、实力强大的第三方物流企业作为托管部门。第三方物流企业凭借仓储、物流等优势,将本不具备流动性的商品转化为可自由流动与转让的流动性资产,为统一授信供应链金融提供仓储、运输服务,以及必要的商

品托管，实现了银行等金融机构对商品的控制，是供应链金融得以开展的重要基础。其次，要求供应链融资企业的应收款账户开立在融资行，通过供应链融资企业的账户交易记录，银行等金融机构能够了解整条供应链的融资情况和服务过程，掌握整条供应链节点企业的经营发展情况，降低与供应链融资企业之间的信息不对称，从而有效控制供应链金融风险。

(二) 加强市场风险识别及预防管理

通过市场风险识别及其成因分析，可以对各种风险带来的损失及其应对策略进行有效考量。实行市场化的利率机制是有效控制市场利率风险的根本方法，银行等金融机构可以采取远期利率协议、汇率互换、利率期权等套期保值的方法管理利率风险，有效控制外汇持有期限、外汇种类、汇率波动程度等汇率风险，使汇率波动水平保持在合理可控的范围之内。采取拓宽质押物存放范围，增加质押物浮动准备金和质押物价格限定措施等手段，可以有效地控制市场价格风险，实现对市场风险的有效管理。

(三) 提升全产业链授信企业的综合准入管理

统一授信供应链金融是从整个产业链的角度，对供应链上各交易方发生的交易进行评估，并给予相关企业综合授信服务。因此，需要结合供应链的整体运营情况，对已取得授信的企业进行主体准入资格检查和交易真实性确认，从而对供应链上各参与主体的经营发展能力、实际履约状况做出有效判断。授信前，银行等金融机构要对授信企业的交易情况、市场份额、信用状况、购销状况等进行实际调查，并对授信主体形成系统认识；授信后，强化授信企业，尤其是供应链核心企业的管理，保证授信企业能够正常经营，合理产销，如期履约。

(四) 优化业务操作流程，规范各环节操作要点

统一授信供应链金融业务操作流程环节多，风险复杂多变，银行等金融机构需要根据供应链金融业务的特点重新设计有效岗位，合理优化业务流程。统一授信供应链金融业务流程复杂，需要明确供应链各参与主体的交易流程，制定具有代表意义的业务流程操作规范。每个岗位设计都要遵循人岗一体、岗责统一的原则，对与银行等金融机构直接对接的岗位进行重点考察，明确责权关系。此外，还要对授信前调查、授信后维护等流程进行有效维护，以达到降低统一授信供应链融资企业风险的目的。

（五）加快信息系统建设

通过建立电子化的信息系统平台，使统一授信供应链金融业务更加系统化和透明化。通过对供应链融资企业交易的应收账款、预付账款和质押存货的电子化数据管理，减少人为操作空间。实现对统一授信供应链金融业务量、报表统计、库存及监管企业合作情况等工作的电子化，运用现代信息技术为统一授信供应链金融创造发展平台。

二、核心企业统一授信供应链金融风险应对

（一）强化市场风险与操作风险管理

1. 强化市场风险识别与预防，选择优质质押品

定性分析与定量分析市场风险成因，量化各风险因子对市场风险的影响。针对利率、汇率风险，采用远期利率协议、利率互换、利率期权等套期保值工具实现利率风险管理。通过合理安排银行等金融机构的外汇持有期限，利用外汇套期保值交易实现汇率风险的控制。通过拓宽质押物存放范围、设定合理的质押率、增加质押物浮动准备金和质押物价格波动限定等措施，实现对市场风险的有效防范。此外，在质押物选择方面，需要选取市场需求旺盛且稳定、市场占有率高、流动性强、容易变现的产品作为质押物。

2. 优化操作流程，规范操作行为

针对统一授信供应链金融操作流程环节多、人工操作环节风险突出的问题，银行等金融机构可以根据业务操作特点制定严格规范的操作规章制度，设置相互监督、相互约束、分工明确的岗位安排，执行严格的业务审批与操作授权制度。鉴于统一授信供应链金融业务的操作流程复杂，首先要明确主体企业的交易流程，制定统一规范的业务操作制度；其次遵循一人一岗、授权审批的业务处理原则，并重点监控、监督直接对接银行等金融机构的岗位；最后不断优化业务处理流程，实行逐级授权审批制度，将人为操作风险降至最低。

（二）强化产业链授信准入管理

第一，选择基础条件较好的产业集群。重点选取产业链较为成熟完备、行业有序、与银行等金融机构合作程度较高的行业。第二，建立客户信用评价体系。构建涵盖供应链整体发展状况、产业链各主体企业经营状

况、市场地位、购销状况、融资情况、财务状况、授信资金用途及还款资金来源等指标的信用评价体系，根据评价结果对供应链融资企业进行评级。第三，明确信用评价作为供应链融资成员的选取标准。通过考察供应链融资企业的交易记录、财务报表及信用评价结果，引导供应链核心企业在融资企业选取时以信用评价作为一项重要标准。强化对供应链融资企业的资质筛选，及时清除潜在不良成员，从源头上严控统一授信供应链金融风险。第四，以供应链核心企业为中心，提供个性化的金融服务。银行等金融机构在设计金融服务方案时要从供应链核心企业入手，以供应链核心企业为中心向供应链上下游辐射，从而使得供应链金融服务贯穿于供应链上下游企业。针对上游原材料供应商重点提供应收账款质押贷款、保理等授信业务，针对下游经销商重点提供仓单质押等金融产品。同时，注重供应链金融服务的个性化及综合性，为供应链上下游企业提供管理咨询、营销、现金管理等一系列个性化金融服务。

（三）建立全面、量化、灵敏的风险预警机制

建立风险因子覆盖全面、风险变动及时反映、风险暴露科学量化、风险控制及时有效的供应链金融预警机制。第一，建立一套科学全面的预警评价指标体系。预警评价指标体系应该全面涵盖供应链整体风险、信用风险、市场风险、操作风险，充分细化并识别构成四大类风险的风险因子。第二，注重预警机制对风险变动的实时反映。在识别四大风险因子的基础上，根据同业数据及经验设定每类风险因子偏离的临界值。当某一风险因子偏离度超过其临界值时，就会立即触发预警机制的预警信号，供银行等金融机构风险管理人员参考分析。第三，科学量化四大类供应链金融风险的风险暴露概率。建立可靠稳定的风险数据分析与处理系统，不断细化模型，实现对供应链金融产品原始数据的全面分析，确保统一授信供应链金融风险暴露的准确量化。第四，预警机制应实现对各操作环节的实时监控，对预警信号的实时处理。构建银行等金融机构、第三方物流企业、供应链核心企业、供应链融资企业四方信息交互共享的信息系统，从而实现对供应链金融各个操作环节的实时监控，提高风险应急反应和危机处理能力。同时，确保预警信号及时传达至银行等金融机构的风险管理部门，为操作人员提供更多的风险分析及风险防控时间。

(四) 加快统一授信供应链金融信息化平台建设

加快统一授信供应链金融信息化平台建设,实现银行等金融机构、供应链核心企业、供应链融资企业、第三方物流企业之间的信息互通共享,降低人为操作空间,提高统一授信供应链金融服务的系统化和透明化。以供应链核心企业、融资企业为起点,以银行等金融机构为主体,以第三方物流企业为辅助,构建统一授信供应链金融信息化平台。首先,信息化平台的搭建主体为银行等金融机构,银行等金融机构应根据统一授信供应链金融风险管理的要求及标准,研发一套对接其他企业的信息平台,对接收的数据进行分析处理,继而对风险进行量化。其次,供应链核心企业与融资企业是信息化平台的主要信息来源,供应链各节点企业应将标准化、电子化的各类信息及数据实时传输至信息化平台。最后,第三方物流企业作为第三方托管机构,也应将统一授信供应链金融业务信息对接到信息化平台,为信息化平台提供及时的商品价格、质押品仓储状态等必要信息。

第二节　第三方物流企业统一授信供应链金融风险防范

一、银行等金融机构统一授信供应链金融风险应对

(一) 正确选择供应链融资企业

银行等金融机构在进行统一授信供应链金融服务时,应该全面评估与考量供应链融资企业的财务情况、经营情况、发展方向、核心技术、管理制度、信用评价等要素,选择有发展前景、有技术能力、有履约信用、有管理水平的供应链融资企业进行合作,才能将统一授信供应链金融风险降至最低。

(二) 加强统一授信供应链金融风险管理

加强统一授信供应链风险管理,需要银行等金融机构与供应链融资企

业共同来完成。首先要在认识上形成统一战线，在行为上形成良好的合作伙伴。除从法制角度完善合作关系外，还要在日常管理、信用评价等方面进行深层次的风险防范。

加强统一授信供应链金融风险管理，需要将供应链资源进行优化组合，提高融资管理水平，完善管理制度，健全管理内容，从而降低统一授信供应链金融的行为风险和文化差异风险。同时，有效防范因外部因素导致的供应链融资企业的信用风险、市场风险等。

（三）提高质押物的管理水平

银行等金融机构与第三方物流企业都应规范统一授信供应链金融操作流程，有效杜绝因供应链融资企业的内部漏洞而产生的各种风险。例如，银行等金融机构为了提高质押物的管理能力，需要不断完善内部操作管理规范，防止操作过程中的各种风险发生；第三方物流企业为了提高自身的质押物管理能力，需要不断提高仓库管理水平等。

（四）与第三方物流企业实现信息共享

信誉联盟理论为破解供应链企业合作风险提供了理论依据。信誉联盟是指供应链上下游企业之间的信誉连接体系，其核心是企业信誉的共建与共享。信誉联盟理论要求银行等金融机构在统一授信供应链金融业务中，改变以往常规的融资业务审查方式，由供应链融资企业整体额度风险控制转化为单笔授信和贸易短流程的风险判断与控制；将贷前风险控制延伸至融资风险操作环节及单据的控制和判断；由主体准入为基础的风险控制理念转变为基于流程控制或把握主体的同时控制资金流、物流的风险控制理念。

二、第三方物流企业统一授信供应链金融风险应对

（一）完善流程，优化风险管理机制

第三方物流企业统一授信供应链金融风险防控的目的在于建立并逐步完善风险管理的制度性安排，通过系统化设计确保风险管理组织、流程、操作标准等方面能够彼此协调。

首先，研究统一授信供应链金融每一项具体业务的风险源头和产生原因，建立相应的控制标准和操作流程。从业务设计开始分析每一个操作环节的风险点，采取有效的应对措施，形成一定的操作规范和标准，从而建

立一套行之有效的风险管理操作规范,以避免内部操作方面的混乱和无章可依。例如,仓储融资业务可以设置科学合理的客户准入条件,并据此对客户进行信用审核;对客户仓储融资额度要有一定的审核标准,根据客户的质押物及其信用状况授予不同额度,而不是由管理人员主观设定。通过各种业务规范和操作标准,从而建立起第三方物流企业风险管理的基础保障。

其次,为了防范统一授信供应链金融业务的操作风险,第三方物流企业应当建立一系列规范的操作流程。在流程设计上环环相扣,每个环节都要考虑风险管理因素,围绕风险管理要求设置相应的流程,保证覆盖风险管理的全过程。例如,在各部门业务审批操作流程中,部门负责人审核合同后,再由风险控制部门和法务部门审核,在流程方面对每一项业务操作层层把关,尽量在流程上堵住风险漏洞,防患于未然。

最后,建立健全统一授信供应链金融风险的管理组织机构。第三方物流企业应当建立既有部门风险管理岗,也有专职风险控制部门,而且风险控制部门实行垂直管理、相对独立的组织结构。在高层管理层面,风险控制职责由副总经理亲自挂帅,从而保证有一个权责明确、管理规范的制度保障。此外,第三方物流企业还要打造风险管理文化,让所有部门在日常管理中意识到风险的客观存在,在行动上真正重视风险管控工作。

(二) 强调各部门之间的协调配合和执行保证

统一授信供应链金融业务涉及第三方物流企业的仓储、运输配送、商务经营等各部门的协同。良好的制度安排如果没有各部门之间的协同,也很难保证风险管理机制的有效运作。首先,明确各部门的职责,界定相互之间的联系与制衡关系,只有各部门的业务操作环环相扣,又能相互制约监督,才能共同保证统一授信供应链金融风险防范的效率。其次,确保各部门切实执行有关业务制度和标准,落实每个岗位职责,执行到位,按照相应的操作标准和流程完成业务操作。建立良好的沟通机制,各部门针对统一授信供应链金融业务的执行情况进行实时沟通。

培训统一授信供应链金融业务部门人员,提高其管理技能和风险意识,保证其严格执行业务操作流程;管理层也要及时有效地监控风险发生,杜绝风险在更大范围、更大程度上产生严重影响时才采取措施的行为。例如,1995 年英国巴林银行由于其交易员尼克·里森的错误操作而倒闭，重要责任就在于监管层对里森的违法行为审查不严格，没有及时发现漏洞。统一授信供应链金融风险管理需要管理层能够真正监管到操作层面的错误和疏漏，对可能产生的风险及时做出预警，并采取相应措施防止风险的进一步蔓延。

(三) 加大第三方物流企业金融人才的培养力度

金融人才缺乏是第三方物流企业难以应对统一授信供应链金融风险的重要原因。因此，需要加强企业内部人才的培养，通过内部操作经验交流学习，或者借助外部培训资源进行系统化的培训，尽快培养一批既懂物流、又懂统一授信供应链金融业务的复合型与实用型人才。

第三方物流企业应该逐步建立相关机制和人才保障制度，从风险预警、风险识别、风险评估、风险应对等环节入手，以组织保障、机制保障、人才保障作为切入点，对统一授信供应链金融风险的每一个环节进行系统化管理。第三方物流企业既要加强自身人才培养，更要留得住人才，稳定优秀员工队伍，形成良好的管理团队。

第三节 集团企业统一授信供应链金融风险防范

一、银行等金融机构统一授信供应链金融风险应对

(一) 制定具体、量化、可操作的风险识别办法

制定统一授信供应链金融风险可操作的识别办法，是集团企业统一授信供应链金融风险管理的基础。可以采取定量分析与定性分析相结合、持续性与改进性相结合的方法识别集团关联企业。具体地说，集团关联企业可定义为"集团企业母公司、母公司控股51%以上的子公司；母公司或子公司单独或共同持股20%以上的公司；或持股不足20%但处于最大股东地位的公司"。根据巴塞尔委员会的《有效监管核心原则》，对那些在持股

比例上难以判断，但拥有共同所有者、共同控制者、共同管理层的企业也应列入集团企业统一授信的范畴。此外，参照国际惯例，可以结合银行等金融机构的业务实际确定一个合理的集团企业统一授信限额。

（二）加强集团企业的信息调查工作

部分集团企业结构关系复杂，外部人很难完全掌握其关联关系。加之集团企业分散融资，使银行等金融机构难以做到对整个集团企业贷款风险的预先控制，这是造成集团企业贷款管理困难的重要原因之一。如果银行等金融机构只能从集团企业获得信息，必然导致信息不对称问题，不利于其风险防范和控制。因此，建议银行等金融机构充分利用已有的信贷登记系统和其他信息来源，积极创造获取信息的各种渠道，有效地避免由于信息不对称造成的过度授信问题。

（三）强化银行等金融机构统一授信管理

银行等金融机构实施统一授信供应链金融业务，主办行可以是普通行部，也可以是分行的公司金融部，还可以考虑建立集团企业统一授信专业部门，全面负责集团企业有关信息的收集、分析和跟踪监管工作。此外，为了加强大型集团企业的信贷管理，银行等金融机构每年都应确定重点大型集团企业客户名单，并将此类客户的贷款审批权统一移至银行总部或者分行的业务管理部门。

（四）重视集团企业统一授信供应链金融监管

集团企业贷款存在一定的风险性，银行等金融机构必须重视集团企业融资行为的监控，严格执行已有的监管规定。例如，调查发现集团企业很多并购资金、项目资金都以流动资金贷款的方式贷出，这种现象固然存在供应链融资企业有意隐瞒的因素，但银行等金融机构也未必全不知情。必须杜绝名为流动资金贷款，实为并购贷款、项目贷款的不合规信贷行为。因此，必须严格控制集团企业的贷款额度，如对集团合并报表显示资产负债率超过75%的融资企业，应该严格控制其授信额度；对集团企业用于兼并收购的融资申请应该加强贷前调查，对大型项目贷款、房地产开发贷款必须从严控制。

（五）建立银行等金融机构监管部门的信息交流平台

为了加强统一授信供应链金融风险监管，以银行监管部门为主导，可以通过非正式方式加强银行等金融机构各监管部门之间的沟通与交流。沟通交流可以定期或者不定期。对与多家银行等金融机构发生信贷关系的集团企业的信息掌握，需要通过这种非正式方式交流。银行等金融机构对于如何满足集团企业客户的某些特殊贷款需求，也可以通过非正式接触与监管部门交流。这种非正式沟通交流方式往往能够达到较好的监管效果，已被欧洲各国监管者长期应用。

（六）防范集团企业贷款的系统性风险

集团企业的贷款需求量大，且往往在多家银行等金融机构贷款。就单个银行等金融机构而言，在一定时期内贷款是安全的。但就银行体系整体而言，集团企业的投融资特点决定了这部分贷款存在较大的潜在风险。银行等金融机构监管部门的法定地位，使其在把握集团企业信贷总体状况时比单个银行等金融机构具有明显的优势，应充分利用这一优势，采取必要措施帮助银行等金融机构防范集团企业贷款的系统性风险。

二、集团企业统一授信供应链金融风险应对

由供应链系统风险的识别可以看出，大型集团企业物流供应链体系处于多种风险之中，这些风险有的可控，有的不可控。因此，针对大型集团企业统一授信供应链金融的各种风险及其特征，必须从战略和战术两个层面制定相应的防范策略。

（一）建立战略性合作伙伴关系

供应链运作模式的特征，决定了供应链节点企业之间应该形成合作共赢、风险共担的战略合作伙伴关系，这就意味着供应链成员企业之间并非单纯的买卖关系，而是以供需为纽带，在产品、技术、信息和管理等诸方面形成信任、合作、沟通交流的合作伙伴关系。建立战略合作伙伴关系，是供应链系统有效运营、风险防范的先决条件，供应链成员之间应该增进互信，强化合作机制，扩大信息技术交流与共享，加强契约规定等制度建设，规范并约束彼此的经营行为。

（二）共同制定集团企业的风险防范策略

供应链是一个多节点企业共同加盟串并相连的复杂系统，链上任何一个环节出现问题，都会波及和影响到整条供应链。因此，集团企业必须与供应链上下游融资企业共同制定风险防范策略，建立操作简便、灵敏有效的风险防范机制，借助产品质量、合同履约、库存周转、客户满意度等监

控指标进行统一授信供应链金融风险识别、评估与预警,以达到及时预防、控制并转移风险,保证整条供应链的连续、平稳、有效运行,实现集团企业利益共享、风险共担的目的。

(三) 加强信息交流与共享,提高信息沟通效率

以信息不对称和"牛鞭"效应为显著特征的信息风险,是统一授信供应链金融风险来源的主要表现形式。信息风险的有效防范需要供应链企业之间充分利用现代信息交换和网络通信手段,建立多种高效迅捷的信息传递渠道,加强信息交流与共享,增加供应链业务操作流程和管理过程的透明度,使供应链融资企业及时掌握有关供应、生产、仓储、订货、配送、销售等信息。通过信息交流与共享,实现供应链节点企业之间的无缝对接,平衡供应链企业之间的物流活动,最大限度地解决信息不对称问题,削减"牛鞭效应"的影响,提高供应链的集成度和竞争力。目前,实现信息快速传递的 Internet/Intranet 技术、XML/EDI 技术,实现资金快速支付的 EFT 技术,实现信息快速输入的条形码技术,网上交易的 EC 技术和企业综合管理的 ERP 技术等,都可以成为支撑统一授信供应链金融的信息技术。

(四) 优选合作伙伴,强化信任激励

合作伙伴选择既是供应链构建成败的关键,又是统一授信供应链金融风险防范的重要关口。尽管供应链节点企业之间建立了战略合作伙伴关系,但每个合作伙伴独立经营的法人身份并未改变,潜在利益冲突和信息不对称容易招致诚信缺失,供应链伙伴企业之间依然存在道德风险。因此,选择合作伙伴必须考察其综合素质,如合作伙伴拥有的核心资源与地理位置、经营业绩、R&D、现场管理、质量体系、成本控制、用户满意度等;同时,要求合作伙伴具有良好的商业信誉和信用水平。要注意识别合作伙伴加盟供应链的动机和发生投机行为的可能性,通过设立进入供应链的最低信用度,让那些高于最低信用度的企业成为供应链的真正伙伴,最大限度地将潜在危险者排除在供应链系统之外。由于供应链战略联盟是建立在合同基础之上的组织形式,单纯依靠合同规避风险仍然不够,供应链企业之间需要强化基于合作利益有效分配的激励机制。一方面,保证供应链总收益分配中合作伙伴之间的利益共享,即各成员间都"有利可图";另一方面,通过制定严格的标准和要求,约束各企业的经营行为,采取恩

威并施、双管齐下的激励措施,大大降低供应链面临的道德风险,增进合作伙伴间的感情联络与合作信任,巩固战略合作伙伴关系。

(五)建立统一授信供应链金融应急处理机制

统一授信供应链金融风险多为概率可测、过程可控的不确定事件,但对于地震、恐怖袭击等危害极大且事前难以预料的突发事件,必须预先建立应急处理机制,才能对统一授信供应链金融的突发事件进行应急处理,将危机可能造成的危害减到最小,并在最短时间内恢复整个供应链系统的顺畅。针对统一授信供应链金融突发事件危害大、发生概率难以预测的特点,可以采取弹性供应链策略和鲁棒性供应链策略加以应对。由于弹性供应链策略具有不增加(或很少增加)系统对资源的占用,正常情况下很少增加运营成本,故对于存在突发事件潜在危害的供应链系统,应该首选弹性供应链策略,其次考虑鲁棒性供应链策略。

第七章
统一授信供应链金融监管

当前,因为金融监管尚处于初级阶段,还未成为当代经济学理论的一个分支。由于金融监管相关理论缺乏整体性的框架结构,学者们的理论研究往往只是针对金融监管的一个问题或监管者的一种行为,而难以对金融监管行为及金融监管体制进行整体性的描述和分析,因而造成了金融监管理论指导金融监管实践方面存在一定的滞后性,导致金融监管实践缺乏系统性、整体性和效率性。许多学者仍将银行业监管和证券业、保险业的监管混同,将银行业监管等同于金融监管。实际上,金融监管有其独特的目标、特点和行为方式。

第一节 核心企业统一授信供应链金融监管

一、核心企业统一授信供应链金融监管动因

刘震新(2012)认为,国际金融危机的不断蔓延,直接影响着金融改革与发展,金融监管不足是其主要原因之一。美国次贷危机暴露了美国金融监管的漏洞,同时也对我国的金融监管和协调机制敲响了警钟[127]。金融监管和协调机制的改革必须尽快提上日程。本节从核心企业统一授信的背景出发,分别站在银行等金融机构、供应链核心企业、第三方物流监管

企业、供应链融资企业的角度，对各参与主体的金融监管动因进行分析。

(一) 银行等金融机构降低贷款风险的需要

随着市场经济的发展和商业形式的不断创新，供应链金融逐步发展起来。以生产型企业为例，在日常生产中，经常会发生无法按时向上游供应商结清货款以及下游供应商不能及时结清账款的情况，但企业的日常运作需要大量资金来维持，这时往往需要向银行等金融机构贷款。银行等金融机构在放贷时必然会考虑其自有资金规模和风险偏好程度，以及贷款人的还贷能力，以此来决定商业贷款业务的种类及额度，并承担相应的风险。这就导致了供应链中小企业由于其自身规模和信用水平等方面的局限性，很难获得贷款。然而随着供应链金融的发展与供应链核心企业统一授信的出现，使供应链中小企业借助核心企业的信用优势可以更容易地获得贷款。相对于贷款给还款能力和信用水平相对较低的供应链中小企业，银行等金融机构将贷款发放给供应链核心企业，再由供应链核心企业发放给中小企业，这种形式可以有效降低银行等金融机构承担的风险。对银行等金融机构而言，只有科学合理地开展信贷业务，才能吸引更多客户，从而在银行等金融机构激烈的贷款竞争中保持甚至扩展其市场份额。贷款一旦发放成功，银行等金融机构随即需要承担贷款人无法及时偿还利息与本金的风险，这不仅需要银行等金融机构不断提升其风险把控能力，提高风险鉴别水平，更要健全金融监管体系和法律法规，从而更好地约束供应链融资企业的融资行为。

目前，银行等金融机构常见的贷款风险主要包括管理风险、法律法规风险、信息系统风险[297]。

(1) 管理风险。银行等金融机构在发放贷款后，往往因为管理不到位、信息不对称等原因影响了贷款回收，这就要求银行等金融机构加强信贷资产管理。一方面，银行等金融机构要加强对客户风险抵御能力的评估；另一方面，要加强我国相关法律法规建设，完善银行等金融机构贷款业务的相关制度、标准和操作规范，建立一批贷款风险管理与指导机构，并加强其秩序性和科学性建设。

(2) 法律法规风险。我国现行的贷款管理体系缺少针对性和操作性强的商业银行贷款条例，尤其是中小银行等金融机构在客户贷款评估和放贷管理环节依然存在"人工治理"的弊端。目前，我国针对质押贷款的相关法律法规内容过于空洞，银行等金融机构执行力度不够严格，存在贷款风险管理漏洞。正是由于缺乏相关法律法规的保障，使银行等金融机构与供应链融资企业之间相互不信任。为了保护双方的合法利益，以及保障银行等金融机构为社会提供便捷服务的需要，必须对银行等金融机构的贷款行为进行立法约束。

（3）信息系统风险。目前，我国某些乡镇地区的银行等金融机构贷款业务仍然依靠人工操作录入数据，录入错误的风险大大增加。由于信息系统不完善，银行等金融机构对客户信用的审核成本相对较高，而且经常出现客户信息缺失和审核出错等情况，这就要求银行等金融机构投入大量资金、人力、物力进行信息系统建设与维护。

（二）供应链核心企业降低担保风险的需要

在统一授信供应链金融模式下，供应链核心企业由于自身较强的资本实力和良好的信用优势，很容易获得银行等金融机构给予的授信额度。在授信额度内，供应链核心企业可以将从银行获得的贷款有偿转贷给融资企业，这种方式虽然有效地缓解了银行等金融机构的贷款风险，但却提高了供应链核心企业的担保风险。如果供应链融资企业在经营方面没有出现重大问题，信用良好，按时还款，供应链核心企业就可以获得预期收益。一旦被担保的供应链融资企业出现市场风险、财务风险或信用风险，供应链核心企业的财务风险就会由此显现出来。

担保风险来自很多方面，因此必须加强金融监管以抵御未来可能发生的一切风险。一方面，对于被担保的供应链融资企业，需要有针对性地监管其可能遇到的各种风险；另一方面，作为担保方的供应链核心企业，也应该进行严格的自我监管，最大限度地避免担保风险的发生。一般来说，供应链融资企业常常遇到企业经营者素质和竞争力风险、市场风险、技术风险、财务风险、信用风险等。

企业经营者素质和竞争力风险主要体现在领导者的素质方面，包括其管理水平、道德水准、在职工中的威望、受教育水平等。我国的一些乡镇企业、民营企业的领导者和经营者大多农民出身，文化水平不高，思想格局有限，这些因素在经营管理过程中直接导致了企业的竞争力脆弱。当前，市场竞争力已经转变为品牌竞争力，供应链融资企业面临的风险也会不断升级。针对上述情况，供应链核心企业应当充分发挥其监管作用，在对申请贷款的供应链融资企业进行审核时，应当着重对其主要经营者或领导者的职业经历、受教育水平、道德水准和管理水平等因素进行考察。同时，对供应链融资企业的竞争力进行科学评估，最大可能地避免由于企业经营者素质和竞争力欠缺而导致的风险发生。

市场风险主要来源于激烈的市场竞争。一方面，供应链融资企业不遗余力地抢占有限的市场份额；另一方面，行业中的大型企业也时刻关注着这些融资企业的市场变化，一旦发现机会，大型企业便会参与到供应链融资企业激烈的竞争之中。由于大型企业具有强大的资金和技术支持，供应链融资企业往往会被挤出市场，导致经营失败。因此，供应链核心企业在对申请贷款的融资企业进行审核筛选时，必须考察其所处的市场环境，科学评估和判断其市场前景。若评判失误，很有可能导致供应链核心企业面临损失，甚至还会导致其经营风险。

技术风险是供应链融资企业必然面临的风险，技术创新关系着供应链融资企业的生存。目前，供应链融资企业普遍存在着科技人员缺乏、生产技术落后、技术创新和产品开发能力有限等问题，直接导致其技术含量欠缺和市场竞争力低下。因此，供应链核心企业审核融资企业时，可以着重考察其是否具有某项相对优势的技术，是否有潜力将其发展成为绝对优势的技术。如果具有该潜力，供应链核心企业可以鼓励融资企业不断探索，直至最后形成真正的技术优势，这不仅有利于供应链融资企业避免技术壁垒，而且也可以降低供应链核心企业的担保风险。

财务风险包含了会计核算组织、财务人员水平、会计处理方法和资金运作导致的风险。若供应链融资企业将资金用于归还欠款或是补交税款等事项而没有用于扩大生产，就会导致供应链核心企业的担保风险大大提高。以生产型企业为例，若供应链融资企业实行的是内部结算、分车间核算，同时车间设置会计人员和统计员，那么财务数据的可信度将会显著提高，财务风险相应减小。作为担保方的供应链核心企业，在供应链融资企业申请贷款之后，应当对供应链融资企业的资金用途、企业内部会计核算方法等进行严格审核，最大限度地降低信息不对称，避免供应链融资企业发生财务风险，从而有效避免其担保风险的发生。

信用风险是指由于不确定性而导致遭受损失的可能性。到期履约和还本付息是守信的基础表现。如果被担保的供应链融资企业由于自身原因导致经营不善，或是由于不可抗力（自然灾害等）导致的客观事件，或是蓄意隐瞒欺诈而到期不履行还款义务，那么作为担保方的供应链核心企业将会承担相应的经济损失。随着我国社会主义市场经济不断完善，人们开始越来越重视信用问题，但仍有一些企业没有引起足够重视。被供应链核心企业担保的融资企业，其信用等级和抵押物往往不被银行等金融机构所认可，甚至无法提供合适的抵押物。而在核心企业统一授信供应链金融模式下，银行等金融机构将一部分风险转移给供应链核心企业。作为担保方，供应链核心企业在监管融资企业时，应当对其经营状况以及贷款动机进行详细核查。同时，还要对其能够提供的抵押物进行核实，确保质量，尽可能降低供应链融资企业的失信风险。

作为担保方的供应链核心企业，常常也会遇到来自自身的资本风险、业务操作风险、决策风险、内部控制风险和道德风险。

供应链核心企业不合理的担保额度以及较弱的抗风险能力，很容易导致其资本风险的发生。供应链核心企业为了避免资本风险，必须要认清自身的资本实力和抗风险能力，科学合理地规划担保额度，并在其能够承受的范围内进行担保。若超过其承受范围，一旦触发担保风险，供应链核心企业将会面临高额负债，很可能导致其经营风险。

作为担保方的供应链核心企业不仅要有专业的风险评判人员，更要对委托监管质押物的第三方物流企业资质进行审核，核实其是否具有专业的评估人员，从而降低业务操作风险。

如果供应链核心企业对被担保的供应链融资企业的还款能力和来源审核不严而出现决策失误，很容易导致其决策风险。因此，供应链核心企业在进行担保时，注意不能向某一行业或企业过度集中。若该行业或企业经营不善导致衰退，那么就会导致被担保方无法按时还本付息，供应链核心企业将会背负巨额负债。另外，供应链核心企业的决策层必须从实际出发，对被担保的供应链融资企业进行实事求是的评议，做出真正对企业发展有利的决策。

供应链核心企业要有全面完善的内部控制制度并强有力地执行，以防内部控制风险的发生。另外，建立供应链核心企业的授权和相互制约机制，落实到部门与部门、岗位与岗位、人与人之间的相互协调与制约层面，同时还要建立科学的考核指标体系和奖惩机制。

供应链核心企业要避免以权谋私和人情担保现象的发生，有效控制道德风险的危害。如果企业内部出现贪污受贿和利用职务之便营私舞弊、权钱交易等情形，将会给供应链核心企业造成极大的资金安全隐患，甚至导致企业的经营困难和财务危机。

（三）第三方物流企业降低运作风险的需要

在核心企业统一授信供应链金融模式下，第三方物流企业受供应链核心企业的委托，对供应链融资企业提供的质押物进行保管和运输。一方面，因为第三方物流企业可以对质押物提供专业的保管服务，降低质押物的损坏率，从而减少经济损失；另一方面，将保管业务委托给第三方物流企业，可以降低供应链核心企业的保管成本。物流监管即对物流活动要素的监督和管理，包括运输、储存等环节的管理，对人、财、物、设备、方法和信息六大要素的管理，以及对物流活动中具体职能的管理，包括物流计划、质量、技术、经济等职能的管理[298]。

第三方物流企业在日常监管质押物过程中，常常遇到偷梁换柱、以次充好、以少充多、无中生有、暗度陈仓、内外勾结等欺诈行为。"偷梁换柱"即供应链融资企业利用物流监管疏忽偷换质押物，导致质押物的价值无法达到担保要求。若供应链融资企业无法按时还款，供应链核心企业将会遭受巨大损失。"以次充好"即一些货物从表面上看很难区分等级，供应链融资企业为了获得更多贷款，就会出现以次等货物充当优质货物虚报价值的恶劣行为。"以少充多"即供应链融资企业将短少的货物数量嫁祸于第三方物流企业，使其遭受巨额经济损失。"无中生有"是指一些货物由于包装储存等原因，难以直观看到其内部货物状况并且难以称重，造成第三方物流企业上当受骗。"暗度陈仓"是指第三方物流企业受到自身保管条件的限制，很多质押物放在供应链融资企业的自有仓库中，第三方物流企业派出监管人员对质押物进行监管。由于便利的储藏条件，供应链融资企业可能会利用监管人员的工作疏忽暗自对质押物进行调换。"内外勾结"是指一些职业素养不高的第三方物流企业监管人员与供应链融资企业勾结，利用职务之便使融资企业逃避货物质押。

上述欺诈行为需要第三方物流企业加强监管。首先，加强监管人员以及其他经办人员的岗前培训，通过制定科学合理的规章制度进行约束。其次，构建一套科学合理的评估标准，正确评估质押物价值；制定一套规范的操作流程和标准规范，有效监管质押物，避免质押物损坏；认真清点质押物，做到保质保量，心中有数，避免以少充多、以次充好的现象发生；完善监管设备，尽可能地将质押物储存在第三方物流企业的自有仓库中，方便监管，避免偷梁换柱。最后，加强与供应链核心企业以及融资企业的沟通，降低信息不对称性，及时掌握质押物的市场价值变化情况。

（四）供应链融资企业降低融资成本的需要

目前，融资难和融资成本高是我国中小企业融资的最大特点，也是制约我国中小企业发展的两大瓶颈，中小企业融资顺畅与否关系到企业自身的生存发展，也关系到整条供应链的发展，更关系到创新型国家的建设[299]。因此，解决供应链中小企业融资难、融资成本高是学术界和企业界长期以来十分关注的问题。核心企业统一授信供应链金融模式虽然融资成本相对较高，但相比其他形式的融资，其成本已经得到很好控制，而且融资难度大大降低。另外，实行金融监管也可以起到降低供应链企业融资成本的目的。

从供应链融资企业自身出发，可以从以下七个要素分析供应链融资企业降低融资成本问题：

（1）负债。供应链融资企业负债率越高，则抗风险能力越差，相应地其融资需求就越难以得到满足。即使融资需求得到满足，融资企业也会面临更大的风险。因此，供应链融资企业必须控制自己的负债率，减少企业资本泡沫。

（2）发展状况。有计划、有目标、重规律是企业良性健康发展的重要条件，供应链融资企业只有顺应市场规律，做到良性健康发展，才能不断降低经营成本。

（3）合理融资。供应链融资企业应当在每年年初做出合理的融资计划，有计划、有步骤地逐步实施，这样才不会背上越来越多的负债，从而尽可能地降低融资成本。

（4）诚信。诚信关乎企业发展的生命，如果供应链融资企业始终坚守诚信底线，其发展势必会越来越好，效益也会越来越高，财力越来越雄厚，那么融资需求就会越来越少，融资成本自然就会越来越低。

（5）规划。合理规划企业的发展前景和路径，确定企业发展规模，是企业良性发展的必然要求，也是企业降低融资成本的重要条件。

（6）成本。企业的运行成本如果降不下来，随着市场发展，资金需求就会越来越多，资金缺口也会越来越大，运行成本就会越来越高，从而陷入恶性循环。因此，供应链融资企业必须尽可能地节约运行成本，进而不断降低融资成本。

（7）政策。近年来，政府针对中小企业融资难问题出台了一系列利好政策，供应链融资企业必须紧跟大好形势，充分利用政府提供的好政策，减少运营风险，降低融资成本。

二、核心企业统一授信供应链金融监管措施

（一）构筑信用安全体系，防范道德风险

供应链核心企业必须提高处罚标准，积极防范供应链融资企业的道德风险，提高核心企业的期望收益。一方面，可以对失信企业进行经济处罚，如提高再贷款利率或停止对其贷款；另一方面，可以将其信用等级下调或联合其他金融机构停止对其贷款，甚至将其违约信息向社会公众公开。总的来说，建立完善的规章制度保障，提高供应链融资企业的违约成本，制约其违约行为，从而有效地防范其道德风险的发生。

（二）严格核心企业准入机制，从源头上控制授信风险

重点考察供应链核心企业的可持续发展能力，将其作为准入的核心条件，尤其要将供应链核心企业的稳定性、主营业务现金流量的稳定性、核心企业成长的稳定性和核心竞争力、核心企业在投资中的风险偏好、与银行等金融机构合作的态度等因素作为重点评价对象。对于组织结构清楚、财务制度健全、资金往来规范、符合国家行业与产业政策、经营效益好的核心企业客户应当予以支持，从而更好地实现从源头上控制统一授信风险的目的。

（三）强化担保体系建设，防止违约发生

优先选择供应链核心企业的核心资产作为质押物，并且保证质押物的价值高于授信额度。因此，银行等金融机构在对供应链核心企业进行调查时，要全面了解供应链核心企业的核心资产，包括厂房、土地、高价值设备、持有的股权或债券等价值稳定、容易变现的核心资产。只有这样，供应链核心企业的违约风险才能降到最低。即使核心企业违约，银行等金融机构在债务清偿过程中也会处于有利地位。

第二节　第三方物流企业统一授信供应链金融监管

一、第三方物流企业统一授信供应链金融监管动因

（一）银行等金融机构降低贷款风险的需要

在银行等金融机构对第三方物流企业统一授信模式下，统一授信一旦完成，银行等金融机构就要承担相应的贷款风险。若第三方物流企业按时还款，银行等金融机构不仅不会损失本金，还能获得稳定的收益。但第三方物流企业失信，无法按时还款，银行等金融机构则面临亏损。因此，风险监管的目的在于识别潜在风险，并采取适当行动以规避或消除风险[300]。

与供应链融资企业相比，第三方物流企业在资金、规模、信用、还款能力、经营状况等各方面都具有明显的优势。因此，基于风险管理与控制的业务导向，银行等金融机构更倾向于统一授信给第三方物流企业并获得稳定的收益，第三方物流企业获得银行等金融机构的授信并得到分配信用资源的授权。银行等金融机构通过与第三方物流企业合作，针对供应链融资企业的流动库存周转和财务运营特点进行相应的信贷结算服务，还可以根据第三方物流企业的规模实力、经营状况以及资产负债表等指标，评估其信用情况，并根据评估结果授予第三方物流企业一定的信用额度，以推动第三方物流企业提供更加灵活多样的质押信贷业务[301]。

授信完成之后，为了能够获得预期收益，银行等金融机构还应从多方渠道了解第三方物流企业的经营状况，掌握即时信息，保证信息的对称性，确保在第三方物流企业出现经营状况后的第一时间挽回损失。此外，银行等金融机构必须关注资金的使用情况，避免企业之间的关联交易行为，确保资金安全。总之，银行等金融机构为了降低贷款风险，不仅要在授信前严格把关，还要在授信完成后跟进资金使用情况和企业经营状况。

(二) 第三方物流企业降低业务风险的需要

在委托监管业务中，第三方物流企业承担的风险较小，仅仅对供应链融资企业的货物进行监管，保证质押物监管期间的安全。不同于委托监管业务，第三方物流企业在统一授信供应链金融业务中深度参与交易过程的物流、信息流及其资金结算，使第三方物流企业事实上具有了金融属性，承担了传统信贷业务分解及部分风险监管职能，既获得了更多收益，又承担了更多风险。

供应链融资企业的逆向选择及违约风险，直接关系到第三方物流企业开展统一授信业务的成败。因此，根据第三方物流企业面临的风险结构，可以从贷前和贷后两个阶段进行重点监管，即通过贷前准入机制和贷后监管机制对统一授信业务进行风险监管。由于统一授信业务由金融服务和物流服务共同构成，因此，不同于以往银行等金融机构仅仅通过金融服务调控风险，第三方物流企业可以通过金融服务和物流服务的融合共同调控风险[302]。为了有效控制担保风险，第三方物流企业一方面要从自身出发，采取积极有效的措施进行自我监管；另一方面还应当对供应链融资企业进行严格监管，从源头上有效控制风险发生。具体来说可以从以下四个方面进行考虑：

（1）加强相关岗位人员的职业道德培训。在第三方物流企业统一授信供应链金融模式下，第三方物流企业不仅要对信用资源进行科学合理的分配，还要运输和保管相关质押物。因此，必须对相关岗位工作人员进行职业道德培训，避免企业内部人员与外部利益相关者内外勾结，人为造成不必要的损失。

（2）严格审查供应链融资企业的资质。对于供应链融资企业，第三方物流企业必须对其资质进行严格审查，包括以往的履约情况、经营状况、管理者素质等。审核符合相关标准和规定后方可对其分配信用资源。

（3）加快供应链信息的传递，降低信息的不对称性。因为统一授信供应链金融参与主体的多元化及其"牛鞭效应"的影响，各参与主体之间容易出现信息不对称、信息滞后、信息失真等问题，很可能导致不良后果的发生，主要涉及信息传递的有效性、信息传递的及时性以及信息共享程度等方面[302]。

（4）选择合适的质押物。在选取质押物时，第三方物流企业应当充分考虑质押物的季节性、变现能力、储存成本等，选取合适的质押物，从而避免可能发生的各种风险。

(三) 供应链融资企业缓解融资难的需要

1. 企业方面

企业的融资方式一般分为内源性融资和外源性融资两种。第三方物流企业统一授信供应链金融涉及外源性融资中的间接融资，相对于直接融资，该融资方式成本较低。但由于国内资本市场的不完善和银行等金融机构对供应链融资企业要求具有严格的标准和质押物门槛，因此对多数处于成长期的供应链融资企业来说依旧困难重重。

(1) 外源性融资难，阻碍企业的发展壮大。目前，供应链融资企业多数采用内源性融资方式筹集资金，尤其是一些处于成长期、经营规模小、经营实力不强的供应链中小企业，内源性融资渠道非常有限，往往很早就会出现经营困难，甚至陷入破产危机。根据国际权威机构对我国中小企业融资方式的调查数据显示，其内源性融资比重高达90%以上，而银行等金融机构贷款、其他直接融资渠道占比不到10%。供应链融资企业融资结构的差异化，充分反映了中小企业成长期的资金需求与现阶段融资机构较高的进入门槛存在严重的不匹配性，如何充分发挥外源性融资的市场价值，及时有效地为供应链融资企业提供融资服务，加强供应链融资企业和银行等金融机构间的合作，制定解决供应链融资企业融资难的金融创新工具和相关政策，成为解决问题的关键。目前，外源性融资的困境已经严重影响到我国中小企业的正常运营[301]。

(2) 信息不对称，增加了银行等金融机构的信贷风险。供应链融资企业大多是非上市公司，国家对其财务审计人员的专业性要求无法严格控制，加之供应链融资企业经营者素质参差不齐，有些企业财务制度全凭老板个人决定。因此，供应链融资企业的财务制度经常出现不规范现象，如偷税漏税、多账本等。这些违法行为导致了银行等金融机构的风险评级不准确，增加了信贷风险，降低了银行等金融机构对供应链融资企业的信任度，导致了银行等金融机构不敢贸然为供应链融资企业提供贷款。

(3) 供应链融资企业的经营稳定性较低。供应链融资企业市场敏感度极高，易受宏观市场波动的影响，风险抵御能力较低。据统计，2008年发生的全球性金融风暴，导致我国约有40%的中小企业被迫破产清算。大量中小企业倒闭,使银行等金融机构面临沉重的损失,坏账率飙升。由于供应链融资企业存在严重的不稳定性,一旦遇到较大风险,银行等金融机构的信贷金额就会减少,提供的借贷机会也会随之减少。一般来说,供应链融资企业的资产运营规模较小,可抵押的资产少,盈利能力不稳定,现金流支出大于收入,偿债能力较低,加之经营者对自身财务的科学规划能力较低,投资的科学性不足,因此融资企业的综合风险高,不利于银行等金融机构与之展开合作。

2. 市场环境方面

供应链融资企业贷款受限程度高,关键原因在于固定资产少,盈利风险相对较高,加之我国的信用担保体系不健全,很少有银行等金融机构或大型企业愿意为其担保。因此,供应链融资企业在银行等金融机构的信贷融资受阻后,只能将筹资渠道转向风险投资。但是我国的风险投资渠道较窄,且存在严重的不确定性,正常的实际收益远低于预期收益,收益与风险不对称,很可能使供应链融资企业从风险投资市场上获得的融资金额偏小甚至出现亏损现象。

此外,我国供应链融资企业的融资渠道相对较窄,尽管国家千方百计地致力于推动融资渠道多样化,但银行以外的其他融资渠道运转尚不成熟,股票等其他外源性融资渠道具有较高的门槛。因此从现实情况看,针对初创阶段或后续发展阶段的供应链融资企业而言,自有资金和内部融资的依赖性非常大。外源性融资渠道则以银行贷款为主,手续相对简单,门槛相对较低。即使如此,供应链融资企业拓展银行贷款的融资渠道依然难度较大。

3. 政策方面

国外发达国家对供应链融资企业的扶持力度较大,优惠政策较多,且有与之相对应的供应链融资企业贷款保险等保护措施。我国对供应链融资企业的保护机制缺乏专项服务,风险担保体系尚不健全。发达国家的经验表明,政府可以有效保护供应链融资企业的融资担保,并给予资金、技术、管理等方面的扶持。由于我国中介机构行业起步晚、发展速度无法与西方发达国家相比,对外直接开放程度较低。因此,我国中介市场常常出现因技术垄断而提高利息,从而将盈利空间并不是很大的供应链融资企业的融资需求拒之门外。我国对供应链融资企业资本市场的政策支持力度较小，无形中增加了供应链融资企业的融资难度[303]。

二、第三方物流企业统一授信供应链金融监管措施

（一）建立以银行等金融机构为主导的监管制度

对于第三方物流企业统一授信供应链金融监管体系而言，银行等金融机构是规则的主要制定者。为了有效管控商业贸易、资金动态和实体物流等相关信息，并保障信息的准确性，银行等金融机构需要对整个金融监管流程进行严格把控。在银行等金融机构主导的金融监管体系中，由于第三方物流企业是银行等金融机构的监管代理，处于金融监管的重要地位，但总体游戏规则依然要求银行等金融机构始终处于主导地位，并与质押物所有者和第三方物流企业进行合作，共同完成监管工作，进而构建一套所有参与者能够共同参与的金融监管准则，包括设置监管环节、风险预控、数据交换、业务流程、人员职责、财务预算、系统对接、单据流转等内容。

（二）设计以银行等金融机构为主导的监管流程

第三方物流企业应当与银行等金融机构、融资企业以及生产企业构建相应的供应链金融操作流程体系，对与质押物变化有关的所有参与者的操作进行规范。具体操作流程包括：一是围绕质押物状态的管理流程，包括收货、防火、存储、盘点与保管等相关流程，对质押物自身的物流状态做出精准管理；二是围绕质押物权属状态的管理流程，如销售预定、解除质押、财务支付结转、权属单证审核等，保证质押物权属状态出现变化时能够及时做出交接工作。

（三）建立以银行等金融机构为主导的风险控制体系

风险控制体系构建涉及多个系统。首先，构建异常状态下的监督管理体系。主要依靠业务人员的工作经验和风险防范意识进行构建，重点对造假和遗失方面的风险进行监督。其次，构建应急管理系统，更好地应对紧急状况。最后，建立金融监管巡查机制，通过对重点管理区域的监管，降低风险发生的概率。

（四）建立以银行等金融机构为主导的人才体系

人力资源始终是企业的重要资源，在第三方物流企业统一授信供应链金融合作关系中，人力资源管理和人员配置是供应链金融监管的重要组成部分。由于银行等金融机构的监管点遍布全国各地，对工作人员的能力要

求比较高。因此，需要科学配置工作人员，不仅注重其专业素养，更要注重其环境适应能力，避免工作人员的频繁变更，这在一定程度上对银行等金融机构的人才管理机制提出了更高的要求。第三方物流企业一般使用自己的人员，或者通过中介公司配置人员，但都需要在银行等金融机构的主导之下完成，这样一来可以使人力资源体系在双方的协调下共同完成，因而对双方合作而言具有重要作用[304]。

第三节　集团企业统一授信供应链金融监管

一、集团企业统一授信供应链金融监管动因

（一）银行等金融机构降低贷款风险的需要

集团企业统一授信供应链金融，是指银行等金融机构给予集团企业一定的授信额度，集团企业对有贷款需求的子公司进行统一考核评定，最后贷款给子公司的过程。相对于直接贷款给集团企业的各个子公司，银行等金融机构的风险得到转移，可以有效地避免贷款风险。由于集团企业的子公司规模一般较小，还款能力和信用水平也比较低，常常为了获得银行等金融机构的贷款而对其实际的经营状况和资产实力进行刻意隐瞒或虚报，使银行等金融机构对集团企业子公司的实力产生错误判断。若银行等金融机构将贷款授予子公司，其贷款风险将会因此而提高。反之，在集团企业统一授信供应链金融模式下，集团总公司的强大资金实力、较强的还款能力和较高的信用水平，更受银行等金融机构的青睐，从而比较容易获得贷款，而且银行等金融机构的贷款风险也会得到有效控制。从集团企业的角度看，集团企业对子公司的控制更容易实现，更方便操作，若子公司出现经营问题或有意赖账，集团企业可以及时发现并采取措施，尽可能地减少损失。对银行等金融机构而言，集团企业统一授信供应链金融模式可以减少工作量，避免一次次贷款给集团企业子公司的重复操作，仅需与集团总

公司进行业务操作，这在很大程度上降低了贷款风险，保证了资金安全。因此，这一模式无论对银行等金融机构还是集团企业而言都具有吸引力。

（二）集团企业降低担保风险的需要

在集团企业统一授信供应链金融模式下，集团企业凭借自身强大的资金支持和良好的信用优势为子公司贷款提供担保。无论子公司由于何种状况而无法按时还本付息，集团企业作为担保方都必须向银行等金融机构还款，这就意味着银行等金融机构的贷款风险得到了有效控制。同时子公司的资金需求也得到了满足，但却增加了集团企业的担保风险。集团企业的担保风险来自信用、财务、市场等方面，任何一个方面出现问题，都会造成一定的损失。因此，集团企业必须从财务风险和信用风险两个方面加强对子公司的监管，尽可能地降低担保风险。

财务管理是影响企业经营和运行的一项重要因素。因此，集团企业应当从财务管理的各方面加强监管，有效控制财务风险。这就要求集团企业制定一套统一的财务操作流程与管理制度，统一集团企业各子公司的财务数据和报表，科学有效地反映子公司的真实财务状况，从而为集团企业高效开展财务监管工作起到积极的促进作用。

信用风险是指由于子公司不能按时还本付息而造成集团企业遭受损失的可能性。这就要求集团企业制定一套包括定性指标和定量指标相结合的统一授信风险评估体系，分别由人工和信贷系统完成评估。将定性分析和定量分析相结合，测算出各子公司的违约概率，根据测算结果对是否给予子公司贷款做出决策，并据此确定子公司的贷款利率、质押物的价值等，从而降低集团企业的担保风险。

（三）第三方物流企业降低监管风险的需要

在集团企业统一授信供应链金融模式下，集团企业出于多方面考量，将质押物的保管业务交给第三方物流企业完成。由于第三方物流企业拥有专业化的服务，不仅可以提高质押物的保管质量，更能降低保管成本。但集团企业的子公司一般规模较小，实力有限，其可供担保的物品价值往往难以达到担保标准，因此可能导致一些子公司为了得到贷款而采取欺瞒手段，一方面对集团企业欺瞒，骗取贷款额度；另一方面对第三方物流企业欺瞒，提供质押物时出现"以次充好"、"以少充多"、"无中生有"等欺诈行为，造成质押物的实际价值与票面价值不符。如果融资的子公司按时还本付息,则各方利益不会受损;一旦融资的子公司恶意拖欠贷款,集团企业将面临负债,而第三方物流企业将面临赔偿。因此,第三方物流企业必须加强人员培训,注重职业道德与专业素养培养;制定一套科学合理的质押物评估体系;加强与集团企业沟通,及时了解融资子公司的经营状况,降低信息不对称性风险;完善监管设备,规范监管流程,提高质押物的保管质量,将损失减少到最低;定期清点质押物,及时掌握质押物的存储状态,避免各类风险的发生。

(四)供应链融资企业降低融资成本的需要

在集团企业统一授信供应链金融模式下,有融资需求的子公司可能面临多种融资方案,包括向银行等金融机构贷款、互联网小微金融借贷、集团企业统一授信等。作为集团企业的子公司,公司规模和资金实力都有一定的局限性,往往难以达到银行等金融机构的贷款要求,因此向银行等金融机构直接取得贷款具有一定的困难;向小微金融融资平台申请贷款门槛较低,但往往需要承担更高的利息,虽然短期内的资金需求得到满足,而后续费用则是一笔不小的开销。相对于这两种融资方式,集团企业统一授信供应链金融模式比银行等金融机构直接贷款的门槛低,其融资成本也比小微金融融资平台低,综合考量,集团企业的子公司往往更倾向于选择集团企业统一授信融资方式。集团企业的子公司既要控制负债率以减少资本泡沫,又要有科学合理的融资计划,同时还要与企业发展和规划相辅相成,因此一般都会选择集团企业统一授信供应链金融模式以降低融资成本与风险。

二、集团企业统一授信供应链金融监管措施

(一)严格授信管理人员的选择标准

集团企业统一授信管理人员的工作能力与道德水平,直接决定了统一授信风险管理的成败。因此,集团企业授信管理人员的挑选,必须建立一套严格的标准与规范。如采用客户经理评选体系挑选客户经理,根据客户经理的工作业绩、业务能力、从业经验等考核结果将其划分为初级客户经理、客户经理、高级客户经理和资深客户经理四个等级。因为集团企业统一授信风险管理难度大、规格高的特点,可以将高级客户经理作为集团企业选择客户经理的统一标准。

(二) 建立全流程风险经理监控制度

目前，客户经理在集团企业统一授信供应链金融风险管理中存在一手清现象，必须建立风险经理管理制度加以约束。风险经理作为授信风险管理的前移，需要深入研究行业政策改革、市场调研、集团企业的变化等内容，为集团企业统一授信决策提出建议。这就要求风险经理与客户经理共同管理集团企业的统一授信风险，明确风险经理在集团企业统一授信风险管理中的具体责任，保证风险经理在人事上归上一等级机构管理，在制度上不受干扰，能够独立评价各类风险，从而形成各负其责、全流程监控的风险管理制度。

(三) 明确审贷委和审贷官制度相结合的审批制度

银行等金融机构的审贷委是风险管理架构确定和重大信贷业务方确立的决策机构，一般由分行行长及授信审批部、风险管理部、公司部、国际部等部门负责人组成，以便更能贴近市场、更加方便地把握风险。建立审贷官制度，建立审贷专业技术序列，根据审贷能力、经验、业绩等条件确定审贷官等级，按照不同等级确立不同的授信审批权限，逐渐建立"双签"或"三签"审批制度。为了更好地独立发表审贷意见，所在基层行的审贷官都应该由上一级机构派遣委任。同时，从审批制度上确立审贷官的权力和职责，能够更好地体现审贷官的权责担当。

总之，构建审贷委和审贷官制度相结合的审批制度，将两个不同的授信审批制度有效联系起来，能够在把握风险点的同时提升审批效率，提高市场竞争力和快速反应能力。

(四) 完善贷后管理制度

对于重点管理的集团企业客户，应该按照要求对不同行业发展、组织架构、财务情况、担保能力、资信状况等变动情况进行不间断的跟踪监测。重点关注集团企业客户的贷款资金动态以及相关企业间的合作往来，如果发现集团企业客户没有按规定使用或转移银行信贷资金，就要采取有效措施终止其授信额度申请。同时加强集团企业关联交易的监督，预防集团企业成员通过关联交易转移资产，恶意悬空银行债权。

贷后检查工作要定期与不定期相联系，银行等金融机构要资源共享，信息公开。客户经理应该定期或不定期地询问所管理的集团企业成员，及时反馈客户信息，分析集团企业的资产状况和经营情况，核查其资产收益率并分析资金流动情况,从而决定银行等金融机构的授信范围,防止一些集团企业客户利用虚有的巨额资产骗取银行等金融机构的授信额度。首先,银行等金融机构要加强对集团企业间财务往来的控制,禁止集团企业使用银行信贷资金投资高风险项目,严格控制相关企业间开立银行承兑汇票,以防集团企业通过相关企业间的虚假交易套取银行信贷资金。其次,增强集团企业间关联交易行为的控制,以防集团企业成员通过关联交易转移资产,恶意悬空银行债权。再次,要从物资、信息、资金等方面密切关注集团企业间的业务往来,快速反馈集团企业及其相关生产经营、财务、体制改革等方面的风险信号,以防信贷危机的连锁反应。最后,要加强监管集团企业的存货、流动资产情况,重点分析集团企业的支出率等指标,要求集团企业出具近期的相关订单,利用实地检测和报表分析相结合的方法对集团企业的授信风险做出合理评判。

(五) 建立统一的授信后评价制度

在集团企业统一授信供应链金融模式下,完成统一授信的一年后,可以由各职能部门选派人员对集团企业进行授信后评价,内容包括集团企业运行情况及未来发展态势评价、授信风险管理人员的工作质量抽查、比较相关企业合作是否达到授信目的等[305],从而建立标准规范的统一授信后评价制度,准确评估统一授信的质量与效果,不断提高集团企业统一授信的管理水平。

第八章
统一授信供应链金融监管绩效评价

绩效评价是指运用一定的评价方法、量化指标及评价标准，衡量绩效目标的实现程度，即为实现这一目标的执行结果所进行的综合性评价。绩效评价的结果可以作为企业奖惩机制的重要依据，也可以帮助企业做出更加合理的经营决策，还可以帮助企业判别长期或短期经营计划与目标的实现程度，有助于企业设定下一阶段的经营计划和目标，提高企业的经营效率，提升其核心竞争力。

供应链金融是供应链企业之间紧密合作，为提高自身利益而围绕核心企业主导的价值链共同开展的融资活动。供应链金融绩效包含各参与方共同的融资活动及由此带来的增值收益，即各参与方的业务活动及其管理活动的协同。因此，供应链金融绩效评价既要分析各参与主体的投入情况及其业务效率，又要分析其产出情况及其业务效果；既需要满足各参与主体与客户的绩效评价，又需要反映供应链金融的整体绩效情况，如供应链金融业务运行的可靠性、灵活性、时效性等。因此，供应链金融绩效评价需要考虑多个层次因素作为有效性的评价指标。

第一节 核心企业统一授信供应链金融监管绩效评价

一、评价指标体系构建

目前,研究核心企业统一授信供应链金融风险的学者相对较多,而研究该模式下风险监管及监管绩效的学者相对较少。因此,亟须建立一套科学合理的评价指标体系对该问题进行综合评价。

1992 年,卡普兰和诺顿从财务、客户、内部流程、学习与成长四个维度建立了相互驱动的评价指标体系,用来衡量企业绩效[306]。本节以平衡计分卡的基本理论为基础,通过分析核心企业统一授信供应链金融监管模式,发现信用道德水平是企业监管绩效的重要影响因素。因此,本节将信用道德水平维度与平衡计分卡的四维度相结合,建立了核心企业统一授信供应链金融监管绩效评价指标体系,包含工作业绩、相关利益人、内部管理、学习与成长、信用道德风险防范水平 5 个一级指标,16 个二级指标,如图 8.1 所示。

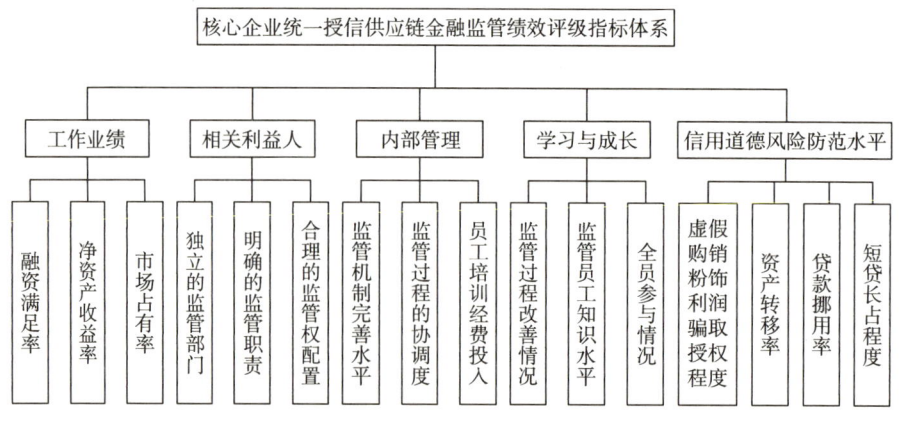

图 8.1 核心企业统一授信供应链金融监管绩效评价指标体系

二、评价指标权重确定

本节运用层次分析法筛选了核心企业统一授信供应链金融监管绩效评价指标，并确定各个定性指标与定量指标的权重。

（一）建立递阶层次结构模型

首先，建立递阶层次结构模型，见表8.1。

表8.1　核心企业统一授信供应链金融监管绩效评价指标递阶层次结构模型

目标层	一级指标	二级指标
核心企业统一授信供应链金融监管绩效评价指标体系A	工作业绩 A1	融资满足率 A11
		净资产收益率 A12
		市场占有率 A13
	相关利益人 A2	独立的监管部门 A21
		明确的监管职责 A22
		合理的监管权配置 A23
	内部管理 A3	监管机制完善水平 A31
		监管过程的协调度 A32
		员工培训经费投入 A33
	学习与成长 A4	监管过程改善情况 A41
		监管人员知识水平 A42
		全员参与情况 A43
	信用道德风险防范水平 A5	虚假购销粉饰利润骗取授信程度 A51
		资产转移率 A52
		贷款挪用率 A53
		短贷长占程度 A54

（二）构造一级指标判断矩阵并确定权重

通过专家评价法综合得出工作业绩 A1、相关利益人 A2、内部管理 A3、学习与成长 A4、信用道德风险防范水平 A5 五个一级指标相对核心企业统一授信供应链金融监管绩效的重要程度，建立判断矩阵。

然后对工作业绩 A1、相关利益人 A2、内部管理 A3、学习与成长 A4、信用道德风险防范水平 A5 构成的判断矩阵进行一致性检验：将 λ_{max} = 5.37766，$n = 5$ 代入一致性指标公式 $CI = \dfrac{\lambda_{max} - n}{n - 1}$ 可得，$CI = 0.09441$。通过九分判断尺度表可知，当 $n = 5$ 时，$RI = 1.12000$。因此，由一致性比例公式 $CR = \dfrac{CI}{RI}$ 可得，$CR = 0.08400 < 0.1$。由此可见，判断矩阵的第一层指标具有一致性，其权重确定合理，可以得出一级指标的权重，见表 8.2。

表 8.2 专家权重判断矩阵

绩效评价	工作业绩 A1	相关利益人 A2	内部管理 A3	学习与成长 A4	信用道德风险防范水平 A5	权重 W_i
工作业绩 A1	1	3	1	5	1/3	0.22454
相关利益人 A2	1/3	1	1/3	4	1/2	0.12046
内部管理 A3	1	3	1	3	1/3	0.20273
学习与成长 A4	1/5	1/4	1/3	1	1/5	0.05201
信用道德风险防范水平 A5	3	2	3	5	1	0.40026
λ_{max}	5.37766					
CI	0.09441					
RI	1.12000					
CR	0.08400					

（三）构造二级指标判断矩阵并确定权重

同理，可以分别构建工作业绩 A1、相关利益人 A2、内部管理 A3、学习与成长 A4、信用道德风险防范水平 A5 五个一级指标下各二级指标的判断矩阵。

1. 工作业绩

对融资满足率 A11、净资产收益率 A12、市场占有率 A13 构成的判断矩阵进行一致性检验：将 $\lambda_{max} = 3.00369$，$n = 3$ 代入一致性指标公式 $CI = \dfrac{\lambda_{max} - n}{n - 1}$ 可得，$CI = 0.00185$。当 $n = 3$ 时，$RI = 0.58000$。因此，由一致性比例公式 $CR = \dfrac{CI}{RI}$ 可得，$CR = 0.00318 < 0.1$。由此可见，一级指标 A1 下各

第八章 统一授信供应链金融监管绩效评价

二级指标对一级指标工作业绩 A1 的判断矩阵具有一致性，其权重确定合理，则可得出二级指标 A11、A12、A13 的权重，见表 8.3。

表 8.3 二级指标对一级指标工作业绩 A1 的判断矩阵及权重

工作业绩 A1	融资满足率 A11	净资产收益率 A12	市场占有率 A13	权重 W_i
融资满足率 A11	1	4/3	4/3	0.39956
净资产收益率 A12	3/4	1	6/5	0.31844
市场占有率 A13	3/4	5/6	1	0.28200
$\lambda_{\max}$	3.00369			
CI	0.00185			
RI	0.58000			
CR	0.00318			

2. 相关利益人

对独立的监管部门 A21、明确的监管职责 A22、合理的监管权配置 A23 构成的判断矩阵进行一致性检验：将 $\lambda_{\max}=3.11188$，$n=3$ 代入一致性指标公式 $CI=\dfrac{\lambda_{\max}-n}{n-1}$ 可得，$CI=0.05594$。当 $n=3$ 时，$RI=0.58000$。因此，由一致性比例公式 $CR=\dfrac{CI}{RI}$ 可得，$CR=0.09645<0.1$。由此可见，一级指标 A2 下各二级指标对一级指标相关利益人 A2 的判断矩阵具有一致性，其权重确定合理，则可得出二级指标 A21、A22、A23 的权重，见表 8.4。

表 8.4 二级指标对一级指标相关利益人 A2 的判断矩阵及权重

相关利益人 A2	独立的监管部门 A21	明确的监管职责 A22	合理的监管权配置 A23	权重 W_i
独立的监管部门 A21	1	3	2	0.48170
明确的监管职责 A22	1/3	1	1/3	0.17769
合理的监管权配置 A23	1/2	3	1	0.34061
$\lambda_{\max}$	3.11188			
CI	0.05594			
RI	0.58000			
CR	0.09645			

3. 内部管理

对监管机制完善水平 A31、监管过程的协调度 A32、员工培训经费投入 A33 构成的判断矩阵进行一致性检验：将 $\lambda_{\max} = 3.05362$，$n = 3$ 代入一致性指标公式 $CI = \dfrac{\lambda_{\max} - n}{n - 1}$ 可得，$CI = 0.02681$。当 $n = 3$ 时，$RI = 0.58000$。因此，由一致性比例公式 $CR = \dfrac{CI}{RI}$ 可得，$CR = 0.04623 < 0.1$。由此可见，一级指标 A3 下各二级指标对一级指标内部管理 A3 的判断矩阵具有一致性，其权重确定合理，则可得出二级指标 A31、A32、A33 的权重，见表 8.5。

表 8.5　二级指标对一级指标内部管理 A3 的判断矩阵及权重

内部管理 A3	监管机制完善水平 A31	监管过程的协调度 A32	员工培训经费投入 A33	权重 W_i
监管机制完善水平 A31	1	3	3	0.59363
监管过程的协调度 A32	1/3	1	2	0.24931
员工培训经费投入 A33	1/3	1/2	1	0.15706
$\lambda_{\max}$	3.05362			
CI	0.02681			
RI	0.58000			
CR	0.04623			

4. 学习与成长

对监管过程改善情况 A41、监管人员知识水平 A42、全员参与情况 A43 构成的判断矩阵进行一致性检验：将 $\lambda_{\max} = 3.05362$，$n = 3$ 代入一致性指标公式 $CI = \dfrac{\lambda_{\max} - n}{n - 1}$ 可得，$CI = 0.02681$。当 $n = 3$ 时，$RI = 0.58000$。因此，由一致性比例公式 $CR = \dfrac{CI}{RI}$ 可得，$CR = 0.04623 < 0.1$。由此可见，一级指标 A4 下各二级指标对一级指标学习与成长 A4 的判断矩阵具有一致性，其权重确定合理，则可得出二级指标 A41、A42、A43 的权重，见表 8.6。

第八章 统一授信供应链金融监管绩效评价

表 8.6 二级指标对一级指标学习与成长 A4 的判断矩阵及权重

学习与成长 A4	监管过程改善情况 A41	监管人员知识水平 A42	全员参与情况 A43	权重 W_i
监管过程改善情况 A41	1	3	3	0.59363
监管人员知识水平 A42	1/3	1	2	0.24931
全员参与情况 A43	1/3	1/2	1	0.15706
λ_{max}	3.05362			
CI	0.02681			
RI	0.58000			
CR	0.04623			

5. 信用道德风险防范水平

对虚假购销粉饰利润骗取授信程度 A51、资产转移率 A52、贷款挪用率 A53、短贷长占程度 A54 构成的判断矩阵进行一致性检验：将 λ_{max} = 4.21038，$n=4$ 代入一致性指标公式 $CI = \dfrac{\lambda_{max} - n}{n-1}$ 可得，$CI = 0.07013$。当 $n=4$ 时，$RI = 0.90000$。因此，由一致性比例公式 $CR = \dfrac{CI}{RI}$ 可得，$CR = 0.07792 < 0.1$。由此可见，一级指标 A5 下各二级指标对一级指标信用道德风险防范水平 A5 的判断矩阵具有一致性，其权重确定合理，则可得出二级指标 A51、A52、A53、A54 的权重，见表 8.7。

表 8.7 二级指标对一级指标信用道德风险防范水平 A5 的判断矩阵及权重

信用道德风险防范水平 A5	虚假购销粉饰利润骗取授信程度 A51	短贷长占程度 A52	贷款挪用率 A53	资产转移率 A54	权重 W_i
虚假购销粉饰利润骗取授信程度 A51	1	2	2	3	0.39808
资产转移率 A52	1/2	1	3	4	0.33475
贷款挪用率 A53	1/2	1/3	1	3	0.17985
短贷长占程度 A54	1/3	1/4	1/3	1	0.08732
λ_{max}	4.21038				

续表

信用道德风险防范水平 A5	虚假购销粉饰利润骗取授信程度 A51	短贷长占程度 A52	贷款挪用率 A53	资产转移率 A54	权重 W_i
CI	0.07013				
RI	0.90000				
CR	0.07792				

（四）综合权重

以上各二级指标的权重为局部权重，可以在一级指标权重的基础上计算各二级指标的综合权重，由一级指标权重与二级指标的局部权重相乘而得，如表 8.8 所示。

表 8.8 核心企业统一授信供应链金融监管绩效评价指标权重

	一级指标		二级指标		综合权重
	指标	权重	指标	权重	
核心企业统一授信供应链金融监管绩效评价指标体系 A	工作业绩 A1	0.22454	融资满足率 A11	0.39956	0.08972
			净资产收益率 A12	0.31844	0.07150
			市场占有率 A13	0.28200	0.06332
	相关利益人 A2	0.12046	独立的监管部门 A21	0.48170	0.05803
			明确的监管职责 A22	0.17769	0.02140
			合理的监管权配置 A23	0.34061	0.04103
	内部管理 A3	0.20273	监管机制完善水平 A31	0.59363	0.12035
			监管过程的协调度 A32	0.24931	0.05054
			员工培训经费投入 A33	0.15706	0.03184
	学习与成长 A4	0.05201	监管过程改善情况 A41	0.59363	0.03087
			监管人员知识水平 A42	0.24931	0.01297
			全员参与情况 A43	0.15706	0.00817
	信用道德风险防范水平 A5	0.40026	虚假购销粉饰利润骗取授信程度 A51	0.39808	0.15934
			资产转移率 A52	0.33475	0.13399
			贷款挪用率 A53	0.17985	0.07199
			短贷长占程度 A54	0.08732	0.03495

三、监管绩效评价

本节以山东省 A、B、C 三个核心企业为例，运用灰色关联分析法对其进行监管绩效评价。为便于分析，本节假设三个企业在统一授信供应链金融模式下存在的风险与监管模式一致。

（一）确定比较数列（评价对象）和参考数列（评价标准）

根据企业确定的监管绩效评价标准，请企业专家根据风险监管日常表现对三个核心企业的各个指标进行评分（满分 10 分）。本节采用四点标度设计法对每个指标设计四个标度，分别为优秀（9~10 分）、良好（6~8 分）、中等（3~5 分）、较差（0~2 分）四个档次，评价专家组根据价值判断作出相应等级划分。本节按照市场状况、企业的总体要求与目标设定各项指标所对应的参考数列，如表 8.9 所示。

表 8.9 A、B、C 三个核心企业评价指标的参考列及比较列

一级指标	二级指标	参考列	A	B	C
工作业绩 A1 0.22454	融资满足率 A11	8	8	7	9
	净资产收益率 A12	9	9	8	7
	市场占有率 A13	9	9	8	8
相关利益人 A2 0.12046	独立的监管部门 A21	8	6	7	8
	明确的监管职责 A22	8	7	6	7
	合理的监管权配置 A23	8	6	5	7
内部管理 A3 0.20273	监管机制完善水平 A31	9	7	8	9
	监管过程的协调度 A32	8	8	7	7
	员工培训经费投入 A33	8	8	9	7
学习与成长 A4 0.05201	监管过程改善情况 A41	7	5	7	7
	监管人员知识水平 A42	8	7	6	7
	全员参与情况 A43	8	6	7	7
信用道德风险防范水平 A5 0.40026	虚假购销粉饰利润骗取授信程度 A51	9	7	9	8
	资产转移率 A52	9	8	8	7
	贷款挪用率 A53	9	9	7	7
	短贷长占程度 A54	9	7	8	8

参考数列反映了目前企业风险监管能够达到的最优水平,以此为参考可以为企业监管提供一个能够达到且优于现有水平的标杆,并将其作为努力改进的方向。

(二)计算灰色关联系数

依据式(2.12)计算各指标的灰色关联系数 $\gamma [X_0(k), X_i(k)]$,其中,$\zeta \in [0, 1]$ 为分辨系数,$X(\min)$ 为评价指标的最小值,$X(\max)$ 为评价指标的最大值,如表 8.10 所示。

表 8.10 A、B、C 三个企业的灰色关联度系数

一级指标	二级指标	A	B	C
工作业绩 A1 0.22454	融资满足率 A11	0.50554	1.00000	0.36548
	净资产收益率 A12	0.47569	0.88961	0.50101
	市场占有率 A13	0.47569	0.88961	0.95938
相关利益人 A2 0.12046	独立的监管部门 A21	0.51311	1.00000	0.56102
	明确的监管职责 A22	1.00000	0.51311	0.87568
	合理的监管权配置 A23	0.51311	0.34165	0.87568
内部管理 A3 0.20273	监管机制完善水平 A31	0.54800	0.88961	0.53132
	监管过程的协调度 A32	0.50554	1.00000	0.87568
	员工培训经费投入 A33	0.50554	0.33827	0.87568
学习与成长 A4 0.05201	监管过程改善情况 A41	0.48239	0.53937	0.59423
	监管人员知识水平 A42	1.00000	0.51311	0.87568
	全员参与情况 A43	0.51311	1.00000	0.87568
信用道德风险防范水平 A5 0.40026	虚假购销粉饰利润骗取授信程度 A51	0.54800	0.47569	0.95938
	资产转移率 A52	0.88961	0.88961	0.50101
	贷款挪用率 A53	0.47569	0.54800	0.50101
	短贷长占程度 A54	0.54800	0.88961	0.95938

(三)计算灰色关联度值

在得出灰色关联系数的基础上,根据式(2.13)可计算出 A、B、C 三个核心企业的灰色关联度 Γ_i,具体见表 8.11。

表 8.11　A、B、C 三个核心企业的灰色关联度值

核心企业	灰色关联度值	排名
A	0.58128	3
B	0.75807	1
C	0.67912	2

(四) 监管绩效评价

通过上述计算可以看出，A、B、C 三个核心企业在统一授信供应链金融模式下的监管绩效水平为：企业 B＞企业 C＞企业 A。其中，企业 B 的监管绩效水平较为突出，明显高于企业 A 和企业 C。

综合分析三个核心企业的监管绩效水平可以看出：

（1）在工作业绩方面，企业 B 各方面的评分都比企业 A、企业 C 两个高，尤其是在融资率方面最为突出。

（2）在相关利益人方面，三个核心企业的整体水平相当，各有优势。企业 A 在人员监管职责方面定位比较清晰，但监管部门的独立性以及监管人员监管权的合理配置需要进一步提升；企业 B 在独立的监管部门方面评分较高，但监管权的配置合理性有待提高；企业 C 各方面发展较为均衡。总的来看，三个核心企业都需要明确权责，加强管理，为统一授信供应链金融监管奠定良好基础。

（3）在内部管理方面，企业 A、企业 C 需要进一步完善监管制度；企业 B 对员工的培训费投入较少，但由于监管制度较为完善，监管过程调度合理，使企业 B 内部管理评分较高。

（4）在学习与成长方面，三个核心企业仍需共同努力，持续不断地探索创新，寻求最为适合各自企业的监管模式。

（5）在信用道德风险防范水平方面，三个核心企业都不同程度地存在着信用道德风险监管不到位问题，加强企业的信用道德风险防范是提升企业监管绩效的重要途径。

总之，在核心企业统一授信供应链金融模式下，企业要想提升监管绩效水平，必须加强监管机制和监管相关利益人的管理，重点防范信用道德风险，三者的权重累计高达 85%，表明这些方面对监管绩效评价的影响较为突出，需要各企业重点管控，以促进供应链企业的稳步发展。

第二节 第三方物流企业统一授信供应链金融监管绩效评价

一、评价指标体系构建

在第三方物流企业统一授信供应链金融模式下,第三方物流企业既要积极与银行等金融机构达成授信以完成供应链融资企业的融资,又要不断满足供应链融资企业对物流便捷性的需求,同时也要不断降低物流运作成本以实现自身利益的最大化。因此,第三方物流企业统一授信供应链金融的监管就要围绕银行等金融机构和供应链融资企业的需求展开。第三方物流企业与供应链融资企业双方协商完成的质押物监管方案,以及供应链各参与主体共同完成的风险监管方案,不仅要满足各方主体的实际需求,还要满足供应链金融实际运作过程中的业务需求。

本节从第三方物流企业统一授信供应链金融监管的多层面、多角度考虑,借鉴以往学者的研究成果提出监管绩效评价的4个一级指标和13个二级指标,以此构建第三方物流企业统一授信供应链金融监管绩效评价体系(见图8.2),力求客观全面地评价其监管绩效水平。

二、评价指标权重确定

本节构建的监管绩效评价指标体系,包括客户服务水平A1、业务绩效A2、信息化水平A3、信用道德水平A4四个一级指标和13个二级指标。下面运用层次分析法确定各定性指标和定量指标的权重。

(一)建立递阶层次结构模型

根据上述监管评价指标体系构建递阶层次结构模型,见表8.12。

第八章 统一授信供应链金融监管绩效评价

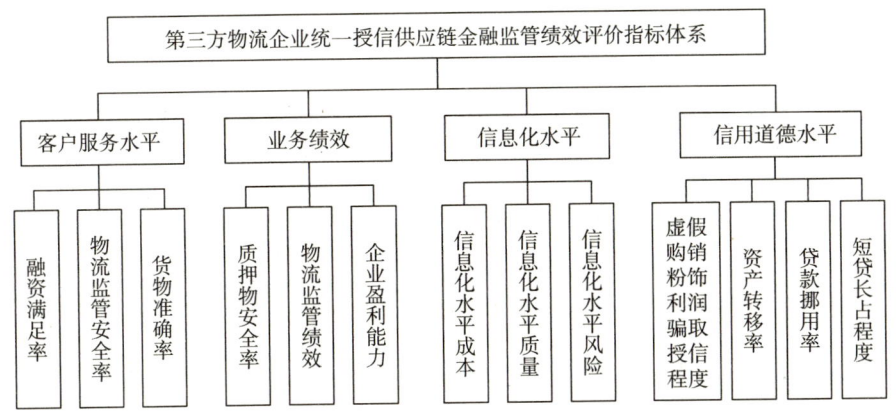

图 8.2 第三方物流企业统一授信供应链金融监管绩效评价指标体系

表 8.12 第三方物流企业统一授信供应链金融监管绩效评价
指标递阶层次结构模型

目标层	一级指标	二级指标
第三方物流企业统一授信供应链金融监管绩效评价指标体系 A	客户服务水平 A1	融资满足率 A11
		物流监管安全率 A12
		货物准确率 A13
	业务绩效 A2	质押物安全率 A21
		物流监管绩效 A22
		企业盈利能力 A23
	信息化水平 A3	信息化水平成本 A31
		信息化水平质量 A32
		信息化水平风险 A33
	信用道德水平 A4	虚假购销粉饰利润骗取授信程度 A41
		资产转移率 A42
		贷款挪用率 A43
		短贷长占程度 A44

(二) 构造一级指标判断矩阵并确定权重

通过专家评价法给出客户服务水平 A1、业务绩效 A2、信息化水平

A3、信用道德水平 A4 四个一级指标相对于第三方物流企业统一授信供应链金融监管绩效的重要程度，建立判断矩阵。

根据一致性检验步骤，对客户服务水平 A1、业务绩效 A2、信息化水平 A3、信用道德水平 A4 构成的判断矩阵进行检验：将 $\lambda_{max}=4.26584$，$n=4$ 代入一致性指标公式 $CI=\dfrac{\lambda_{max}-n}{n-1}$ 可得，$CI=0.08861$。根据九分判断尺度表可知，当 $n=4$ 时，$RI=0.90000$。因此，由一致性比例公式 $CR=\dfrac{CI}{RI}$ 可得，$CR=0.09800<0.1$。由此可见，判断矩阵的第一层指标具有一致性，其权重确定合理，由此得出一级指标的权重，见表 8.13。

表 8.13　专家权重判断矩阵

绩效评价	客户服务水平 A1	业务绩效 A2	信息化水平 A3	信用道德水平 A4	权重 W_i
客户服务水平 A1	1	2	3	2	0.38684
业务绩效 A2	1/2	1	1/2	1	0.17836
信息化水平 A3	1/3	2	1	3	0.27034
信用道德水平 A4	1/2	1	1/3	1	0.16446
λ_{max}	4.26584				
CI	0.08861				
RI	0.90000				
CR	0.09800				

（三）构造二级指标判断矩阵并确定权重

同理，分别构建客户服务水平 A1、业务绩效 A2、信息化水平 A3、信用道德水平 A4 四个一级指标下各二级指标的判断矩阵。

1. 客户服务水平

对融资满足率 A11、物流监管安全率 A12、货物准确率 A13 构成的判断矩阵进行一致性检验：将 $\lambda_{max}=3.00369$，$n=3$ 代入一致性指标公式 $CI=\dfrac{\lambda_{max}-n}{n-1}$ 可得，$CI=0.00185$。当 $n=3$ 时，$RI=0.58000$。因此，由一

致性比例公式 $CR = \dfrac{CI}{RI}$ 可得，$CR = 0.00318 < 0.1$。由此可见，一级指标 A1 下各二级指标对一级指标客户服务水平 A1 的判断矩阵具有一致性，其权重确定合理，即可得出二级指标 A11、A12、A13 的权重，见表 8.14。

表 8.14　二级指标对一级指标客户服务水平 A1 的判断矩阵及权重

客户服务水平 A1	融资满足率 A11	物流监管安全率 A12	货物准确率 A13	权重 W_i
融资满足率 A11	1	4/3	4/3	0.39956
物流监管安全率 A12	3/4	1	6/5	0.31844
货物准确率 A13	3/4	5/6	1	0.28200
$\lambda_{\max}$	3.00369			
CI	0.00185			
RI	0.58000			
CR	0.00318			

2. 业务绩效

对质押物安全率 A21、物流监管绩效 A22、企业盈利能力 A23 构成的判断矩阵进行一致性检验：将 $\lambda_{\max} = 3.10785$，$n = 3$ 代入一致性指标公式 $CI = \dfrac{\lambda_{\max} - n}{n - 1}$ 可得，$CI = 0.05392$。当 $n = 3$ 时，$RI = 0.58000$。因此，由一致性比例公式 $CR = \dfrac{CI}{RI}$ 可得，$CR = 0.09297 < 0.1$。由此可见，一级指标 A2 下各二级指标对一级指标业务绩效 A2 的判断矩阵具有一致性，其权重确定合理，即可得出二级指标 A21、A22、A23 的权重，见表 8.15。

表 8.15　二级指标对一级指标业务绩效 A2 的判断矩阵及权重

业务绩效 A2	质押物安全率 A21	物流监管绩效 A22	企业盈利能力 A23	权重 W_i
质押物安全率 A21	1	6/5	1/2	0.27794
物流监管绩效 A22	5/6	1	10/9	0.32119
企业盈利能力 A23	2	9/10	1	0.40086

续表

业务绩效 A2	质押物安全率 A21	物流监管绩效 A22	企业盈利能力 A23	权重 W_i
λ_{max}		3.10785		
CI		0.05392		
RI		0.58000		
CR		0.09297		

3. 信息化水平

对信息化水平成本 A31、信息化水平质量 A32、信息化水平风险 A33 构成的判断矩阵进行一致性检验：将 $\lambda_{max} = 3.05362$，$n = 3$ 代入一致性指标公式 $CI = \frac{\lambda_{max} - n}{n - 1}$ 可得，$CI = 0.02681$。当 $n = 3$ 时，$RI = 0.58000$。因此，由一致性比例公式 $CR = \frac{CI}{RI}$ 可得，$CR = 0.04623 < 0.1$。由此可见，一级指标 A3 下各二级指标对一级指标信息化水平 A3 的判断矩阵具有一致性，其权重确定合理，即可得出二级指标 A31、A32、A33 的权重，见表 8.16。

表 8.16　二级指标对一级指标信息化水平 A3 的判断矩阵及权重

信息化水平 A3	信息化水平成本 A31	信息化水平质量 A32	信息化水平风险 A33	权重 W_i
信息化水平成本 A31	1	3	3	0.59363
信息化水平质量 A32	1/3	1	2	0.24931
信息化水平风险 A33	1/3	1/2	1	0.15706
λ_{max}		3.05362		
CI		0.02681		
RI		0.58000		
CR		0.04623		

4. 信用道德水平

对虚假购销粉饰利润骗取授信程度 A41、资产转移率 A42、贷款挪用率 A43、短贷长占程度 A44 构成的判断矩阵进行一致性检验：将 $\lambda_{max} = 4.18790$，$n = 4$ 代入一致性指标公式 $CI = \frac{\lambda_{max} - n}{n - 1}$ 可得，$CI = 0.06263$。当

$n=4$ 时，$RI = 0.90000$。因此，由一致性比例公式 $CR = \dfrac{CI}{RI}$ 可得，$CR = 0.06959 < 0.1$。由此可见，一级指标 A4 下各二级指标对一级指标信用道德水平 A4 的判断矩阵具有一致性，其权重确定合理，即可得出二级指标 A41、A42、A43、A44 的权重，见表 8.17。

表 8.17　二级指标对一级指标信用道德水平 A4 的判断矩阵及权重

信用道德水平 A4	虚假购销粉饰利润骗取授信程度 A41	资产转移率 A42	贷款挪用率 A43	短贷长占程度 A44	权重 W_i
虚假购销粉饰利润骗取授信程度 A41	1	3	1	5	0.40362
资产转移率 A42	1/3	1	1/3	4	0.16746
贷款挪用率 A43	1	3	1	3	0.35523
短贷长占程度 A44	1/5	1/4	1/3	1	0.07369
$\lambda_{\max}$	4.18790				
CI	0.06263				
RI	0.90000				
CR	0.06959				

（四）综合权重

上述各二级指标的权重为局部权重，在一级指标权重的基础上计算各二级指标的综合权重，由一级指标权重与二级指标的局部权重相乘而得，如表 8.18 所示。

表 8.18　第三方物流企业统一授信供应链金融监管绩效评价指标权重

目标层	一级指标		二级指标		综合权重
	指标	权重	指标	权重	
第三方物流企业统一授信供应链金融监管绩效评级指标体系 A	客户服务水平 A1	0.38684	融资满足率 A11	0.39956	0.15457
			物流监管安全率 A12	0.31844	0.12319
			货物准确率 A13	0.28200	0.10909
	业务绩效 A2	0.17836	质押物安全率 A21	0.32119	0.05729
			物流监管绩效 A22	0.40086	0.07150
			企业盈利能力 A23	0.27794	0.04957

续表

目标层	一级指标		二级指标		综合权重
	指标	权重	指标	权重	
第三方物流企业统一授信供应链金融监管绩效评级指标体系A	信息化水平A3	0.27034	信息化水平成本A31	0.59363	0.16048
			信息化水平质量A32	0.24931	0.06740
			信息化水平风险A33	0.15706	0.04246
	信用道德水平A4	0.16446	虚假购销粉饰利润骗取授信程度A41	0.40362	0.06638
			资产转移率A42	0.16746	0.02754
			贷款挪用率A43	0.35523	0.05842
			短贷长占程度A44	0.07369	0.01212

三、监管绩效评价

由于现阶段对第三方物流企业统一授信供应链金融监管绩效的研究较少，原始数据收集和整理都不完善，可参考的同行业数据较难获得，要想得到完整、真实、高信度的数据难度较大，而纯粹应用客观分析法又难以得到准确结果。因此，本节选用模糊综合评价法进行评价，将定性分析转化为定量分析，可操作性高，结果可信度好。

（一）计算评价指标的隶属度

计算评价指标的隶属度，即明确各指标隶属于各评价等级的程度。针对定性指标，本节采用专家调查法，根据专家评价为各个指标进行分级；针对定量指标，本节参考郁勇（2018）的隶属度函数构造方法进行计算[307]。

对于正向指标，计算式表示为：

$$r_{ij} = \begin{cases} 1, & x > b \\ \dfrac{x-b}{b-a}, & a < x < b \\ 0, & x \leq a \end{cases} \quad (8.1)$$

对于逆向指标，计算式表示为：

$$r_{ij} = \begin{cases} 1, & x > b \\ \dfrac{b-x}{b-a}, & a < x < b \\ 0, & x \leq a \end{cases} \tag{8.2}$$

其中，x 为指标的实际值，a、b 分别为指标值的上限和下限，n 为指标个数，m 为评价等级个数。

设评价对象的评价指标集为 $X = \{x_1, x_2, \cdots, x_n\}$，评价等级集为 $E = \{e_1, e_2, \cdots, e_m\}$，任意评价指标 x_i 在评价等级 E 上的隶属度为：

$$r_i = (r_{i1}, r_{i2}, \cdots, r_{im}), \quad i = 1, 2, \cdots, n \tag{8.3}$$

其中，$0 \leq r_{ij} \leq 1$，$j = 1, 2, \cdots, m$，且有 $\sum_{j=1}^{m} r_{ij} = 1$。

则隶属度矩阵 R 为：

$$R = (r_{ij})_{n \times m} = \begin{bmatrix} r_{11} & r_{12} & \cdots & r_{1m} \\ r_{21} & r_{22} & \cdots & r_{2m} \\ \cdots & \cdots & \cdots & \cdots \\ r_{n1} & r_{n2} & \cdots & r_{nm} \end{bmatrix} \tag{8.4}$$

综合计算各指标数据后，建立模糊关系矩阵（见表8.19）。

表8.19 第三方物流企业统一授信供应链金融监管绩效模糊综合评价

一级指标		二级指标		评级等级/隶属度（％）				
指标	权重	指标	权重	很大	较大	一般	较小	很小
客户服务水平 A1	0.38684	融资满足率 A11	0.15457	50.00	35.50	5.45	10.00	0.05
		物流监管安全率 A12	0.12319	75.00	20.00	5.00	0.00	0.00
		货物准确率 A13	0.10909	65.00	20.00	15.00	0.00	0.00
业务绩效 A2	0.17836	质押物安全率 A21	0.04957	60.00	25.00	10.00	5.00	0.00
		物流监管绩效 A22	0.05729	75.00	20.00	5.00	0.00	0.00
		企业盈利能力 A23	0.07150	22.50	35.00	15.00	27.50	0.00
信息化水平 A3	0.27034	信息化水平成本 A31	0.16048	45.00	37.50	10.00	7.50	0.00
		信息化水平质量 A32	0.06740	2.50	25.00	44.25	27.50	0.75
		信息化水平风险 A33	0.04246	30.00	37.50	25.00	2.50	5.00

续表

一级指标		二级指标		评级等级/隶属度（%）				
指标	权重	指标	权重	很大	较大	一般	较小	很小
信用道德水平 A4	0.16446	虚假购销粉饰利润骗取授信程度 A41	0.06638	87.50	10.00	2.00	0.50	0.00
		资产转移率 A42	0.02754	75.00	12.50	10.00	2.50	0.00
		贷款挪用率 A43	0.05842	85.00	5.00	10.00	0.00	0.00
		短贷长占程度 A44	0.01212	90.00	5.00	5.00	0.00	0.00

（二）计算综合评定向量及综合评定值

由模糊关系评价表得到客户服务水平 A1、业务绩效 A2、信息化水平 A3、信用道德水平 A4 的评价矩阵分别记为 R1、R2、R3、R4。

对客户服务水平 A1 的单因素评价隶属度向量为：

$$D_1 = W_{1i} \times R_1 = (0.39956, 0.31844, 0.28200)$$

$$\begin{bmatrix} 50.00\% & 35.50\% & 5.45\% & 10.00\% & 0.05\% \\ 75.00\% & 20.00\% & 5.00\% & 0.00\% & 0.00\% \\ 65.00\% & 20.00\% & 15.00\% & 0.00\% & 0.00\% \end{bmatrix}$$

$$= (0.62191, 0.26193, 0.08000, 0.01546, 0.03996)$$

同理，计算得到对业务绩效 A2、信息化水平 A3、信用道德水平 A4 的单因素评价隶属度向量分别为：

$$D_2 = W_{2i} \times R_2 = (0.27794, 0.32119, 0.40086)$$

$$\begin{bmatrix} 60.00\% & 25.00\% & 10.00\% & 5.00\% & 0.00\% \\ 75.00\% & 20.00\% & 5.00\% & 0.00\% & 0.00\% \\ 22.50\% & 35.00\% & 15.00\% & 27.50\% & 0.00\% \end{bmatrix}$$

$$= (0.49785, 0.27402, 0.10398, 0.12413, 0.00000)$$

$$D_3 = W_{3i} \times R_3 = (0.59363, 0.24931, 0.15706)$$

$$\begin{bmatrix} 45.00\% & 37.00\% & 10.00\% & 7.50\% & 0.00\% \\ 2.50\% & 25.00\% & 44.25\% & 27.50\% & 0.75\% \\ 30.00\% & 37.50\% & 25.00\% & 2.50\% & 5.00\% \end{bmatrix}$$

$$= (0.32048, 0.34384, 0.20895, 0.11701, 0.00972)$$

$$D_4 = W_{4i} \times R_4 = (0.40362, 0.16746, 0.35523, 0.07369)$$

$$\begin{bmatrix} 87.50\% & 10.00\% & 2.00\% & 0.50\% & 0.00\% \\ 75.00\% & 12.50\% & 10.00\% & 2.50\% & 0.00\% \\ 85.00\% & 5.00\% & 10.00\% & 0.00\% & 0.00\% \\ 90.00\% & 5.00\% & 5.00\% & 0.00\% & 0.00\% \end{bmatrix}$$

$= (0.84703, 0.08274, 0.06403, 0.00620, 0.00000)$

根据二级指标的评价矩阵计算一级指标的综合评价向量为：

$D = W \times R = (0.38684, 0.17836, 0.27034, 16446)$

$$\begin{bmatrix} 0.62191 & 0.26193 & 0.08000 & 0.03996 & 0.00020 \\ 0.49785 & 0.27402 & 0.10398 & 0.12413 & 0.00000 \\ 0.84703 & 0.08274 & 0.06403 & 0.00620 & 0.00972 \\ 0.55532 & 0.25676 & 0.11651 & 0.07025 & 0.00271 \end{bmatrix}$$

$= (0.15524, 0.07528, 0.03228, 0.01865, 0.00074)$

设 $P = (100, 80, 70, 60, 40)$，$F_i = D_i \times P^T$，定义 $F \in [85, 100]$ 为隶属度很大，$F \in [70, 85]$ 为隶属度较大，$F \in [60, 70]$ 为隶属度一般，$F \in [40, 60]$ 为隶属度较小，$F \in [0, 40]$ 为隶属度很小。

由 $F_i = D_i \times P^T$ 计算客户服务水平、业务绩效、信息化水平、信用道德水平的综合评价值为：

$F_1 = D_1 \times P^T = (0.62191 \quad 0.26193 \quad 0.08000 \quad 0.03996 \quad 0.00020) \times$

$\begin{pmatrix} 100 \\ 85 \\ 70 \\ 60 \\ 40 \end{pmatrix} = 92.46044$

$F_2 = D_2 \times P^T = (0.49785 \quad 0.27402 \quad 0.10398 \quad 0.12413 \quad 0.00000) \times$

$\begin{pmatrix} 100 \\ 85 \\ 70 \\ 60 \\ 40 \end{pmatrix} = 87.80383$

$F_3 = D_3 \times P^T = (0.32048 \quad 0.34384 \quad 0.20895 \quad 0.11701 \quad 0.00972) \times$

$$\begin{pmatrix} 100 \\ 85 \\ 70 \\ 60 \\ 40 \end{pmatrix} = 83.31030$$

$$F_4 = D_4 \times P^T = (0.55532 \quad 0.25676 \quad 0.11651 \quad 0.07025 \quad 0.00271) \times \begin{pmatrix} 100 \\ 85 \\ 70 \\ 60 \\ 40 \end{pmatrix} = 96.58993$$

综合得出第三方物流企业统一授信供应链金融监管绩效评价结果,如表 8.20 所示。

表 8.20　第三方物流企业统一授信供应链金融监管绩效评价结果

指标	客户服务水平 A1	业务绩效 A2	信息化水平 A3	信用道德水平 A4
得分	92.46044	87.80383	83.31030	96.58993
评价	很大	很大	较大	很大

通过上述分析可以看出,客户服务水平和信用道德水平两个影响因素列前两位,表明这两个评价指标对于第三方物流企业统一授信供应链金融监管绩效评价的相对重要性程度较高。

在各二级指标中,融资满足率、物流监管绩效、信息化水平成本、虚假购销粉饰利润骗取授信程度、贷款挪用率等指标起到了重要作用。因此,提高第三方物流企业统一授信供应链金融监管绩效就应切实做好这些方面的工作。

第三节　集团企业统一授信供应链金融监管绩效评价

一、评价指标体系构建

（一）评价指标体系构建原则

构建合理有效的集团企业统一授信供应链金融监管绩效评价指标体系，既要遵循监管绩效评价指标体系构建固有的基本原则，又要结合集团企业风险监管的自身特点及其责任使命。因此，构建该评价指标体系时应遵循以下原则：

（1）"4E"原则。"4E"是指效率（Efficiency）、效果（Effectiveness）、经济（Economy）和公平（Equity）。由于监管费用出自集团企业，因此通过监管促进企业稳定发展的同时，还要尽量减少监管成本，节约资源，提高监管效能。反映到指标体系构建时，就要遵循"4E"原则。

（2）客观全面原则。绩效指标的制定要周密、合理、客观，能涵盖集团企业统一授信供应链金融的主要监管绩效，全面系统地反映监管绩效的客观要求。

（3）一致性原则。即要求指标体系与集团企业统一授信供应链金融监管的实际情况相一致，充分考虑集团企业的经济发展状况和金融产业的发展现状等现实因素的影响。

（4）简单实用原则。绩效评价指标应该具有一定的可测性，且在评估过程中应该切实可行，至少能够保证获取充足的相关信息。

（二）评价指标体系构建

集团企业统一授信供应链金融存在一定的风险并威胁着集团企业及上下游企业的稳定运营，因此，加强风险监管至关重要。

本节以风险管理为导向确定了对应于各风险的4个一级指标和13个二

级指标,如图8.3所示。

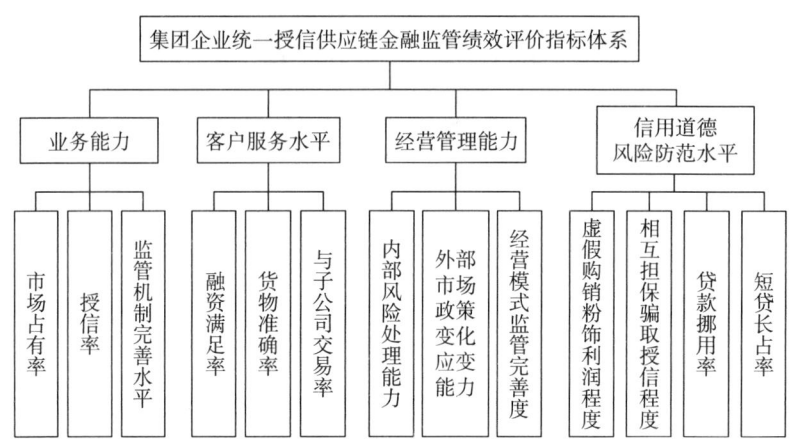

图8.3 集团企业统一授信供应链金融监管绩效评价指标体系

二、评价指标权重确定

层次分析法是一种被广泛运用于评价指标体系权重计算的多维目标决策统计方法,能够将定性分析与定量分析有机结合,并使复杂问题层次化与系统化。本节运用层次分析法确定集团企业统一授信供应链金融监管绩效评价指标的权重。

(一) 建立递阶层次结构模型

首先,将需要分析问题的所有元素划分为不同层次,根据已建立的监管评价指标体系建立递阶层次结构模型,如表8.21所示。

(二) 构造判断矩阵

本节在构建两两比较矩阵时,通过向某集团企业风险监管部门有经验的12位专家发送电子邮件调查,受访人填写判断矩阵,然后按照专家指定的权重将各专家判断矩阵加权几何平均,如表8.22所示(以专家1为例)。

本节将所有专家的判断矩阵集合,对12位专家的判断矩阵各要素加权平均,获得如表8.23所示的均值判断矩阵。

第八章 统一授信供应链金融监管绩效评价

表 8.21 集团企业统一授信供应链金融监管绩效评价指标递阶层次结构模型

目标层	一级指标	二级指标
集团企业统一授信供应链金融监管绩效评价指标体系 A	业务能力 A1	市场占有率 A11
		授信率 A12
		监管机制完善水平 A13
	客户服务水平 A2	融资满足率 A21
		货物准确率 A22
		与子公司交易率 A23
	经营管理能力 A3	内部风险处理能力 A31
		外部市场政策变化应变能力 A32
		经营模式监管完善度 A33
	信用道德风险防范水平 A4	虚假购销粉饰利润程度 A41
		相互担保骗取授信程度 A42
		贷款挪用率 A43
		短贷长占率 A44

表 8.22 专家 1 权重判断矩阵

绩效评价	业务能力 A1	客户服务水平 A2	经营管理能力 A3	信用道德风险防范水平 A4	权重 W_i
业务能力 A1	1	2	4	1/4	0.24453
客户服务水平 A2	1/2	1	2	1/3	0.17089
经营管理能力 A3	1/4	1/2	1	1/5	0.10179
信用道德风险防范水平 A4	4	3	5	1	0.48279
$\lambda_{\max}$			4.23388		
CI			0.07796		
RI			0.90000		
CR			0.08700		

表 8.23 各专家均值判断矩阵

绩效评价	业务能力 A1	客户服务水平 A2	经营管理能力 A3	信用道德风险防范水平 A4	权重 W_i
业务能力 A1	1.00000	2.00000	0.33333	0.20000	0.14185

续表

绩效评价	业务能力 A1	客户服务水平 A2	经营管理能力 A3	信用道德风险防范水平 A4	权重 W_i
客户服务水平 A2	0.50000	1.00000	0.33333	0.25000	0.11241
经营管理能力 A3	3.00000	3.00000	1.00000	0.33333	0.26440
信用道德风险防范水平 A4	5.00000	4.00000	3.00000	1.00000	0.48135
$\lambda_{\max}$	4.22940				
CI	0.07647				
RI	0.90000				
CR	0.08500				

（三）一致性检验

按照一致性检验步骤，本节以业务能力 A1、客户服务水平 A2、经营管理能力 A3、信用道德风险防范水平 A4 四个要素构成的判断矩阵为例进行一致性检验。将 $\lambda_{\max}=4.22940$，$n=4$ 代入一致性指标公式 $CI=\dfrac{\lambda_{\max}-n}{n-1}$ 可得，$CI=0.07647$。根据九分判断尺度表可知，当 $n=4$ 时，$RI=0.90000$。因此，由一致性比例公式 $CR=\dfrac{CI}{RI}$ 可得，$CR=0.08500<0.1$。由此可见，判断矩阵的第一层指标具有一致性，其权重确定合理，即可得出一级指标业务能力、客户服务水平、经营管理能力、信用道德风险防范水平的权重。

同理可得出各二级指标的权重，所有二级指标的综合权重由一级指标权重与二级指标的局部权重相乘而得，结果如表 8.24 所示。

表 8.24 集团企业统一授信供应链金融监管评价指标权重

一级指标	二级指标	局部权重	综合权重
业务能力 A1 0.14185	授信率 A12	0.52357	0.07427
	监管机制完善水平 A13	0.24302	0.03447
	市场占有率 A11	0.28200	0.04000

续表

一级指标	二级指标	局部权重	综合权重
客户服务水平 A2 0.11241	融资满足率 A21	0.31844	0.03579
	货物准确率 A22	0.39956	0.04491
	与子公司交易率 A23	0.28200	0.03170
经营管理能力 A3 0.26440	内部风险处理能力 A31	0.32119	0.08492
	外部市场政策变化应变能力 A32	0.27794	0.07349
	经营模式监管完善度 A33	0.40086	0.10599
信用道德风险 防范水平 A4 0.48135	虚假购销粉饰利润程度 A41	0.40362	0.19428
	相互担保骗取授信程度 A42	0.16746	0.08061
	贷款挪用率 A43	0.35523	0.17099
	短贷长占率 A44	0.07369	0.03547

三、监管绩效评价

本节以 a、b、c 三个集团企业为例，运用灰色关联分析法对其进行监管绩效评价。为便于分析，假设三个集团企业在统一授信供应链金融模式下存在的风险及其监管模式一致。

（一）确定比较数列（评价对象）和参考数列（评价标准）

依据企业确定的监管绩效评价标准，请企业专家根据风险监管日常表现对三个集团企业的各指标进行评分（满分 10 分）。本节采用四点标度设计法为每个指标设计四个标度，分别为优秀（9~10 分）、良好（6~8 分）、中等（3~5 分）、较差（0~2 分）四个档次，评价专家组根据价值判断作出相应等级划分。各项指标所对应的最优值作为参考数列，如表 8.25 所示。

表 8.25　a、b、c 三个集团企业评价指标的参考列及比较列

一级指标	二级指标	参考列	a	b	c
业务能力 A1 0.14185	授信率 A12	7	6	7	5
	监管机制完善水平 A13	8	7	8	6
	市场占有率 A11	9	7	8	9

续表

一级指标	二级指标	参考列	a	b	c
客户服务水平 A2 0.11241	融资满足率 A21	10	8	10	9
	货物准确率 A22	8	6	5	8
	与子公司交易率 A23	9	9	8	7
经营管理能力 A3 0.26440	内部风险处理能力 A31	10	8	10	9
	外部市场政策变化应变能力 A32	9	9	8	7
	经营模式监管完善度 A33	8	6	5	8
信用道德风险防范水平 A4 0.48135	虚假购销粉饰利润程度 A41	10	8	7	10
	相互担保骗取授信程度 A42	8	5	7	8
	贷款挪用率 A43	10	8	7	10
	短贷长占率 A44	8	8	6	6

参考数列能够反映企业风险监管目前能够达到的最优水平，以此为参考可以为企业监管提供一个能够达到且优于现有水平的标杆，并将其作为努力改进的方向。

（二）计算灰色关联系数

依据式（2.12）计算各指标的灰色关联系数 $\gamma[X_0(k), X_i(k)]$，其中，$\zeta \in [0, 1]$ 为分辨系数，$X(\min)$ 为评价指标的最小值，$X(\max)$ 为评价指标的最大值，如表 8.26 所示。

表 8.26　a、b、c 三个集团企业的灰色关联度系数

一级指标	二级指标	a	b	c
业务能力 A1 0.14185	授信率 A12	0.88534	0.46510	0.44620
	监管机制完善水平 A13	0.76162	0.43065	0.46877
	市场占有率 A11	0.66824	0.71188	0.52155
客户服务水平 A2 0.11241	融资满足率 A21	0.76162	0.37508	1.00000
	货物准确率 A22	0.59526	0.35235	0.55266
	与子公司交易率 A23	0.38501	0.71188	0.49376
经营管理能力 A3 0.26440	内部风险处理能力 A31	0.76162	0.37508	1.00000
	外部市场政策变化应变能力 A32	0.38501	0.71188	0.49376
	经营模式监管完善度 A33	0.59526	0.35235	0.55266

续表

一级指标	二级指标	a	b	c
信用道德风险防范水平 A4 0.48135	虚假购销粉饰利润程度 A41	0.76162	0.40095	0.49376
	相互担保骗取授信程度 A42	0.35961	0.81122	0.55266
	贷款挪用率 A43	0.76162	0.40095	0.49376
	短贷长占率 A44	0.41428	0.57184	0.46877

（三）计算灰色关联度值

在得出灰色关联系数的基础上，根据式（2.13）可计算出 a、b、c 三个集团企业的灰色关联度 Γ_i，见表 8.27。

表 8.27　a、b、c 三个集团企业的灰色关联度值

集团企业	灰色关联度值	排名
a	0.66288	1
b	0.48332	3
c	0.56773	2

（四）监管绩效评价分析

通过上述计算结果可以看出，三个集团企业在统一授信供应链金融模式下的监管绩效水平为：企业 a＞企业 c＞企业 b。其中，企业 a 的监管绩效水平较为突出，明显高于企业 b 和企业 c。

企业 a 目前在业务能力、客户服务水平、经营管理能力和信用道德风险防范水平等方面都不错，尤其在业务能力方面表现较为突出。在客户服务水平方面，融资满足率较高，但物流监管方面有待提升。在经营管理方面，企业的内部风险处理能力较强，经营模式监管体制较为完善，但对外部市场政策变化的应变能力比较弱。在信用道德风险防范水平方面，企业的虚假购销粉饰利润程度及贷款挪用率风险较低，即企业对这两个方面的监管力度较大；而相互担保骗取授信、贷款挪用现象时有发生，说明信用道德风险一直是供应链金融活动的重要风险之一。在集团企业统一授信供应链金融模式下，信用道德风险依然存在，这就要求企业要加强监管，降低因信用道德风险带来的损失。

总之，在集团企业统一授信供应链金融模式下，企业要想提升自己的监管绩效水平，就要加强监管机制、物流监管、经营管理、信用道德风险防范等方面的管理，其权重累计高达80%，表明这些方面对监管绩效评价的影响较为突出。因此，各企业需要重点管控，以促进集团企业的稳步发展。

第九章
研究结论与展望

第一节 研究结论

统一授信供应链金融发展方兴未艾，国内外学者开始逐步关注这一研究领域。本书分析了供应链金融产生与发展的理论基础，在此基础上深入研究了统一授信供应链金融风险的扩散机理，识别了供应链核心企业、第三方物流企业、集团企业统一授信供应链金融参与主体面临的不同风险，运用数学方法对其风险进行测度并评价，提出了供应链核心企业、第三方物流企业、集团企业统一授信供应链金融的监管措施，并对统一授信供应链金融参与各方的风险监管绩效进行评价，取得了一定的研究成果。

（1）统一授信供应链金融能够实现参与各方的经济收益，提升供应链的竞争能力。

统一授信供应链金融能够有效整合物流、资金流、信息流，为供应链企业提供资金融通等各种金融服务，从而解决了供应链融资企业资金分配不平衡和整个供应链资金融通等问题，成为银行等金融机构信贷业务的一个专业领域，也是供应链融资企业的一条重要融资渠道。

在统一授信供应链金融模式下，银行等金融机构开展统一授信业务，目的在于获取相应的业务收入，提高资金的运行效率；同时为供应链融资企业提供信用保障、应收账款管理，以及与第三方物流企业合作等融资业务，能够增强供应链的市场竞争力。供应链融资企业开展融资活动，目的在于解决企业的资金短缺问题，保持企业的正常生产和发展；同时借助供应链金融业务提高其信用等级和资信水平，使存货和应收账款得以盘活，从而能够很好地解决自身资金周转问题；同时也能为供应链核心企业稳定客户群，扩大其采购和销售能力。供应链核心企业、第三方物流企业、集团企业参与供应链金融业务，提供物流配送和仓储业务，以及质押物保管、价值评估、去向监管、信用担保等服务，架起银企之间资金融通的桥梁，提升供应链的运营效率。这样一来，统一授信供应链金融参与各方都会获得良好的经济收益，实现多方共赢。

（2）统一授信供应链金融参与各方收益与风险呈正相关，各种风险相互传染与扩散。

开展统一授信供应链金融业务，不可避免地产生各种风险，这些风险来源于统一授信供应链金融的内部原因和外部原因，且相互传染与扩散。认真研究统一授信供应链金融风险的风险传染源、风险的传染阈值、风险载体和风险接收者四大传染要素，可以更好地识别、评价与防范各类风险。

核心企业统一授信供应链金融模式下，零售商的信用成本与供应链金融风险的传染强度呈正向关系。当零售商的信用成本较小时，供应链金融风险的传染强度较小，即零售商违约的可能性较小。

第三方物流企业统一授信供应链金融模式下，第三方物流企业不仅承担着货物检验的责任，也承担着对供应链融资企业发放贷款的责任。在由制造商和零售商组成的二级供应链中，第三方物流企业的违约概率呈正相关关系，表现为自变量是第三方物流企业违约概率的上凸函数、下凹函数、接近线性关系三种类型。

集团企业统一授信供应链金融模式下，基于一般保证担保条件，集团企业母公司受子公司信用风险的传染强度以及母公司对子公司的持股比例、母公司负债占自身资产价值的比例等均呈正向关系。而在连带保证担保条件下，集团企业母公司贷款金额占母公司资产价值的比例越大，其受到的信用风险传染强度就会越大；集团子公司贷款金额占子公司资产价值的比例越大，子公司发生信贷风险的概率就越大，但这并不一定增大集团企业母公司信用风险的传染强度。

（3）统一授信供应链金融是一把"双刃剑"，既能提升参与各方的经营效率，也会带来不同程度的风险。

核心企业统一授信供应链金融模式下，银行等金融机构存在信用风险、流动性风险、操作风险、市场风险、经营风险、财务风险、合规风险、道德风险；供应链核心企业存在放贷风险和违规操作风险；第三方物流企业存在宏观环境风险、信用风险、质押存货风险、操作风险；供应链融资企业存在信用风险、发展前景风险、财务风险。

第三方物流企业统一授信供应链金融模式下，主要存在系统性和非系统性信用风险。系统性风险包括第三方物流企业运营能力差、物流行业恶性竞争两个方面；非系统性风险包括信贷市场存在信息不对称现象、信贷失信惩戒机制不健全、供应链融资企业的突发性违约等方面。

集团企业统一授信供应链金融模式下，主要面临超额授信风险、变相信贷风险、贷款挪用风险、短贷长占风险、信用道德风险、经营管理风险、关联交易风险等。

（4）利用实例评价了统一授信供应链金融风险，为参与各方融资决策提供依据。

核心企业统一授信供应链金融模式下，首先运用层次分析法构建评价指标体系，确定指标权重；其次采用模糊综合评判法进行评价，得出核心企业统一授信供应链金融风险的最大隶属度评级为一般（0.374），处于可接受水平。从分指标来看，经营风险（0.226）的最大隶属度评级较高，超额授信风险（0.032）、监管风险（0.148）、信用道德风险（0.068）的最大隶属度评级为一般，表明核心企业统一授信供应链金融的经营风险最高，银行等金融机构和供应链核心企业应该重点关注供应链内部的经营风险监管。

第三方物流企业统一授信供应链金融模式下，首先运用层次分析法构建评价指标体系，确定指标权重；其次采用 Logistic 模型进行评价，得出企业的债务偿还能力对第三方物流企业统一授信供应链金融风险影响最大；债务偿还能力数值越小，说明企业偿还债务的能力越弱，企业违约的风险就越高。企业的经营能力、发展能力、企业的信用情况对第三方物流企业统一授信供应链金融风险起到一定的影响作用。

集团企业统一授信供应链金融模式下，首先运用层次分析法构建评价指标体系，确定指标权重；其次采用模糊综合评判法进行评价，得出集团企业统一授信供应链金融风险的最大隶属度评级为一般（0.429），处于可接受水平。从分指标来看，信用道德风险（0.295）的最大隶属度评级较低，超额授信风险（0.047）、关联交易风险（0.208）、经营管理风险（0.100）的最大隶属度评级均为一般，表明集团企业和银行等金融机构应该重点关注超额授信、关联交易和经营管理存在的风险问题。同时也表明，集团企业统一授信供应链金融风险主要来源于集团企业的关联交易风险和经营管理风险，因此对银行等金融机构和集团企业母公司来说，应充分把控关联交易风险和经营管理风险下的各项指标，以减少集团企业统一授信供应链金融发生风险的可能性。

（5）提出了统一授信供应链金融风险的防范措施，有利于参与各方规避风险。

核心企业统一授信供应链金融模式下，银行等金融机构应加快供应链金融保障机制建设，加强市场风险识别与预防管理，提升全产业链授信企业的综合准入管理；优化业务操作流程，规范各环节操作要点，加快信息系统建设，不断强化统一授信供应链金融的市场风险和操作风险管理，以及产业链授信准入管理；建立全面、量化、灵敏的风险预警机制，加快统一授信供应链金融信息化平台建设。

第三方物流企业统一授信供应链金融模式下，银行等金融机构应正确选择供应链融资企业，加强统一授信供应链金融风险管理，提高质押物的管理水平；与第三方物流企业实现信息共享，不断完善流程；优化风险管理机制，强调各部门之间的协调配合和执行保证，加大第三方物流企业金融人才的培养力度。

集团企业统一授信供应链金融模式下，银行等金融机构应制定具体、量化、可操作的管理办法，加强银行等金融机构对集团企业信息的调查，强化银行等金融机构统一授信管理；重视集团企业统一授信供应链金融监管，建立银行等金融机构监管部门的信息交流平台；重视集团企业客户贷款的系统性风险，从而建立战略性合作伙伴关系，共同制定供应链上下游企业的风险防范策略；加强信息交流与共享，提高信息沟通效率；优选合作伙伴，强化信任激励，建立统一授信供应链金融应急处理机制。

（6）提出了统一授信供应链金融监管措施，提高参与各方的风险防范水平。

核心企业统一授信供应链金融模式下,强化金融监管和协调机制,构筑供应链金融发展的信用安全体系,防范道德风险;严格核心企业准入制度,从源头上控制授信风险;强化担保体系建设,防止违约发生。

第三方物流企业统一授信供应链金融模式下,基于风险管控业务考虑,建立以银行等金融机构为主导的监管制度、风险控制体系、人才体系;设计以银行等金融机构为主的监管流程。

集团企业统一授信供应链金融模式下,要想降低融资成本与风险,就要严格授信管理人员的选择标准;建立全流程风险经理监控制度;明确审贷委和审贷官制度相结合的审批制度;完善贷后管理制度;建立统一的授信后评价制度。

(7) 运用实例评价了统一授信供应链金融监管绩效,提出监管重点与措施。

核心企业统一授信供应链金融模式下,首先运用层次分析法构建监管绩效评价指标体系,确定指标权重。其次运用灰色关联法对实例进行评价,得出要想提高监管绩效水平,必须加强监管机制和监管相关利益人管理,以及信用道德风险防范管理,促进供应链企业的稳步发展。

第三方物流企业统一授信供应链金融模式下,首先运用层次分析法构建监管绩效评价指标体系,确定指标权重。其次运用灰色关联法对实例进行评价,得出客户服务水平和信用道德水平是影响第三方物流企业统一授信供应链金融监管绩效的两个最重要因素;融资满足率、物流监管绩效、信息化水平成本、虚假购销粉饰利润骗取授信程度、贷款挪用率等二级指标也起到了重要作用。

集团企业统一授信供应链金融模式下,首先运用层次分析法构建评价指标体系,确定指标权重。其次运用灰色关联法对实例进行评价,得出企业要想提升自己的监管绩效水平,就要加强监管机制、物流监管、经营管理、信用道德风险防范等方面的管理,以促进集团企业的稳步发展。

第二节 研究展望

统一授信供应链金融在我国的产生与发展时间较短，许多理论问题还有待于进一步研究，尤其是供应链金融风险的扩散机理与监管绩效评价更是一个复杂系统，很多问题和领域值得深入探讨并进一步完善与提高，具体体现在以下五个方面：

（1）统一授信包括贷款、贸易融资、贴现、承兑、信用证、保函、担保等表内、表外信用发放形式的本外币业务，表现形式很多，涵盖范围很广，属于信用风险管理制度的范畴。本书根据研究需要，仅选取了供应链金融模式下的核心企业统一授信、第三方物流企业统一授信和集团企业统一授信三种方式作为专题研究方向，在未来研究中可以考虑拓展到统一授信供应链金融的更多方面，从而体现出研究内容的完整性与全面性。

（2）本书采用定性分析与定量分析相结合的方法分析统一授信供应链金融风险的扩散机理，提出了不同的研究假设和命题，研究了各种风险要素及其传染路径与强度，并进行了仿真，使研究结果更具有可靠性和科学性。但在统一授信供应链金融的具体运作过程中，本书中的个别假设与命题存在明显的导向性，关联关系和验证结果的合理性过于简洁明显，因此，需要在今后的研究中进一步拓宽研究思路和视角。

（3）本书始终按照供应链核心企业统一授信、第三方物流企业统一授信、集团企业统一授信的视角进行专题研究，构建了供应链金融风险与监管绩效评价指标和模型，指标选取基本采用了现有国内外学者的研究成果综合而成，缺少紧密结合企业实际的创新性变量。本书根据实例采用模糊综合评价法、灰色关联法、Logistic回归分析法等进行评价，实例选取仅考虑了具有上述典型融资模式的企业类型，没有考虑增加一些特殊的融资模式进行对比旁证，在样本选取方面显得过于单一和理想化。

（4）本书对于统一授信供应链金融风险的识别、评价与控制，主要从理论角度展开研究。但在统一授信供应链金融的具体实践中，还有可能存在更多的显性或隐性风险需要进一步研究。虽然在风险评价环节构建了评价指标体系和模型,但选取的变量还可以随着更多风险因素的产生而不断增加,也需要随着统一授信供应链金融运作过程的变化而不断修正各个评价指标的权重,这些问题都需要在今后的研究中进一步完善。

(5)本书虽然提出了统一授信供应链金融的具体监管措施,并选择实例构建监管绩效评价指标体系和模型进行评价。但本书构建评价指标时根据研究需要主要从企业的微观角度选择指标,没有进一步扩展到宏观环境视角,这是今后进一步研究时需要深入探讨的问题。

参考文献

[1] Albert R. Economic aspects of inventory and receivable financing [J]. Law and Contemporary Problems, 1948 (4): 566-578.

[2] Petersen M. A., Rajan R. G. The benefits of lending relationships: Evidence from small business data [J]. Journal of Finance, 1994 (1): 3-37.

[3] Ayers J. B. Handbook of supply chain managenent (second edition) [M]. Crc Press, 2002.

[4] James B. Rice. Supply chain value creation: Finance meets supply chain [R]. Boston: MIT, 2003.

[5] Giannoccaro I., Pontrandolfo P. Supply chain coordination by revenue sharing contracts [J]. International Journal of Production Economics, 2004 (2): 131-139.

[6] Fairchild A. Intelligent matching: Integrating efficiencies in the financial supply chain [J]. Supply Chain Management, 2005 (4): 244-248.

[7] Hofmann E. Supply chain finance: Some conceptual insights [J]. Logistic Management Innovative Logistic Concepts, 2005 (5): 203-214.

[8] Erik Hofmann. Inventory financing in supply chains: A logistics service provider approach [J]. International Journal of Physical Distribution & Logistics Management, 2009 (9): 716-740.

[9] Michael Lamoureux. A supply shain finance prime [J]. Supply Chain Finance, 2007 (4): 34-48.

[10] Demica. Steadys supply: The growing role of supply chain finance in a changing world [R]. Demica Report Series, 2007.

［11］Aberdeen Group. Global supply chain transformation driving new partnerships in supply chain finance［R］. Market Alert, 2008.

［12］Hans Christian. Supply chain finance: Optimizing financial flows in supply chain［J］. Springer Verlag, 2009（3-4）: 149-161.

［13］Atkinson. Supply chain finance: The next big opportunity［J］. Supply Chain Management Review, 2008（3）: 57-60.

［14］Viktoriya Sadlovska, Beth Enslow. New strategies for financial supply chain optimization: Rethinking financial practices with your suppliers to maximize bottom line performance［J］. Benchmark Report, 2011（12）: 27.

［15］Leora Klapper, Luc Laeven, Raghuram Rajan. Trade credit contracts［J］. Review of Financial Studies, Society for Financial Studies, 2012（3）: 838-867.

［16］Preetam Basu. Challenges of supply chain finance: A detailed study and a hierarchical model based on the experiences of an indian firm［J］. Business Process Management Journal, 2013（4）: 624-647.

［17］Leora Klapper. The role of "Reverse Factoring" in supply financing of small and medium sized enterprise［R］. Development Group, World Bank, 2005.

［18］Jason Busch. Live dispatch: Ariva and orbian partner to take on the banks［J］. Spend Matters, 2006（4）: 15.

［19］Thorsten Becka, Asli Demirguc Kuntb, Vojislav Maksimovicc. Financing patterns around the world: Are small firms different［J］. Journal of Financial Economics, 2008（9）: 467-487.

［20］Srinivasa Raghavan N. R., Mishra V. K. Short-term financing in a cash constrained supply chain［J］. International Journal of Production Economics, 2011（2）: 407-412.

［21］Luo Wei, Kevin Shang. Managing inventory for entrepreneurial firms with trade credit and payment defaults［R］. Working Paper: IESE Business School, 2014.

［22］Paterson E., Biehl M., Smith M. A. International supply chain agility: Tradeoffs between of operations and production management［J］. International Journal of Operations & Production Management, 2001 (5 - 6): 823 - 839.

［23］Mark R. A comparative analysis of current credit risk models［J］. Journal of Banking & Financial, 2000 (1): 59 - 117.

［24］Basle. Committee on banking supervision credit risk modeling: Current practice and applications［R］. Consultative Paper, 1999: 101 - 103.

［25］Hallikas J., Virolainen V. M., Tuominen M. Understanding risk and uncertainty in supplier networks: A transaction cost approach［J］. International Journal of Production Research, 2012 (15): 3519 - 3531.

［26］Aberdeen Group. The 2008 state of the market in the supply chain finance［R］. 2007: 212 - 233.

［27］Wolf W. The homogenization of the financial system and financial crises［J］. Journal of Financial Intermediation, 2008 (3): 330 - 356.

［28］Wolf W. The liquidity of bank assets and banking stability［J］. Journal of Banking & Finance, 2007 (1): 121 - 139.

［29］Masciandaro D. Divide et impera: Financial supervision unification and the central bank fragmentation effect［J］. European Journal of Political Economy, 2007 (2): 285 - 315.

［30］Donato M., Marc Q. Helping hand or grabbing hand? Politicians, supervision regime, financial structure and market view［J］. North American Journal of Economics and Finance, 2008 (2): 153 - 173.

［31］Peter S. Rose, Sylvia C. Hudgins. 商业银行管理（第8版）［M］. 刘园译. 北京：机械工业出版社，2011.

［32］Merton H. M. Financial innovation: Achievements and prospects［J］. Journal of Applied Corporate Finance, 1992 (4): 79 - 94.

［33］Tina M. Galloway, Winson B. Lee, Dianne M. Roden. Banks' changing incentives and opportunities for risk taking［J］. Journal of Banking & Finance, 1997 (4): 509 - 527.

［34］Alfred Lehar, Martin Scheicher, Christian Schittenkopf. Garch vs stochastic volatility: Option pricing and risk management［J］. Journal of Banking & Finance, 2002 (2 - 3): 323 - 345.

[35] Walter G. Blacconiere, James R. Frederickson, Marilyn F. Johnson, Melissa F. Lewis. Are voluntary disclosures that disavow the reliability of mandated fair value information informative or opportunistic [J]. Journal of Accounting and Economics, 2011 (2-3): 235-251.

[36] E. Philip Davis, Dilruba Karim. Comparing early warning systems for banking crises [J]. Journal of Financial Stability, 2008 (2): 89-120.

[37] J. Barry Mason, Morris L Mayer. Bank management and strategic planning for the 1980s [J]. Long Range Planning, 1979 (4): 35-41.

[38] Maksimovic V. Product market imperfections and loan commitments [J]. Journal of Finance, 1990 (5): 1641-1653.

[39] Martin J. S., Santomero A. M. Investment opportunities and corporate demand for lines of credit [J]. Journal of Banking & Finance, 1997 (10): 1331-1350.

[40] Sufi A. Bank lines of credit in corporate finance: An empirical analysis [J]. Review of Financial Studies, 2009 (3): 1057-1088.

[41] Martin J. S., Santomero A. M. Investment opportunities and corporate demand for lines of credit [J]. Journal of Banking & Finance, 1997 (10): 1331-1350.

[42] Holmstrom B., Tirole J. Private and public supply of liquidity [J]. Journal of Political Economy, 1998 (1): 1-40.

[43] Campello M., Graham J. R., Harvey C. R. The real erects of financial constraints: Evidence from a financial crisis [J]. Journal of Financial Economics, 2010 (3): 470-487.

[44] Ivashina V., Scharfstein D. Bank lending during the financial crisis of 2008 [J]. Journal of Financial Economics, 2010 (3): 319-338.

[45] Lins K. V., Servaes H., Tufano P. What drives corporate liquidity an international survey of cash holdings and lines of credit [J]. Journal of Financial Economics, 2010 (1): 160-176.

[46] Demiroglu C., James C. The use of bank lines of credit in corporate liquidity management: A review of empirical evidence [J]. Social Science Electronic Publishing, 2011 (4): 775-782.

[47] Acharya, Viral, Heitor Almeida, Murillo Campello. Aggregate risk and the choice between cash and lines of credit [C]. National Bureau of Economic Research, Inc., 2011: 2059 – 2116.

[48] Yun H. The choice of corporate liquidity and corporate governance [J]. Review of Financial Studies, 2009 (4): 1447 – 1475.

[49] Bangia D., Diebold F. X., Schuermann T., Stroughair J. D. Modeling liquidity risk, with implication for traditional market risk measurement and management [Z]. Wharton Financial Institutions Center, 1999: 99 – 106.

[50] Hisata Y., Y. Yamai. Research toward the practical application of liquidity risk evaluation methods [R]. Discussion Paper, 2000.

[51] Sharmroukh Nidal. Modeling liquidity risk in VAR models [R]. Working Paper, 2001.

[52] Pierre Giot, Joachim Grammig. How large is liquidity risk in an automated auction market [R]. CORE, 2002.

[53] Merton R. On the pricing of corporate debt: The risk structure of interest rates [J]. Journal of Finance, 1974 (2): 449 – 470.

[54] Stulz R., Johnson H. An analysis of secured debt [J]. Journal of Financial Economics, 1985 (4): 501 – 521.

[55] Jokivuolle E., Peura S. Incorporating collateral value uncertainty in loss given default estimates and loan – to – value ratios [J]. European Financial Management, 2003 (3): 299 – 314.

[56] Cossin D., Hricko T. A structural analysis of credit risk with risky collateral: A methodology for haircut determination [J]. Economic Notes, 2003 (2): 243 – 282.

[57] Cossin D., Huang Z., Aunon Nerin D. A framework for collateral risk control determination [R]. Working Paper, Europe Central Bank Working Paper Series, 2003: 147.

[58] Jarrow R., Turnbull S. Pricing derivatives on financial securities subject to credit risk [J]. Journal of Finance, 1995 (1): 53 – 85.

[59] Jarrow R., Lando D., Turnbull S. Markov model for the term structure of credit risk spreads [J]. Review of Financial Studies, 1997 (2): 481 –

523.

［60］Duffie D. , Singleton K. Modeling term structure of defaultable bonds ［J］. Review of Financial Studies, 1999 (4): 687 – 720.

［61］Pik Kwan Lo. System and method for supply chain financing ［EB/OL］. http: //www. freshpatents. com, 2006.

［62］胡跃飞. 供应链金融——极富潜力的全新领域［J］. 中国金融, 2007 (22): 38 – 39.

［63］深圳发展银行. 供应链金融: 新经济下的新金融［M］. 上海: 上海远东出版社, 2009.

［64］胡跃飞, 黄少卿. 供应链金融: 背景、创新与概念界定［J］. 金融研究, 2009 (8): 76 – 82.

［65］闫俊宏, 许祥泰. 基于供应链金融的中小企业融资模式分析［J］. 上海金融, 2007 (2): 14 – 16.

［66］熊熊, 马佳, 赵文杰等. 供应链金融模式下的信用风险评价［J］. 南开管理评论, 2009 (4): 92 – 98.

［67］罗齐, 朱道立. 第三方物流服务创新: 融通仓及其运作模式初探［J］. 中国流通经济, 2002 (2): 11 – 14.

［68］陈祥锋, 石代伦, 朱道立. 融通仓与物流金融服务创新［J］. 科技导报, 2005 (9): 30 – 33.

［69］郭涛. 中小企业融资的新渠道——应收账款融资［J］. 经济师, 2005 (2): 152 – 153.

［70］杨绍辉. 从商业银行的业务模式看供应链融资服务［J］. 物流技术, 2005 (10): 179 – 182.

［71］李蓓. 物流金融在进出口贸易中的应用［J］. 金融与经济, 2006 (10): 66 – 67.

［72］徐欣. 解读供应链融资双重模式［J］. 物流技术, 2007 (7): 69 – 73.

［73］何涛, 翟丽. 基于供应链的中小企业融资模式分析［J］. 物流科技, 2007 (5): 87 – 91.

［74］冯瑶. 供应链金融: 实现多方共赢的金融创新服务［J］. 新金融, 2008 (2): 60 – 63.

［75］王奇．商业银行贸易融资创新及其风险管理研究［D］．大连：大连理工大学博士学位论文，2008．

［76］陈娟．供应链金融管理模式与发展建议［J］．新金融，2011（7）：17－20．

［77］刘林艳，宋华．供应链金融的研究框架及其发展［J］．金融教育研究，2011（2）：14－21．

［78］吴建梅．我国供应链金融的发展及其风险控制研究［D］．北京：首都经济贸易大学硕士学位论文，2011．

［79］李娟，徐渝，贾涛等．物流金融创新下的订单融资业务风险管理［J］．统计与决策，2010（19）：171－173．

［80］鲁其辉，曾利飞，周伟华．供应链应收账款融资的决策分析与价值研究［J］．管理科学学报，2012（5）：10－18．

［81］彭红军．产出不确定的供应链应收账款抵押融资策略［J］．系统管理学报，2016（6）：1163－1169．

［82］徐鹏，黄胜忠，周雪敏．农民专业合作社存货质押融资运作模式分析［J］．西北农林科技大学学报（社会科学版），2015（2）：69－75．

［83］白凡，李任斯．融通仓模式下分销商库存管理研究［J］．中央财经大学学报，2013（9）：91－96．

［84］李超，骆建文．基于预付款的资金约束供应链收益共享协调机制［J］．管理学报，2016（5）：763－771．

［85］王宗润，马振，周艳菊．核心企业回购担保下的保兑仓融资决策［J］．中国管理科学，2016（11）：162－169．

［86］严广乐．供应链金融融资模式博弈分析［J］．企业经济，2011（4）：5－9．

［87］谢世清，何彬．国际供应链金融三种典型模式分析［J］．经济理论与经济管理，2013（4）：80－86．

［88］鲁利平．资金约束下的供应链融资模式研究及应用［D］．青岛：青岛大学硕士学位论文，2014．

［89］杨斌，朱未名，赵海英．供应商主导型的供应链金融模式研究［J］．金融研究，2016（12）：175－190．

[90] 陈浩. 供应链金融模式及风险研究 [J]. 知识经济, 2016 (10): 59-60.

[91] 梁义国. 基于服务生态圈的供应链金融风险管理 [D]. 北京: 北京交通大学硕士学位论文, 2016.

[92] 张强. 供应链金融风险特征及审计应对策略 [J]. 南京审计大学学报, 2016 (3): 105-113.

[93] 侯书勤. C2B情境下供应链定价及产能协调策略研究 [D]. 杭州: 浙江工商大学硕士学位论文, 2017.

[94] 王灵彬. 基于信息共享机制的供应链融资风险管理研究 [J]. 特区经济, 2006 (10): 105-106.

[95] 杨晏忠. 论商业银行供应链金融的风险防范 [J]. 金融论坛, 2007 (10): 42-45.

[96] 谢江林, 何宜庆, 陈涛. 数据挖掘在供应链金融风险控制中的应用 [J]. 南昌大学学报（理科版）, 2008 (3): 278-281.

[97] 弯红地. 银企联盟供应链研究 [D]. 武汉: 华中科技大学博士学位论文, 2008.

[98] 李丹. 供应链金融下商业银行的风险管理 [D]. 广州: 华南理工大学硕士学位论文, 2010.

[99] 郑霞忠, 陶青, 何嘉漩等. 供应链融资风险分析模型研究与应用 [J]. 中国市场, 2012 (49): 31-32.

[100] 吴晶妹, 赵睿. 供应链融资模式中的中小企业信用评价体系构建——兼论三维信用评价指标体系的应用 [J]. 现代管理科学, 2017 (6): 12-14.

[101] 冯静生, 王习岗. 商业银行风险管控现状与对策——以商业银行某分行为例 [J]. 中国农业银行武汉培训学院学报, 2016 (3): 26-30.

[102] 白瑞. 中小企业融资视角下的供应链金融及其风险控制研究 [D]. 成都: 西南财经大学硕士学位论文, 2014.

[103] 王琪. 基于决策树的供应链金融模式信用风险评估 [J]. 新金融, 2010 (4): 38-41.

[104] 夏立明, 宗恒恒, 孟丽. 中小企业信用风险评价指标体系的构

建——基于供应链金融视角的研究［J］. 金融论坛，2011（10）：73 - 79.

［105］陈长彬，盛鑫. 供应链金融中信用风险的评价体系构建研究［J］. 福建师范大学学报（哲学社会科学版），2013（2）：85 - 92.

［106］刘园，陈浩宇，任淮源. 中小企业供应链融资模式及风险管理研究［J］. 经济问题，2016（5）：57 - 61.

［107］陈玉荣，邵卿茹. 基于群决策模糊综合评价的供应链金融风险评估［J］. 常州大学学报（社会科学版），2017（2）：59 - 65.

［108］孙凯. 基于BP神经网络的供应链融资中中小企业信用风险评价研究［D］. 沈阳：辽宁大学硕士学位论文，2015.

［109］范方志，苏国强，王晓彦. 供应链金融模式下中小企业信用风险评价及其风险管理研究［J］. 中央财经大学学报，2017（12）：34 - 43.

［110］杨磊，唐瑞红，陈雪. 科技型中小企业在线供应链金融创新融资模式［J］. 科技管理研究，2016（19）：214 - 219.

［111］陈冰. 股份制商业银行绩效评价体系设计及实证研究［J］. 南京审计学院学报，2007（11）：46 - 49.

［112］赵明惠. 我国商业银行经营绩效评价体系理论及实证研究［D］. 上海：复旦大学硕士学位论文，2009.

［113］徐倩. 我国商业银行经营绩效评价研究——基于因子分析法的实证分析［D］. 成都：西南财经大学硕士学位论文，2012.

［114］卓岱. 中小企业的供应链金融、第三方物流与绩效研究［D］. 广州：华南理工大学硕士学位论文，2012.

［115］张世辉. 中小企业供应链绩效评价研究——基于供应链金融视角［D］. 锦州：渤海大学硕士学位论文，2014.

［116］李晓东. Z安装工程有限公司供应链金融绩效评价研究［D］. 长沙：湖南大学硕士学位论文，2017.

［117］曹晓青. 不同农业供应链金融模式绩效及其影响因素研究——基于系统动力学方法［D］. 无锡：江南大学硕士学位论文，2017.

［118］邓蕾. 基于PACE模型的仓储物流企业供应链金融绩效评价研究［D］. 长沙：湖南大学硕士学位论文，2017.

[119] 张潇. 基于突变级数法的互联网供应链金融生态系统绩效评估 [J]. 商业经济研究, 2017 (12): 161-164.

[120] 宋华, 杨漩. 中小企业竞争力与网络嵌入性对供应链金融绩效的影响研究 [J]. 管理学报, 2018 (4): 616-624.

[121] 中国人民银行朔州市中心支行课题组. 监管约束及其创新: 金融监管绩效的实证分析 [J]. 金融研究, 2002 (11): 107-116.

[122] 郭纹廷. 转轨时期中国金融监管体制变迁与金融效率研究 [D]. 西安: 西北大学硕士学位论文, 2006.

[123] 惠康, 任保平, 钞小静. 后危机时代中国金融监管模式的选择 [J]. 西北大学学报 (哲学社会科学版), 2010 (3): 104-107.

[124] 刘玉强. 地方政府金融监管绩效的评估与改善研究 [D]. 湘潭: 湘潭大学博士学位论文, 2011.

[125] 高俊光, 黄涛, 单伟. 金融监管变革对金融创新的影响实证研究 [J]. 中国管理科学, 2011 (12): 238-245.

[126] 曾薇. 金融监管对商业银行产品创新绩效的影响研究 [D]. 兰州: 兰州大学硕士学位论文, 2013.

[127] 刘震新. 银行业监管绩效评价问题研究 [D]. 兰州: 兰州大学硕士学位论文, 2012.

[128] 陈丽丽, 储雪俭. 供应链金融监管仓库虚拟联盟建立机制分析 [J]. 商业经济研究, 2016 (5): 176-178.

[129] 陈文阳. 金融物流监控系统的设计与实现 [D]. 兰州: 兰州大学硕士学位论文, 2016.

[130] 钱建豪. 金融监管中的银行业绩效评价体系的构建及分析 [J]. 南昌大学学报 (人文社会科学版), 2006 (6): 131-133.

[131] 储雪俭, 程媛. 基于供应链金融的多方参与委托监管风险防范机制研究 [J]. 金融发展研究, 2018 (1): 67-71.

[132] 徐红, 赵优珍. 论商业银行信贷风险防范的原则和手段 [J]. 新金融, 2003 (1): 27-29.

[133] 王涛. 我国商业银行授信管理流程改造探讨 [J]. 金融理论与实践, 2009 (4): 40-44.

[134] 李冠麟. 我国商业银行信贷风险管理研究 [J]. 北方经贸,

2011 (4): 124-125.

[135] 叶良才. 供应链金融及其风险防范——以保兑仓业务为例 [J]. 中国农村金融, 2011 (3): 69-71.

[136] 于娟娟. 国外商业银行信贷风险管理经验启示与借鉴 [J]. 财经管理, 2013 (7): 118-119.

[137] 张昕. 我国商业银行公司信贷风险管理的行业思维 [J]. 现代经济信息, 2014 (3): 223-224.

[138] 伍铁林. 商业银行信贷业务风险控制研究 [J]. 中小企业管理与科技, 2014 (1): 68-70.

[139] 任健. 我国商业银行信贷风险管理研究 [J]. 金融经济, 2012 (4): 70-73.

[140] 缪喜玲. 柔性财务管理下短期信用贷款额度测算的研究 [J]. 金融理论与实践, 2014 (8): 115-118.

[141] 应千伟, 罗党论. 授信额度与投资效率 [J]. 金融研究, 2012 (5): 151-163.

[142] 刘婷, 郭丽虹. 银行授信、财务弹性与过度投资 [J]. 国际金融研究, 2015 (6): 53-64.

[143] 马光荣, 刘明, 杨恩艳. 银行授信、信贷紧缩与企业研发 [J]. 金融研究, 2014 (7): 76-93.

[144] 郭华, 王程, 李后建. 政策不确定性、银行授信与企业研发投入 [J]. 宏观经济研究, 2016 (2): 89-105.

[145] 常亮, 连玉君, 安苑. 银行授信影响了企业的现金持有管理行为吗——基于动态面板门限模型的实证 [J]. 金融经济学研究, 2014 (6): 64-74.

[146] 刘雪松, 洪正. 金融危机、银行授信与企业流动性管理: 中国上市公司的经验证据 [J]. 中国软科学, 2017 (3): 123-139.

[147] 李朝辉. 新形势下商业银行低信用风险业务授信风险防范的思考 [J]. 现代金融, 2018 (9): 3-6.

[148] 连育青. 新常态下银行对公授信客户价值综合评价的探析 [J]. 金融理论与实践, 2018 (6): 111-114.

[149] 蒋代明. 区域过度授信评价指标体系研究——基于S省的实证

分析［J］.金融监管研究，2018（9）：65-80.

［150］徐正.中小企业授信风险评价研究——中国银行S省分行为例［D］.济南：山东大学硕士学位论文，2018.

［151］孙碧飞.中小企业的授信识别及风险管理——基于某市政府大数据平台［D］.杭州：浙江工商大学硕士学位论文，2018.

［152］孙唱.银行授信的竞争效应及作用机制研究［D］.广州：广东外语外贸大学硕士学位论文，2018.

［153］钟震宇.浅谈新巴塞尔协议下我国商业银行统一授信额度的测算［D］.北京：清华大学硕士学位论文，2005.

［154］陈舜.不同信息结构下银行统一授信额的确定分析［J］.经济师，2006（5）：246-247.

［155］张云丰，王勇.统一授信模式下存货组合与循环质押融资决策［J］.重庆大学学报（社会科学版），2015（2）：92-98.

［156］彭恒.B2C环境下统一授信的风险控制与协调研究［D］.成都：电子科技大学硕士学位论文，2013.

［157］孙朝苑，彭恒.银行与B2C企业统一授信中的监督和激励研究［J］.物流技术，2013（8）：95-98.

［158］李毅学，徐渝，冯耕中.国内外存货质押融资业务演化过程研究［J］.经济与管理，2007（3）：22-26.

［159］常伟，胡海青，张道宏，陈宝峰.存货质押融资业务的流动性风险度量［J］.预测，2000（6）：71-75.

［160］宋逢明，谭慧.VAR模型中流动性风险的度量［J］.数量经济技术经济研究，2004（6）：114-123.

［161］彭阳.基于统一授信模式的存货质押融资决策与风险分析［D］.武汉：武汉科技大学硕士学位论文，2011.

［162］周盛世，王青，赵敏敏.统一授信存货质押融资业务的风险分担［J］.物流技术，2015（8）：133-135.

［163］李毅学，徐渝，冯耕中，王非.标准存货质押融资业务贷款价值比率研究［J］.运筹与管理，2006（6）：78-82.

［164］李毅学，徐渝，冯耕中，王非.重随机泊松违约概率下库存商品融资业务贷款价值比率研究［J］.中国管理科学，2007（1）：21-26.

[165] 李毅学，冯耕中，徐渝. 价格随机波动下存货质押融资业务质押率研究 [J]. 系统工程理论与实践，2007（12）：42-48.

[166] 于萍，徐渝，冯耕中. 信贷人存货质押贷款中最优质物甄别合同研究 [J]. 运筹与管理，2007（4）：89-95.

[167] 齐二石，马珊珊，韩铁. 组合仓单质押贷款质押率研究 [J]. 西安电子科技大学学报（社会科学版），2008（6）：50-53.

[168] 朱文贵，朱道立，徐最. 延迟支付方式下的存货质押融资服务定价模型 [J]. 系统工程理论与实践，2007（12）：1-7.

[169] 马珊珊. 面向TPL企业的存货融资决策问题及其优化方法研究 [D]. 天津：天津大学硕士学位论文，2008.

[170] 张然，徐爽，王凤敏. 质押贷款质押率决定的期权定价方法 [J]. 中国管理科学，2013（1）：16-22.

[171] 艾灵志. 存货质押融资的动态博弈模型和质押率决策研究 [D]. 武汉：华中科技大学硕士学位论文，2012.

[172] 于辉，甄学平. 中小企业仓单质押业务的质押率模型 [J]. 中国管理科学，2010（6）：104-112.

[173] 何娟，蒋祥林等. 供应链融资业务中钢材质押贷款动态质押率设定的VAR方法 [J]. 管理工程学报，2012（3）：129-135.

[174] 刘妍，安智宇. 考虑流动性风险的存货质押融资质押率的设定 [J]. 中国管理科学，2014（11）：324-328.

[175] 韩仁哲. 存货质押融资的法律风险点及防范措施 [J]. 财政研究，2015（1）：95-97.

[176] 徐鹏，王勇. 存货质押融资业务下的经济订货批量模型 [J]. 系统工程理论与实践，2011（11）：2077-2087.

[177] 杨琳琳，朱东红. 探析统一授信模式下融通仓质押物风险及控制 [J]. 物流科技，2013（1）：44-47.

[178] 郭义荣，陈佳娟. 物流企业开展统一授信业务收益研究 [J]. 物流技术，2009（9）：93-94.

[179] 钟德强，孙备. 统一授信模式下3PL存货质押融资服务定价策略研究 [J]. 湖南工业大学学报，2012（6）：90-95.

[180] 徐鹏，王勇，何定. 统一授信模式融通仓的4PL对3PL的激励

契约 [J]. 管理工程学报, 2012 (3): 50-55.

[181] 董振宁, 曾志江, 刘文娟. 统一授信模式下动态质押担保服务定价研究 [J]. 物流技术, 2014 (9): 6-8.

[182] 董振宁, 刘文娟, 王卓, 何斌. 统一授信下订单融资的担保服务定价 [J]. 财会月刊, 2016 (2): 111-113.

[183] 陈宝峰, 冯耕中. 存货质押融资业务的价值风险度量 [J]. 系统工程, 2007 (10): 21-26.

[184] 殷飞. 第三方物流企业开展统一授信存货质押融资的风险控制研究 [D]. 南京: 南京大学硕士学位论文, 2012.

[185] 李毅学, 汪寿阳, 冯耕中. 物流金融中季节性存货质押融资质押率决策 [J]. 管理科学学报, 2011 (11): 19-32.

[186] 杜玉竹. 统一授信模式下存货质押融资质押率决策 [D]. 北京: 北京交通大学硕士学位论文, 2018.

[187] 张灵敏. 统一授信模式下物流企业的存货质押融资决策与风险分析 [D]. 天津: 天津大学硕士学位论文, 2014.

[188] 王钦祥. 基于统一授信模式 3PL 存货质押融资服务决策研究 [D]. 上海: 东华大学硕士学位论文, 2017.

[189] 潘永明, 李紫薇. 统一授信模式下物流企业存货质押融资业务风险分析 [J]. 价值工程, 2015 (22): 73-74.

[190] 陶政旭, 周根贵. 统一授信存货质押模式中物流企业与融资企业的演化博弈分析 [J]. 金融理论与实践, 2016 (11): 55-58.

[191] 段伟常, 张仲义. 物流金融中质押监管的业务体系构建分析 [J]. 物流技术, 2009 (3): 23-25.

[192] 张钦红, 赵泉午. 需求随机时的存货质押贷款质押率决策研究 [J]. 中国管理科学, 2010 (5): 21-27.

[193] 李丽. 基于统一授信模式融通仓的第三方物流选择中小企业 [J]. 工业工程, 2010 (4): 48-52.

[194] 田海萌, 梁喜, 余元全. 基于统一授信模式融通仓 (FTW) 的物流联盟选择中小企业 [J]. 科学与财富, 2014 (12): 329-331.

[195] 鲁其辉, 姚佳希, 周伟华. 基于 EOQ 模型的存货质押融资业务模式选择研究 [J]. 中国管理科学, 2016 (1): 56-66.

［196］胡法根. 银行多头贷款过度授信风险不容忽视［J］. 贵州农村金融, 2012 (10): 25-27.

［197］李文艳. 银行集团客户及关联企业信贷风险的防范［J］. 商业经济, 2010 (4): 70-71.

［198］牛利民. 集团客户授信风险考验银行监管方法［J］. 中国农村金融, 2012 (10): 77-80.

［199］武剑. 建立商业银行风险预警体系的构想与建议［J］. 中国金融, 2003 (22): 21-26.

［200］孙宛青. 商业银行客户信贷风险预警模型构建［J］. 合肥工业大学学报（社会科学版）, 2010 (2): 83-87.

［201］方先明, 唐德善. 基于 Hopfield 网络的商业银行信用风险评价系统［J］. 重庆工学院学报, 2003 (6): 86-88.

［202］庞素琳, 王燕鸣, 黎荣舟. 基于 BP 算法的信用风险评价模型研究［J］. 数学的实践与认识, 2009 (1): 13-16.

［203］陈林, 周宗放. 商业银行集团客户统一授信额度的优化配置研究［J］. 中国管理科学, 2015 (2): 39-43.

［204］肖永杰, 霍东平. 商业银行集团客户信贷风险管理研究［J］. 金融论坛, 2006 (12): 39-44.

［205］李航, 张华. 商业银行集团客户授信业务风险分析［J］. 金融理论与实践, 2005 (2): 40-42.

［206］张晓玲. 商业银行集团客户授信风险特征及风险控制［J］. 金融教学与研究, 2010 (3): 45-47.

［207］岳意定, 刘立新. 农村金融效率：研究现状及借鉴［J］. 财经理论与实践, 2013 (4): 7-10.

［208］朱泽坤. 江苏省商业银行联合管理集团企业授信风险研究［D］. 合肥：安徽大学硕士学位论文, 2014.

［209］余琪. 试论集团企业授信风险的类型、问题与管控对策［J］. 上海金融, 2017 (9): 92-95.

［210］马璇. A 银行对 X 集团授信业务风险管理研究［D］. 北京：中国财政科学研究院硕士学位论文, 2018.

［211］翟帅. GL 银行的集团企业授信风险管理研究［D］. 南宁：广

西大学硕士学位论文，2018.

[212] 刘慧. H银行集团客户授信风险管理改进研究 [D]. 西安：陕西师范大学硕士学位论文，2018.

[213] 蔡骧. 商业银行集团客户授信风险管理研究——以 A 银行苏州分行为例 [D]. 杭州：浙江大学硕士学位论文，2018.

[214] 亚当·斯密. 国富论 [M]. 郭大力，王亚南译. 北京：商务印书馆，2014.

[215] 迈克尔·波特. 竞争优势 [M]. 陈小悦译. 北京：华夏出版社，2005.

[216] 马士华，林勇. 供应链管理（第五版）[M]. 北京：机械工业出版社，2016.

[217] 苏尼尔·乔普拉，彼得·迈因德尔. 供应链管理 [M]. 陈秋荣，译. 北京：中国人民大学出版社，2013.

[218] 深圳发展银行—中欧国际工商学院"供应链金融"课题组. 供应链金融 [M]. 上海：上海远东出版社，2009.

[219] 汤曙光，任建标. 银行供应链金融 [M]. 北京：中国财政经济出版社，2010.

[220] 汪其昌，楼远. 应收账款融资：解决中小企业融资难的另一途径 [J]. 财经论丛，2007（2）：41-48.

[221] 孙超. 应收账款融资的法律问题研究 [D]. 济南：山东大学硕士学位论文，2011.

[222] 王海涛. 中小企业应收账款质押与保理融资方式比较 [J]. 西南金融，2011（10）：47-49.

[223] 赵亚娟，杨喜孙，刘心报. 供应链金融与中小企业信贷能力的提升 [J]. 金融理论与实践，2009（10）：46-51.

[224] 白马鹏. 供应链金融服务体系设计与优化 [D]. 天津：天津大学博士学位论文，2008.

[225] 王海萍. 供应链管理理论框架探究 [J]. 经济问题，2007（1）：16-18.

[226] 杨金海. 供应链管理理念在商业银行授信中的运用 [D]. 厦门：厦门大学硕士学位论文，2006.

[227] R. H. Coase. The nature of the firm [J]. Economica New Series, 1937 (11): 386 – 405.

[228] 卢现样. 西方新制度经济学 [M]. 北京: 中国发展出版社, 1996.

[229] 迪屈奇. 交易成本经济学——关于公司的新的经济意义 [M]. 北京: 经济科学出版社, 1999.

[230] 郝森. 供应链协同管理对企业交易成本的影响研究 [D]. 青岛: 中国海洋大学硕士学位论文, 2009.

[231] 闫俊宏. 供应链金融融资模式及其信用风险管理研究 [D]. 西安: 西北工业大学硕士学位论文, 2007.

[232] 储雪俭. 初探物流金融的经济学原理 [J]. 物流技术, 2006 (5): 102 – 104.

[233] 马佳. 供应链金融融资模式分析及其风险控制 [D]. 天津: 天津大学硕士学位论文, 2008.

[234] [美] 弗雷德里克·S. 米什金. 货币金融学（第七版）[M]. 郑艳文, 译. 北京: 中国人民大学出版社, 2006.

[235] 曾薇, 陈收. 金融监管对金融产品创新影响研究新进展 [J]. 经济学动态, 2009 (10): 97 – 100.

[236] Wouter J. den Haan, Steven W. Summer, Guy M. Yamashiro. Bank loan portfolios and the monetary transmission mechanism [J]. Journal of Monetary Economics, 2007 (3): 904 – 924.

[237] 张维迎. 詹姆斯·莫里斯论文精选——非对称信息下的激励理论 [M]. 北京: 商务印书馆, 1998.

[238] 赵莉. 供应链金融融资模式及案例分析 [D]. 济南: 山东大学硕士学位论文, 2010.

[239] 汪小帆, 李翔, 陈关荣. 复杂网络理论及其应用 [M]. 北京: 清华大学出版社, 2006.

[240] Smith J. M., Price G. R. The logic of animal conflict [J]. Nature, 1973 (11): 15 – 18.

[241] Dawkins R., John Maynard Smith. Evolution and the theory of games [J]. Animal Behaviour, 1983 (2): 631 – 632.

[242]［英］约翰·梅纳德·凯恩斯. 就业、利息与货币通论［M］. 北京: 商务印书馆, 2005.

[243]［美］约瑟夫·斯蒂格利茨. 公共财政［M］. 纪沫, 严焱, 陈工文, 译. 北京: 中国金融出版社, 2009.

[244]［美］保罗·萨缪尔森. 经济学［M］. 萧琛, 译. 北京: 商务印书馆, 2012.

[245] Turan G. Bali, Hengyong Mo, Yi Tang. The role of autoregressive conditional skewness and kurtosis in the estimation of conditional VAR［J］. Journal of Banking & Finance, 2008 (2): 269 - 282.

[246] R. 爱德华·弗理曼. 战略管理——利益相关者方法［M］. 王彦华, 梁豪, 译. 上海: 上海译文出版社, 2006.

[247] W. R. 金, 克里兰. 战略规划与政策［M］. 上海: 上海译文出版社, 1984.

[248] 贡迪. 供应链金融核心企业分析［J］. 现代企业教育, 2010 (2): 93 - 94.

[249] Saaty T. L. The axiomatic foundation of the analytic hierarchy process［J］. Management Science, 1986 (7): 841 - 855.

[250] 谢季坚, 刘承平. 模糊数学方法及其应用［M］. 武汉: 华中理工大学出版社, 2000.

[251] 杨建华, 邓聚龙. 灰色系统理论的可比性［J］. 武汉化工学院学报, 1997 (9): 9 - 11.

[252] 邓聚龙. 灰色系统基本方法［M］. 武汉: 华中理工大学出版社, 1987.

[253] 吴小节, 曾华, 汪秀琼. 多层次情境嵌入视角下的委托代理理论研究现状及发展［J］. 管理学报, 2017 (6): 936 - 946.

[254] Kouvelis P., Zhao W. Financing the newsvendor: Supplier vs. bank, and the structure of optimal trade credit contracts［J］. Operations Research, 2012 (3): 566 - 580.

[255] 傅永华, 王学锋, 陈国华. 回购协调下存货融资和信用贷款的供应链融资选择［J］. 系统工程, 2014 (11): 44 - 49.

[256] Jing B., Dewan R., Seidmann A. Finance sourcing in a supply

chain [C]. Hawaii International Conference on System Sciences, IEEE, 2013.

[257] 代建生,谢梦萍. 销售努力下基于 CVAR 的二次订货模型 [J]. 软科学, 2016 (8): 139-144.

[258] 陈林,周宗放,顾婧. 基于复合期权、篮子期权及股权关系的企业集团母企业信用风险度量研究 [J]. 中国管理科学, 2011 (5): 167-172.

[259] 邓爱民,文慧,李红,文小平. 供应链金融下第三方物流信用评价研究 [J]. 中国管理科学, 2016 (11): 564-570.

[260] 田江,陈晨. 第三方物流企业信用风险评估指标体系研究——基于供应链金融视角 [J]. 科学与管理, 2016 (2): 65-71.

[261] 苟爱萍. 供应链金融的违约传染与融资策略研究 [D]. 成都: 电子科技大学硕士学位论文, 2018.

[262] 张媛. 供应链金融信用风险传染机理与度量 [D]. 西安: 长安大学硕士学位论文, 2018.

[263] 周颖颖,秦学志,王玥. 小样本下两阶段 MCMC 参数估计方法——基于信用风险强度模型的研究 [J]. 运筹与管理, 2010 (1): 126-131.

[264] Shin H. H., Park Y. S. Financing constraints and internal capital markets: Evidence from Korean chaebols [J]. Sornal of Corporate Finance, 2004 (2): 169-191.

[265] Khanna T., Palepu K. Is group affiliation profitable in emerging markets an analysis of diversified indian business groups? [J]. The Journal of Finance, 2000 (2): 867-891.

[266] 肖珉. 我国企业集团上市公司财务预警与信用风险评估研究 [D]. 成都: 电子科技大学博士学位论文, 2012.

[267] 李丽,周宗放,赖娟. 关联担保下母子公司信用风险传染分析 [C]. 第五届中国管理学年会——商务智能分会场, 2010.

[268] 陈林,周宗放. 基于股权比重的企业集团内母子公司之间信用风险传递研究 [J]. 管理工程学报, 2009 (3): 80-84.

[269] Chongyan Cao, Wei Wang. The tripartite game of logistics banking

business [J]. Contemporary Logistics, 2010 (16): 99-103.

[270] 张宇. 我国银行供应链金融风险管理与探究——基于博弈分析角度 [J]. 技术经济与管理研究, 2018 (1): 72-76.

[271] 顾振伟. 基于银行视角的供应链金融风险分析 [J]. 商业时代, 2012 (25): 69-70.

[272] 李博. 探析商业银行供应链金融风险控制 [J]. 财会学习, 2018 (11): 231.

[273] 李瀑. 商业银行供应链金融风险管理的探讨 [J]. 特区经济, 2014 (6): 96-97.

[274] 朱同江, 陈思月. 商业银行供应链金融风险管理 [J]. 时代金融, 2018 (3): 325-326.

[275] 黄逸裙, 连细妹. 核心企业供应链金融风险识别及评估——以电信行业为例 [J]. 北京邮电大学学报（社会科学版）, 2016 (3): 44-49.

[276] 王淑云. 物流一体化与中国工业企业的发展战略 [J]. 生产力研究, 2003 (1): 202-203.

[277] 郑广文, 陈艳, 魏修建. 基于 OM-RBV 的我国 3PLs 物流服务运营能力构建及测度研究 [J]. 中央财经大学学报, 2015 (10): 77-85.

[278] 闫俊宏. 供应链金融融资模式及其信用风险管理研究 [D]. 西安: 西北工业大学硕士学位论文, 2007.

[279] 钟山川. 供应链金融中核心企业作用与风险 [J]. 物流科技, 2012 (8): 70-72.

[280] 何娜敏. 企业项目中的供应链风险指标体系分析 [J]. 商场现代化, 2016 (15): 13-14.

[281] 彭程. 基于模糊数学的财务供应链风险研究 [J]. 现代商业, 2015 (35): 158-161.

[282] 赵艳超. 基于模糊运算的供应链风险评估模型研究 [D]. 天津: 天津大学硕士学位论文, 2014.

[283] 李毅学, 吴丽华. 物流金融创新下的订单融资业务风险分析与管理 [J]. 当代财经, 2008 (12): 66-70.

[284] Altman E I. Financial ratios discriminant analysis and the prediction of corporate bankruptcy [J]. Journal of Finance, 1968 (1): 58-60.

[285] 吴继忠, 谢晶晶. 私募股权投资基金参与度、企业性质与经营绩效 [J]. 武汉理工大学学报（社会科学版）, 2012 (2): 260-264.

[286] 潜力, 涂艳. 企业规模与融资约束——基于随机前沿方法的分析 [J]. 财会月刊, 2016 (27): 58-62.

[287] 王巍, 冯英浚. 企业领导者综合素质进步效度动态测评分析 [J]. 系统工程理论与实践, 2006 (4): 73-77.

[288] 陆瑶, 张鸣宇. CEO 教育水平与公司绩效 [J]. 清华大学学报（自然科学版）, 2015 (4): 428-442.

[289] Peress J. Product market competition, insider trading, and stock market efficiency [J]. The Journal of Finance, 2010 (1): 1-43.

[290] 许汉友, 刘梦艺, 卢妍霖. 基于财务共享的集团企业风险管理 [J]. 财会月刊, 2019 (8): 58-65.

[291] 周一懋, 张强. 企业集团信用风险——企业信用风险管理的新热点 [J]. 中国集体经济, 2018 (7): 71-73.

[292] 周利国, 何卓静, 蒙天成. 基于动态 Copula 的企业集团信用风险传染效应研究 [J]. 中国管理科学, 2019 (2): 71-82.

[293] 纳鹏杰, 雨田木子, 纳超洪. 企业集团风险传染效应研究——来自集团控股上市公司的经验证据 [J]. 会计研究, 2017 (3): 53-60, 95.

[294] 朱泽坤. 江苏省商业银行联合管理集团企业授信风险研究 [D]. 合肥: 安徽大学硕士学位论文, 2014.

[295] 黄时. 中国建设银行集团客户授信风险管理研究 [D]. 沈阳: 东北大学硕士学位论文, 2014.

[296] 刘璐. 商业银行集团客户授信风险管理研究 [D]. 大连: 大连海事大学硕士学位论文, 2012.

[297] 邢真. 浅谈商业银行如何规避贷款风险 [J]. 时代金融, 2018 (14): 147.

[298] 李加祥, 汪涛, 付杰, 圣月红. 浅析如何对第三方物流进行有效管控 [J]. 物流工程与管理, 2016 (7): 98-99.

[299] 魏博. 我国中小企业融资问题及对策研究 [J]. 商业经济, 2019 (2): 137-138.

[300] 豹女狼. 基于统一授信业务的物流企业融资监管机制研究 [D]. 成都: 西南交通大学硕士学位论文, 2017.

[301] 郭青. 基于供应链金融理论的第三方物流企业融资模式研究 [D]. 郑州: 郑州大学硕士学位论文, 2016.

[302] 曾雪. 第三方物流企业的供应链金融融资风险评价 [D]. 秦皇岛: 燕山大学硕士学位论文, 2015.

[303] 雷晶竹. 浅析中小企业融资存在的问题及对策 [J]. 中国商论, 2019 (8): 57-58.

[304] 陈友益. 第三方物流企业供应链金融监管体系构建研究 [J]. 物流工程与管理, 2018 (4): 102-104.

[305] 杨震. 招商银行集团企业授信风险管理研究 [D]. 南京: 南京理工大学硕士学位论文, 2009.

[306] Kaplan R., Norton D. The balanced scorecard: Translating strategy into action [M]. Harvard Business Press, 1996.

[307] 郁勇. CY 公司冷链物流中心运营绩效评价研究 [D]. 广州: 华南理工大学硕士学位论文, 2018.